D i c k e n s

디킨즈 후기작 연구

장남수 지음

UUP.

디킨즈 후기작 연구

■

- 2018년 01월 29일 **초판 인쇄**
- 2018년 02월 05일 **초판 발행**
- **지은이 장남수**
- **펴낸이** 오연천
- **펴낸곳 UUP**(울산대학교출판부) 680-749 울산광역시 남구 대학로 93(무거동) 울산대학교 출판부
- 전화 (052)259-2488 팩스 (052)277-3011 ▪ **홈페이지** http://uup.ulsan.ac.kr
- **출판등록** 제370-1996-000001호(1996.3.13)
- ₩ 12,000

■

이 도서의 국립중앙도서관 출판도서목록(CIP)은,
e-CIP 홈페이지(http://www.nl.go.kr/ecip)에서 이용하실 수 있습니다.(CIP제어번호: CIP2018002683)

ISBN 978.89.7868.416.3 (93840)

머리말

본서는 『돔비 부자 상사』를 기점으로 하는 디킨즈(Charles Dickens 1812-70)의 후기작 중 필자의 전작(前作)인 『디킨즈 후기소설 연구』에서 다루지 못했던 『데이빗 커퍼필드』 『두 도시 이야기』 『에드윈 드루드의 비밀』을 포함하여 『어려운 시절』 『작은 도릿』 『막대한 유산』 같은 그의 대표작에 대한 작품론을 중심으로 한 연구서이다. 개별 작품론을 관통하는 관심사는 근대 자본주의사회가 전 근대사회에 비해 달성한 '발전'과 그 이면에 존재하는 '상실'이라는 이중성에 대한 것인데, 이러한 양면직 특성은 징치사회적 제도와 관행, 그리고 경제활동이라는 공적인 측면에서뿐 아니라 개개인의 생각과 감정이라는 사적인 측면에서도 드러나게 마련이다. 본서에서 근대적 주체의 분열과 복제를 중점적으로 살펴보는 이유도 양면성으로 가득한 근대의 문제가 근대적 주체를 구성해내는 과정, 그리고 그 주체를 통해 확산되고 공고화되는 과정과 분리될 수 없다는 인식에 따른 것이다. 2부에서는 강의실에서 『어려운 시절』과 『막대한 유산』을 다룰 때 도움이 될 내용을 중점적으로 살펴보았다. 마지막으로 출판을 위해 애써 주신 울산대 출판부 관계자들께 감사드린다.

2017년 12월

목 차

제1부

작 품 론

❖

인생의 영웅 또는 반영웅:
『데이빗 커퍼필드』

—

1. 들어가며

『데이빗 커퍼필드』(*David Copperfield*, 1849-50. 이하 『데이빗』으로 약칭)는 디킨즈의 작품세계에서 다소 예외적인 경우에 속한다고 할 수 있다. 그것은 이 소설의 전후에 발표된 『돔비 부자 상사』(*Dombey and Son*)와 『블리크 하우스』(*Bleak House*)를 포함하여 그의 많은 작품이 사회의 모순과 부정의를 비판하고 개혁을 촉구하는 내용을 중심으로 진행된다면, 『데이빗』은 사회적 문제보다 주인공 개인의 성장과 발전에 집중하는 모습을 보여주기 때문이다.[1] 실제, 부친의 파산으로 구두약을 만드는 공장에서 일해야 했던 어린 시절의 경험과 철부지였던 부인과의

---

1) 대브니(Ross H. Dabney)는 『데이빗』의 특징으로 "사회개혁에 대한 관심의 상대적 결여"와 "개인적 단련의 필요"(66)에 대한 강조를 꼽는다. 디킨즈의 작품 중에서 개인의 경험에 집중하는 작품으로는 『데이빗』 외에도 『올리버 트위스트』(*Oliver Twist*)와 『막대한 유산』(*Great Expectations*)을 빼놓을 수 없다. 그러나 데이빗과 비교하면, 올리버는 구빈법 같은 사회문제를 풍자하기 위한 '도구'에 가깝다는 느낌이며, 『막대한 유산』의 주인공 핍(Pip)은 신사가 되려는 야망과 그 과정에서 드러나는 속물성 등이 당대 사회의 특징을 잘 보여주는 강한 대표성을 지닌다고 하겠다.

결혼이 안겨준 불행한 가정생활 같은 작가의 전기적 요소가 『데이빗』을 개인의 사적이고 심리적인 경험에 초점을 맞춘 작품으로 읽도록 유도하는 면이 있는 것은 사실이다. 그러나 『데이빗』이 "디킨즈의 모든 작품 중에서 가장 개인적이고 가장 전기적인 작품"(Bloom 5)이라는 평가에 동의하더라도 그 평가가 필연적으로 사회적인 내용을 작품에서 배제한다는 의미를 지니는 것은 아닐 듯하다. 널리 알려진 대로 『데이빗』은 영국소설 중에서 주인공의 성장과 발전 문제를 다루는 대표적인 성장소설(Bildungsroman)이다.[2] "행복한 무지 상태에서 인생을 시작하여 … 다양한 경험을 통해 성숙하고, 자신을 찾고, 세상에서 자신의 임무를 확인하는 젊은이의 이야기"(윤지관 705에서 재인용)라는 성장소설에 대한 딜타이(Dilthey)의 고전적 정의를 참조하더라도, "자신"과 "세상" 사이의 관계 수립은 성장소설에서 빼놓을 수 없는 핵심인바, 우리는 『데이빗』을 동명인 주인공의 성장과 발전 문제를 중점적으로 검토하면서, 계급과 결혼, 그리고 가정의 천사에 대한 빅토리아조의 지배적 가치관을 드러내는 작품으로 이해할 수 있는 것이다.

작품은 "내가 내 인생의 영웅(hero)이 될지, 아니면 그 자리를 다른 사람이 차지하게 될지"(13)라는 서술자의 진술로 시작한다. 서술자가 기록하는 주인공의 인생은 굵직한 것만 추리더라도 모친 클래어러(Clara) 및 유모 페고티(Peggotty)와 함께 했던 행복한 어린 시절, 모친의 재혼, 쎄일럼 기숙학교(Salem House)에서의 생활, 모친의 죽음, 머드스톤 앤 그린비(Murdstone and Grinby) 주류도매상에의 취직, 도버(Dover)에 사는 벳시(Betsey) 대고모를 찾아가서 재정적 도움을 받는 과정, 윅필드 씨(Mr Wickfield)의 집에서 하숙을 하며 스트롱 박사(Dr Strong)의 학교에서 교육을 받는 모습, 스펜로우 씨(Mr Spenlow) 밑에

---

2) 『데이빗』을 성장소설로 읽는 대표적 견해로는 프랑코 모레티, 특히 4부 "순진한 이들의 음모" 참조. 이밖에 Miller 812, Peck 25 등 참조.

서의 변호사 수업, 도라(Dora)에 대한 낭만적 사랑과 결혼, 그리고 그녀의 죽음, 아그네스(Agnes)와의 만족스런 결혼 등을 포괄하는데, 데이빗은 이 모든 과정과 시련을 거치면서도 예민하고 친절한 품성과 근면하고 성실한 모습을 잃지 않는다. 신사로 성장하기 위해 인내와 노력을 다하는 주인공은 결국, 의회 출입기자로 그리고 작가로 성공할 뿐 아니라 다양한 인생의 경험을 통해, 특히 도라와의 순탄하지 않은 결혼 생활을 거치면서 내적으로도 성숙하는 모습을 보여준다. 그러나 경제적, 신분적 안정과 성공을 위해 진력하는 데이빗의 내면은 자칫하면 그 지위를 빼앗길 수도 있다는 또는 끝내 차지하지 못할 수도 있다는 불안감에 항상 시달리며, 자신보다 우월한 인물에 대한 무비판적 동경과 열등한 인물에 대한 일방적 혐오에서 자유롭지 못하다. 소설 『데이빗』의 첫 문장에 "애매성과 분열이 두드러진다"(66)는 모리스(Pam Morris)의 지적은 동명의 주인공이 자기 인생의 영웅(주인공, 주체)이 되는 것인지, 반(反)영웅(antihero)에 그치는 것인지 판단내리기가 쉽지 않다는 사실을 보여준다. 당대 사회의 지배구조와 가치관에 끊임없이 휘둘리는 주인공의 모습은 자기 인생의 주인공으로, 그리고 주체로 서고자 하는 비범한 노력이 반드시 원만한 결실을 보장하지는 않는 사회에 그가 살고 있음을 보여준다고 하겠다.

데이빗이 세상에 태어날 때, 루커리(Rookery)라고 불리는 주인공의 집을 처음 찾아온 벳시 대고모는, 갓난아이가 자신이 기대했던 여아가 아니고 사내아이라는 보고를 받자 잔뜩 화가 나서 아무 말도 없이 곧바로 도버의 자기 집으로 돌아가 버린다. 대고모는 여아가 태어나면 그 이름을 벳시 트로트우드 커퍼필드(Betsey Trotwood Copperfield)로 바꾸고 자신이 대모가 되어서 자기의 의도대로 아이를 키울 계획을 갖고 이 집에 왔던 것이다. 데이빗의 정체성은 태어나는 순간부터 위협을 받고 '부정'되는 처지에 놓였다고 할 수 있다.

디킨즈의 모든 등장인물 중에서 데이빗 커퍼필드만큼 다양한 이름으로 불리는 인물은 없는 듯하다. 머드스톤(Murdstone)과 그의 친구 퀴니언(Quinion) 및 패스니지(Passnidge)는 데이빗을 "셰필드의 브룩스"(Brooks of Sheffield)라 칭하고, 도라는 "도우디"(Doady), 스티어포스(Steerforth)는 "데이지"(Daisy)라고 부른다. 뿐만 아니라 벳시 대고모는 도버로 찾아온 데이빗의 이름을 아예 트로트우드 커퍼필드로 바꾸며, 유라이어 힙(Uriah Heep)은 커퍼필드 도련님(Master Copperfield), 페고티는 데이비 도련님(Mas'r Davy)이라는 호칭을 사용한다. 이밖에도 데이빗은 커퍼필드 씨(Mister Copperfield), 꼬마아이(boy), 어린 신사분(the little gent), 젊은 써포크 사람(the young Suffolker), 육 피트(six-foot) 등으로 불리는데, 이는 데이빗을 대하고 칭하는 방식이 이 세상에 다양하게 존재하며 그의 정체성이 그만큼 불안정한 것이라는 사실을 나타낸다고 하겠다. 데이빗이 이러저러한 이름으로 불리는 것은 그를 바라보는 여러 겹의 시선을 반영하는바 이 시선들은 그에게 쏟아지는 감시의 눈길이기도 하다. 예컨대 4장에서 계부의 학대를 견디다 못한 데이빗은 자신을 때리는 머드스톤의 손을 깨물고 닷새 동안 자신의 방에 감금된다. 이 일을 계기로 그는 쎄일럼 기숙학교에 보내지는데 학교에서 그를 기다리는 것은 "조심하시오, 뭅니다"(90)라는 게시 문구를 등에 항상 붙이고 있어야 한다는 징벌이다. 어린 데이빗에게 이러한 징벌은 그의 죄의식과 수치심을 자극하고 견디기 어려운 시련으로 여겨진다.

> 그 게시 문구 때문에 내가 겪은 고통이 어떠했는지는 아무도 짐작할 수 없다. 사람들이 나를 볼 수 있든 없든 나는 항상 누군가가 그 문구를 읽고 있다고 생각했다. 몸을 돌려서 아무도 없다는 사실을 확인해도 위로가 되지는 않았다. 내 등이 어디를 향하고 있든 그쪽에 누군가가 항상 있다고 생각했던 것이다.

> What I suffered from that placard, nobody can imagine. Whether it was possible for people to see me or not, I always fancied that somebody was reading it. It was no relief to turn round and find nobody; for wherever my back was, there I imagined somebody always to be. (90)

데이빗이 학교에서 경험하는 감시의 정점에는 교장인 크리클 선생(Mr Creakle)이 자리하고 있다. "내 눈으로는 크리클 선생님을 볼 수 없어도 내 눈은 여전히 그의 마법에 걸려 꼼짝 못"(101)할 지경이었다고 고백할 만큼 교장 선생님의 시선에 갇혀 있는 데이빗은 파놉티콘(Panopticon)에 수감된 죄수처럼 감시하는 사람이 보이지 않을 때에도 감시자의 시선을 늘 의식하고 기성 사회가 요구하는 기준을 내면화하도록 요구받는 것이다.

2. "내가 내 인생의 영웅이 될지, 아니면 …"

데이빗이 항상 주위의 시선을 의식하며 살아간다고 해서 그가 주위환경에 휘둘리는 수동적 인물로 시종하는 것은 아니다. 유복자로 태어난 그는 모친의 사망 이후 비인간적인 학교와 일터의 경험, 사랑과 결혼의 좌절을 연속적으로 겪는다. 그러나 시련을 거치면서 내면적 성숙과 발전뿐 아니라 예술가로서 사회적 성공을 동시에 거두는 주인공의 모습이 성숙의 주제와 관련하여 『데이빗』을 읽도록 유도하는 요인인 것이다.[3)]

3) 데이빗 이외에도 작품의 많은 인물이 (미)성숙의 주제와 관련되어 있다. 대표적인 예로는 데이빗이 도라와의 관계에서 자기 몫의 책임을 깨닫게 해주는 애니 스트롱(Annie Strong), 집안일에는 무지하지만 남성의 낭만적 사랑을 불러일으키는 데는 탁월한 재능을 지닌 여성—데이빗의 모친—과 사랑에 빠져서, 신분과 나이의 차이를 뛰어넘는 결혼을 감행했던 데이빗의 부친, 연하의 남성과 열정적인 사랑에 빠졌다가 배반당한 벳시 대고모, 비인간적이고 쌀쌀맞은 머드스톤과 미숙하게 재혼하는 데이빗의 모친 등을 꼽을 수 있다.

이 작품을 데이빗의 성장과 발전이라는 각도에서 접근하는 대표적 비평가는 니덤(Gwendolyn B. Needham)이다. 그녀는 데이빗이 대고모의 파산 이후 경제적 기반을 갖추기 위해 노력하고 일정 정도 자리를 잡는 데 성공하지만, 정서적, 감정적 경험이라는 측면에서 미숙한 상태에 머물러 있다가 도라와의 우여곡절을 겪으면서 성숙에 도달하는 과정을 자세히 추적한다. 데이빗은 꿈에 그리던 도라와의 결혼생활을 시작하자마자 그 실상이 자기가 그리던 행복한 삶과는 전혀 다르다는 사실에 적잖이 당황해하고 불편해한다. 그러나 "아이 같은 아내"(651)인 도라와의 결혼이 현실적인 면에서 아무리 큰 불편으로 다가오더라도, 행복은 "현실에서 달성 불가능한 이상"(Needham 802)이라는 식으로 자기합리화를 하고 현실을 회피한다는 것이다. 이후 애니가 스트롱 박사와의 결혼과 사랑에 대해 반성적으로 정리하는 이야기를 듣고서야(45장) 데이빗은 현실을 돌아보게 되고 "자신의 마음이 미성숙하고 많은 충동이 잘못된 것이라는 인식"(같은 글, 같은 면)에 도달한다고 한다. 그러나 이때의 데이빗은 여전히 불행한 결혼의 원인을 도라 탓으로 돌리는 무책임에서 벗어나지 못한 상태이기도 하다. 데이빗은 "도라의 정신을 단련시키겠다는 결심"(700)을 하고 그 작업에 착수하지만 몇 개월에 걸친 노력의 결과는 참담할 뿐이다. 자신의 노력이 무모한 것이고 "어쩌면 도라의 정신은 이미 단련되어 있는 것인지 모른다"(701)는 자각을 하면서 "데이빗은 최종적으로 자신의 미성숙한 마음을 인정하고, 그에 대한 자신의 책임과 결혼생활을 가능한 행복한 것으로 만들 책임을 받아들인다"(Needham 803). 데이빗의 최종적 반성과 그에 따른 결심은 다음과 같다.

> "미숙한 마음에서 비롯한 처음의 잘못된 충동." 스트롱 부인의 이 말은 이 순간에도 계속해서 생각나는데 거의 항상 머리에서 떠나지 않고 있

었다. … 왜냐하면 이제 나는 도라를 처음 사랑하게 되었을 때 내 마음이 미성숙했다는 사실과, 만약 성숙했다면 결혼했을 때 남 몰래 느꼈던 감정을 느꼈을 리 만무하다는 사실을 알게 되었기 때문이다.

"결혼에서 정신과 목적이 어울리지 않는 것 만한 불일치도 없다." 이 말 역시 나는 기억한다. 도라를 내게 맞추려고 애썼는데 그것이 불가능하다는 것을 알았다. 이제 내게 남은 건 나를 도라에게 맞추는 것이고, 함께 나눌 수 있는 것을 그녀와 공유하며 행복하게 지내는 것이고, 짊어져야할 바를 내 양어깨에 짊어지고 계속 행복하게 지내는 것이다.

"The first mistaken impulse of an undisciplined heart." Those words of Mrs Strong's were constantly recurring to me, at this time; were almost always present to my mind. … For I knew, now, that my own heart was undisciplined when it first loved Dora; and that if it had been disciplined, it never could have felt, when we were married, what it had felt in its secret experience.

"There can be no disparity in marriage, like unsuitability of mind and purpose." Those words I remembered too. I had endeavoured to adapt Dora to myself, and found it impracticable. It remained for me to adapt myself to Dora; to share with her what I could, and be happy; to bear on my own shoulders what I must, and be happy still. (704)

니덤의 독해는 『데이빗』에서 (미)성숙의 주제를 최초로 전면화한 비평이라고 할 수 있는데, 니덤을 딱히 따르지 않더라도 데이빗이 이 시점에서 보이는 성숙과 발전의 면모는 부정하기 어려울 듯하다. 그러나 니덤의 독해는 개인에 대한 휴머니즘적이고 자유주의적인 이해[4]에 근거한 것으로 지나치게 "도덕적인 독해"(Peck 3)에 치우치고 있으며 무엇보다도 자수성가한 빅토리아조 남성의 일직선적인 성공 이야기를 상정한다는 비판에서 자유롭지 못하다. 데이빗의 회상에서

---

4) 근대의 주체는 "자율적이고 자립적이며 통일된 단자로 존재"(장남수 5)하며, 따라서 "자기 운명을 스스로 결정"(같은 글 7)할 수 있는 존재라고 이해하는 휴머니즘적, 자유주의적 주체 이해에 대한 비판으로는 장남수 1-17.

두드러지는 특징의 하나는 새로운 출발에 대한 언급이 반복된다는 점이다. 예컨대, 벳시 대고모가 머드스톤 남매와의 담판을 통해 데이빗을 맡는 것으로 최종 결정된 14장의 말미에서, 서술자는 "그래서 나는 주위의 모든 새로운 것과 함께 새 이름을 갖고 새 삶을 시작했다"(225)고 기술한다. 그를 대고모에게 '피신'하도록 한 이전까지의 삶—머드스톤이 군림하는 고향집에서의 불유쾌한 기억, 머드스톤 앤 그린비 주류상에서의 참담한 기억—은 "아득히 먼 안개 속에 잠긴 듯"(같은 면)하고 그 기억의 "커튼"(같은 면)은 다시는 들추고 싶지 않은 것이 된다. 데이빗의 '새 출발'이 앞선 경험을 부정하고 지우는 데서 시작하는 것이라면 몇 차례의 새 출발로 이루어진 그의 삶 역시 일직선적인 발전과 연속의 이야기가 아니라 단절과 굴곡의 이야기인 것이다. 또한 니덤의 비평은 개인의 운명을 사회와의 관련 속에서 종합적으로 파악하지 않고 작품을 인물의 심리 위주로만 해석한다는 약점을 보여준다. 특히 데이빗이 사회적으로 성공했을 뿐 아니라, 당대 사회의 기준에서 이상적인 여성이라고 할 수 있는 도라와 결합하는 행운까지 누렸는데도 결코 행복하지 못한 삶을 사는 모습은 빅토리아조 "사회가 제시한 행복에의 처방 자체"(백낙청 149)에 의문을 제기하도록 한다고 할 수 있다. 그런데 데이빗이 자문할 법한 물음, 즉 "왜 나는 행복하지 못한가? 사회가 옳은 것이라면 무엇이 잘못되었는가? 아니면 처방이 잘못된 것인가? 어떤 처방이었어야 하는가?"(Q. D. Leavis 76-77) 등의 물음이 그녀의 비평에서는 고려되고 있지 않는 것이다.

데이빗은 작중 누구보다도 계급과 신분(의 차이)에 대해 예민한 의식을 가진 인물이며 그의 사랑, 시련, 성숙을 둘러싼 개인적 이야기는 대부분의 경우 "계급에 대한 반복되는 자각"(Barr 57)을 수반하며 진행된다. 계급의 문제가 처음 등장하는 것은 데이빗이 유모 페고티를 따라 야머스(Yarmouth)를 방문했을 때, "신사"의 아들과 "어부"의 딸이라는 신분 차이를 강조하며 자기도 "숙녀"가 되고 싶다는 희망사항을 늘어놓는 에밀리(Emily)와의 대화(47)를 통해서이다. 그러나 데이빗이 계급이라는 문제에 본격적으로 눈을 뜨게 되는 것은 쎄일럼 학교에서 계급에 따라 달라지는 사회적 인정과 대우를 경험하면서부터라고 해야 할 듯하다. 7장에서 멜 선생님(Mr Mell)이 혼자서 학교 전체의 수업을 진행하는데 스티어포스가 선생님에게 대들고 그 때문에 교실에 소란이 일어난다. 때마침 나타난 크리클 교장은 소란을 일으킨 스티어포스는 놔두고 멜 선생을 야단치며 급기야 그를 해고하기까지 한다. 상류층 자제로서 이 학교의 평판과 부를 높이는 데 기여하는 스티어포스는 아무리 학생의 신분에 어긋나는 행동을 해도 제재를 받지 않지만, 하류층 출신이고 어머니를 구빈원에 두고 있는 멜 선생님은 학교의 평판을 떨어뜨리는 존재이기 때문에 그가 아무리 선생님으로서 훌륭하다 해도 직장을 잃게 되는 것이다.

데이빗이 계급적 추락 내지 신분 하락의 가능성에 대해 공포에 가까운 두려움을 지니고 있다는 사실은 머드스톤 앤 그린비 상점에서의 생활을 통해 보다 뚜렷이 드러난다. 그는 주급 6실링을 받고 술병을 씻거나 병에 라벨을 붙이는 일을 하도록 고용된 자신의 처지에 대해 지울 수 없는 슬픔을 느낀다. "학식이 있는 훌륭한 사람으로 성장하겠다는 희망이 좌절"(166)된데 따른 수치와 좌절은 믹워커(Mick Walker)나 미일리 포테이토즈(Mealy Potatoes) 같은 동료 일꾼들과 의식적인 거리를 유지하도록 한다. 자신은 그들과 다른 존재이며 달라야 한다는 의식이 주인공을 사로잡고 있는 것이다. 독자가 보기에 데이빗의 제일 큰 문제점은, 자신이 "빠르게 천한 일꾼으로 자리를 잡아가고 있다는"(184) 생각에서 비롯하는 불안과 초조를 "그들"(172)과 심리적 거리를 유지함으로써 달래고자 하는 '속물적' 마음가짐에 대해, 10세 정도의 소년 데이빗은 그럴 수 있다 해도, 37세가 된 성인

데이빗까지도[5] 공감하기만 할 뿐 별다른 비판의식을 보여주지 않는다는 점이다. 머드스톤 앤 그린비 주류상에서의 경험은 서술자에게 이미 지나간 과거의 일에 그치는 것이 아니다. 먼지와 연기로 색이 바래버린 방, 썩어가는 바닥과 계단, 여기저기 출몰하는 쥐들이 내는 소리는 "내 마음속에서 오래된 과거에 속하는 일이 아니고 지금 현재 순간에 속하는 일이다. 그것들은 내가 처음으로 그것들 틈에서 지냈던 운 나쁜 때에 그랬던 것처럼 지금도 똑같이 내 앞에 있는 것이다"(165). 데이빗에게 "기억으로 여겨질 수도 있는 것이 사실은 현실인 것"(45)이라는 플린트(Kate Flint)의 지적은 데이빗이 보여주는 성장의 지체에 대해 정곡을 찌르는 셈인데, 서술자는 성인이 된 후에도 어린 시절의 기억 때문에 여전히 힘들어하며, 독자가 동의하거나 양해할 수 있는 정도를 넘어 자신이 견디기 힘든 고통과 두려움을 겪었다는 피해의식을 강변한다. 월급이라는 면에서 보자면 이때의 데이빗이 주급 6실링, 즉 연 25파운드 정도를 받았지만 후에 데이빗과 도라의 집에서 일하는 시종(page)이 고작 연 6파운드 10실링을 받는다는 차이는 "사소한 점이지만 많은 것을 말해주는 점"(Lucas 54)일 수 있는바, 서술자의 공감력은 좁은 범위 내에 제한되어 있는 것이다.

데이빗의 성장이 계급적 틀을 벗어나지 못한 채 이루어진다는 점은 그의 우상이자 숭배의 대상인 스티어포스와의 관계에서 명확히 드러난다. 앞서 언급했던 7장에서 멜 선생님이 학교를 떠나고 교실에 학생들만 남자, 트래들스(Traddles)는 스티어포스가 멜 선생님의 감정을 상하게 하고 직장을 잃게 했다고 비판하는데 이에 대해 스티어포스는 "계집애"라고 빈정대며 다음과 같이 대답한다.

---

5) 머드스톤 앤 그린비 주류상에 취직했을 때 데이빗의 나이는 10세이었고 작품 『데이빗』을 서술하는 서술자는 37세이다.

> "그의 감정이라고!" 스티어포스가 경멸조로 반복했다. "그의 감정은 금방 괜찮아질 거야, 틀림없어. 그의 감정은 트래들스 양, 네 감정과는 다르니까. 그의 일자리에 대해서는—대단한 자리야, 그렇지 않니?—내가 집에 편지를 써서 그가 약간의 돈을 받도록 할 거라는 생각은 못했지? 이 계집애 같은 놈아!"

> "His feelings!" repeated Steerforth disdainfully. "His feelings will soon get thc better of it, I'll be bound. His feelings are not like yours, Miss Traddles. As to his situation—which was a precious one, wasn't it?—do you suppose I am not going to write home, and take care that he gets some money? Polly?" (112)

멜 선생과 같은 하층민은 감정상의 상처를 쉽게 받지 않으며 설령 받는다 해도 곧 괜찮아진다는 스티어포스의 생각은 후에 페고티의 가족들에 대해 "그들의 성격은 그들의 조야하고 거친 피부처럼 쉽게 상처 입지 않는다"(303)는 발언에서 다시 반복되며, 돈을 주어서 자신이 끼친 '손해'를 보상할 수 있다는 생각은 에밀리를 유혹하여 도주한 후 대니얼 페고티(Daniel Peggotty) 앞으로 "50파운드 지폐"(593)와 "5파운드"(594)를 각각 보내오는 행동에서 그대로 반복된다. 스티어포스의 '반격'을 받은 "트래들스가 몹시 풀 죽어 있는 것을 보고 몹시 기뻐하는"(112) 학생들 중에는 데이빗도 속해 있는데, 이처럼 미성숙한 데이빗의 태도는 도덕적 정의에 기초하여 행동하는 트래들스와 극명한 대조를 보인다. 스티어포스에 대한 계급적 열등의식에서 비롯하는 데이빗의 맹목적 추종은 페고티 가족에 대한 스티어포스의 몰상식한 발언을 듣고도 그것을 그저 "농담으로"(303) 치부하도록 유도한다. 독자로서는 스티어포스 부인이 아들에게 맹목적인 애정을 쏟은 결과, 아들이 편견에 가득 찬 뻔뻔한 인간으로 성장했다는 사실을 놓칠 수 없지만, 데이빗에게 그는 여전히 친구 이상의 우상과 같은 존재이며 그와 어울리는 것은 "커다란 자부심과 만족"(103)으로 여겨질 따름인 것이다. 스티어포스에 대한 데이빗의 맹목성은, 스티어포스가 햄(Ham)과의 결혼을 앞둔 에밀리를 유혹하여 해외로 도주하고 이 일을 계기로 페고티 가정의 행복이 산산조각난 후에도 "그에 대한 애정"(461-62)을 거두어들이지 않는 데서 다시 한번 확인된다. 스티어포스와 같은 사회적 신분에 도달하기를 열망하는 데이빗에게 그가 "나쁜 천사"(374)이고 "위험한 친구"(375)이니 멀리 하는 것이 좋겠다는 아그네스의 충고가 들릴 리는 만무한 것이다.

스티어포스의 이러저러한 문제점과 약점을 보지 못하는 데이빗의 맹목성을 문제 삼는 우리의 생각은 쎄일럼 학교에서 그를 처음 만났을 때 자신을 "보호"(102)해주는 여섯 살 위의 스티어포스에 대해 어린 데이빗이 느끼는 감사와 존경의 심리가 그럴 법하지 않아서가 아니다. 또한 부정적인 경험과 사건이 반복됨에도 불구하고 처음의 신뢰와 믿음을 끝까지 유지하는 데이빗의 순진함과 소박함을 과소평가해서도 아니다. 중요한 점은 자신보다 우월한 위치에 있는 스티어포스에 대한 흠모에서 엿보이는 데이빗의 '순진한' 시각은 자신보다 열등한 위치에 있는 유라이어 힙에 대한 비판에서 드러나는 날카롭고 예리한 시각과 균형이 맞지 않는다는 점이고, 이것은 계급에 따라 달리 적용되는 데이빗의 도덕적 판단력과 무관한 것이 아니라는 사실이다. 스티어포스와 힙은 사실, 계급과 성격상의 차이에 못지않게 유사성도 많이 지니고 있는 인물이다. 둘 다 외아들이고 자신들을 맹목적으로 사랑하는 편모를 두고 있으며, 한 쪽이 주인공이 열망하는 사회적 지위를 갖고 있다면 다른 한 쪽은 데이빗의 그런 열망을 모방하여 지니고 있을 따름이다. 뿐만 아니라 둘의 욕망은 데이빗이 사랑을 느꼈거나 앞으로 느낄 여성—각각 에밀리와 아그네스—에게 해를 입히거나 위협을 가하는 공통점도 있다.[6)]

비천한 부모 밑에서 비천하게 태어난 자신이 세상에서 성공하기 위해서는 "겸손해야"(581) 했다는 힙의 고백을 굳이 듣지 않아도 우리는 그의 "거짓 겸손"(같은 면) 밑에 감추어져 있는 사회적 성공과 권력에의 집착을 놓칠 수 없다. 미코버(Micawber)가 나중에 폭로하듯이 힙의 정체는 "거짓말쟁이이고 사기꾼"(755)에 불과한 존재이며, 이는 인생에 대한 원숙한 이해와 성숙에 도달하고 존경받는 작가로 성공하는 데이빗의 인생과는 큰 차이를 보이는 것이다. 그러나 힙에게 "연기 계약 기간"(244)이 끝나면 정식변호사가 될 가능성을 먼저 언급한 사람도 데이빗이고, "어쩌면 조만간에 당신은 윅필드 씨 사업의 동업자가 될 수도 있겠어"(같은 면)라며 성공에의 욕망을 부추기는 사람도 데이빗이다. 데이빗이 힙을 이처럼 격려하는 까닭은 출세를 위해 부단히 노력하는 힙에게서 데이빗이 바로 자기 자신의 모습을 보았기 때문일지 모르는바, 어느 모로 보나 데이빗이 힙을 일방적으로 비판할 근거는 별로 없는 것이다.[7] 그럼에도 불구하고 힙과 관련하여 끊임없이 뱀(245, 385 등), 개구리(385), 뱀상어(523), 여우(524) 같은 혐오스런 동물의 이미지와 "끈적이는 손"(235) 같은 부정적인 뉘앙스를 지닌 언급

---

6) 비평가들은 스티어포스와 힙이 데이빗과 관련하여 지니고 있는 공통점에 주목하여, 중산층 신사로 사회적 성공을 달성하는 데이빗이 편안하게 인정하거나 수용할 수 없는 욕망 내지 특성이 이들에게 투사된 것으로 읽는다. 이에 따르면 스티어포스는 에밀리에 대한 데이빗의 성욕을 대리하는 것이며 힙은 데이빗의 사회적 야망과 근면성이 내포하고 있는 혐오스런 양상을 구현하는 존재이다(Flint 44). 스티어포스를 데이빗의 무분별한 성욕과 연결 짓고, 힙을 그의 이기심과 관련짓는 예로는 Poovey 99 참조. 이밖에도 Raina 90, 97 및 Shires 132 등 참조.

7) 이밖에도 데이빗과 힙은 자신의 '이익'을 위해 타인을 이용한다는 공통점을 보여준다. 데이빗이 멜 선생의 모친에 대한 이야기를 스티어포스에게 늘어놓고(7장) 자신이 사랑하던 에밀리를 소개해 주는 데에는(21장) 그의 환심을 사려는 계산속이 일정 정도 작용한다. 힙 역시도 자신을 순진하게 믿는 윅필드의 신뢰를 교묘히 이용하여 그의 사무실과 딸까지 차지하려는 계획을 진행한다. 둘 다 자신의 '이기적' 동기에 충실한 것이다.

이 반복되는 것은 계급적 차이를 제외하면 설명하기 어려운 것이다. 스티어포스의 명백한 잘못에는 눈을 감는 데이빗이 힙에 대해서는 (미코버를 통해 그의 잘못이 분명하게 드러나고 폭로되기 전부터) 부정적인 평가를 내리는 데 주저함이 없는바, 이는 자기보다 신분이 낮은 사람들에게 조금의 동정이나 공감을 베푸는 데에도 인색한 그의 모습을 보여준다.

계급에 대한 강박적 의식을 포함하여 데이빗이 보여주는 부정적 모습이 성장소설의 주인공으로서 데이빗의 위치를 부정하는 근거가 될 수는 없을 듯하다. 다만 앞서 지적한 대로 데이빗의 발전은 중산층이라는 신분에 갇힌 채 이루어지는 것이며, 그마저도 상당한 지체와 굴곡 때로는 부분적인 퇴행까지도 동반하는 복잡한 과정을 거친다는 점에 유의할 필요가 있는 것이다.

3. 데이빗과 머드스톤

데이빗의 성장과 발전을 부정하는 평자들이 중요하게 드는 근거는 데이빗의 최종적 모습이 머드스톤이 대표하는 빅토리아조의 편협한 중산층의 모습과 별반 다르지 않다는 것이다.[8] 이들에 의하면 『데이빗』은 "머드스톤의 금고(cash-box) 정신과 미코버의 김이 나는 펀치"(Joseph 78) 사이의 대립에서 전자의 승리를 기록하는 작품이며, 결국은 "머드스톤의 냉혹함"(같은 글, 같은 면)이 데이빗의 사고와 행동 양식을 지배한다는 것이다. 데이빗이 자신이 성공하게 된 요인들로 "시간과 질서를 지키고 부지런히 일하는 습관" "한 번에 한 가지 문제에만 집중하겠다는 결심" "열렬하고 성실한 진지성"(613)을 꼽는 것을

8) 대표적인 예로 Kincaid 75-76, Morris 70 등 참조.

보면, 그의 성공에 근면이나 성실과 같은, 빅토리아조 중산층이 중시하던 덕목이 중요하게 작용했다는 사실은 부인하기 어렵다. 대고모의 파산 이후, 데이빗은 이제까지의 법률 수업은 그것대로 계속하면서 경제적 자립을 위해 스트롱 박사의 비서로 일하고 비서 일을 마친 후에는 한밤중까지 속기를 익히는 일에 매달려서 성공에 이르는 길을 스스로 헤쳐 나갔던 것이다.

데이빗이 스트롱 박사의 학교를 졸업하고 앞으로 무엇을 할 것인지를 결정해야 할 시점에 이르렀을 때 벳시 대고모는 다음과 같이 당부한다.

> "그러나 트로트, 네가 되었으면 하고 바라는 바는," 아주머니는 말씀을 다시 이어나갔다. "네 육체는 아주 건강하니까 나는 육체적인 면을 말하는 게 아니라 정신적인 면을 말하는 건데, 견실한 사람이 되라는 거다. 자기만의 의지를 지닌 훌륭하고 견실한 사람 말이다. 확고한 결심도 있어야지." 아주머니는 모자를 나에게 흔들고 주먹을 쥐며 말했다. "과단성도 있어야 하고. 성격은 말이야, 트로트—타당한 이유가 아니라면 이는 누구에 의해서도 그리고 무엇에 의해서도 흔들리지 않는 강한 성격을 갖추어야 한다. 그게 네가 되기를 바라는 거란다."

> "But what I want you to be, Trot," resumed my aunt, "—I don't mean physically, but morally; you are very well physically—is, a firm fellow. A fine firm fellow, with a will of your own. With resolution," said my aunt, shaking her cap at me, and clenching her hand. "With determination. With character, Trot—with strength of character that is not to be influenced, except on good reason, by anybody, or by anything. That's what I want you to be." (283)

비평가들은 대고모의 당부 중에서 "견실한 사람"에는 머드스톤을 상기시키는 면이 있고, "확고한 결심"과 "과단성"에는 유라이어 힙을 상기시키는 면이 있다는 점에 주목한다(Barr 60). 그러나 데이빗이 힙과 같은 "거짓말쟁이요 사기꾼"(755)은 아닐 뿐 아니라 데이빗과 머드스톤 사이에는 공통점[9] 이상으로 차이가 많은 듯하다. 머드스톤은 작품에 처음 등장할 때부터 냉혹하고 흔들리지 않는 사람으로 묘사된다. "머드스톤 씨는 견고한(firm) 사람이었다. 세상에 누구도 그만큼 견고하진 못했다. 모두가 그의 견고함에 머리를 굽혀야했기 때문에 누구도 견고해서는 안 되는 것이었다"(60). 머드스톤의 "견고함"은 진지함, 질서, 자기 수양 같은 빅토리아조의 이상을 극단으로 밀고 간 경우이며, 대고모가 말한 "견실함"에 어둡고 음울한 색채를 가미한 견고함인바, 이는 이들 남매의 종교가 "엄격하고 분노에 찬"(62) 특성을 지니고 있으며 그래서 데이빗이 이들과 함께 교회에 간 일요일은 "무시무시한 일요일"(63)로 기억된다는 점에서도 잘 드러난다.[10]

데이빗과 머드스톤의 제일 큰 차이는 가정의 천사와 결혼을 감행한 이후 그 여성이 실제 살아가는 데 견디기 어려운 불편으로 다가왔을 때, 그 현실을 대하는 태도에서 극명하게 드러난다. 데이빗은 앞에서 살펴본 대로 굴곡이 없는 것은 아니지만 최종적으로는 자기의 책임을 인정하고 행복한 결혼생활을 위해 최선을 다한다. 그래서 "결혼 두 번

---

9) 둘의 공통점으로 두드러지는 사항은 빅토리아조 남성이 여성에게서 바라는 내용이 가정의 천사와 집안 살림 양쪽에서 능숙한 것이라고 할 때, 머드스톤이 그 기대를 아내인 클래어러와 누나 제인(Jane)을 통해 각각 별도로 충족시키고자 하듯이 데이빗도 동일한 기대를 도라와 아그네스에게 각각 분리시켜 놓은 듯하다는 점이다. 데이빗의 이러한 모습은 그가 태어난 가정의 내력이기도 한데, 모친은 "밀랍 인형"(15)처럼 가정의 천사에서 한 발짝도 벗어나지 않는 여성이었고 집안 살림은 유모 페고티가 도맡아서 하였다(데이빗의 부친도 가정의 천사와 집안 살림에 대한 욕구를 서로 다른 여성을 통해 각각 충족시킬 수밖에 없었던 것이다). 모친이 재혼하기 전에는 그래도 "열쇠꾸러미"(60)는 본인이 관리하였지만 재혼한 이후에는 그마저도 제인 머드스톤이 차지한다.

10) 머드스톤 남매는 "종교적 강직함이라고 정당화하는 지배에의 의지, 어린아이의 본성에 대한 복음주의적이고 감리교적인 적개심, 그리고 청교도적인 소유욕"(Q. D. Leavis 140)으로 요약할 수 있는 당대의 일정한 경향을 대표하며, 이러한 특성은 디킨즈의 대표작 『작은 도릿』(Little Dorrit)에서 클레넘 부인(Mrs Clennam)의 파괴적 모습으로 발전된다.

째 해는 첫해보다 훨씬 행복했다. 그리고 무엇보다 좋았던 것은 도라의 삶도 온통 햇빛뿐이었다는 것이다"(704). 이에 비해 머드스톤은 클래어러를 윽박지르기만 할 뿐 아내의 감정이나 행복 여부에는 조금의 관심도 기울이지 않는다. 페고티가 후에 전해주는 바에 따르면 데이빗의 모친 클래어러는 항상 "겁에 질려서 무서워 했"(142)으며 모친이 결혼 전처럼 행복해 보였던 때는 데이빗이 방학을 맞아 "집에 왔던 밤"(143)뿐이라고 한다. 머드스톤은 클래어러가 세상을 떠나자 기다렸다는 듯이 열 살밖에 되지 않은 데이빗을 학교 대신에 일터로 보내는데, 그가 클래어러와 결혼한 진짜 속내는 그녀의 재산을 차지하고자 하는 욕심 때문이었는지도 모른다.

앞서 보았던 쎄일럼 학교 장면에서 스티어포스가 멜 선생의 모친과 관련된 이야기를 모든 사람들에게 공개하여 선생이 일자리를 잃게 하고도 자기가 무슨 잘못을 저질렀는지조차 모르는 것은 그가 직업이나 일이 삶에서 가지는 의미에 무지하기 때문이다. 그에게는 원하는 것은 뭐든 들어주는 부유한 모친이 있었기 때문에 스스로 일을 해서 자신을 단련할 기회가 없었던 것이다. 일의 의미에 대한 무지와도 관련된 스티어포스의 잘못을 생각해 보면, 데이빗이 인내와 끈기를 가지고 일에 전념하여 성공을 거두는 것 자체를 "견실함, 에너지, 그리고 자제라는 머드스톤의 윤리"(Kincaid 76)를 수용한 결과라고 해석하는 것은 과잉해석에 가까운 듯하다. 둘 다 중산층으로 사회에서 자리를 잡고 있지만 둘의 공통점보다는 차이점—성장소설로서의 『데이빗』이라는 관점에서 보면 성숙과 성숙의 부재라는 차이—에 주목하는 것이 작품의 핵심에 육박하는 길이라고 믿는다. 데이빗이 빅토리아조의 중산층으로 성공을 거두면서도 머드스톤류의 중산층과 차이를 보일 수 있는 데에는 "어떤 일을 하든 비열하지 말고 부정하지도 말며 잔인하게 굴지도 말라"(234)는 대고모의 가르침도 가르침이지만 미코버가 대표하는 쾌활성, 자발성, 낙천성, 상상력과 지속적으로 교류한 경험이 결정적으로 작용하는 듯하다. 미코버와의 관계에서도 데이빗이 퇴행적인 면모를 보일 때가 없는 것은 아니지만[11] 그와의 교류는 행복했던 어린 시절의 기억과 함께 작가로 성공한 데이빗에게 창조력의 원천으로서 마지막 순간까지도 지속되는 것이다.

4. 나오며

데이빗이 머드스톤과 같은 부류의 중산층은 아니지만 중산층 작가로 성공을 거둔 후에도 계급과 신분의 차이에 대해 예민하게 반응한다는 사실은 그의 성숙이 완결된 것이 아니고 진행형이라는 사실을 알려준다. 그는 자신의 "성공의 원천"(612)을 확신에 차서 자신만만하게 자랑하다가도 문득문득 자기가 늘어놓는 이야기의 "모순과 자가당착"(574)을 느끼고 우물쭈물한다. 확신과 의심 사이에서 오락가락하는 위인은 서술자 데이빗만이 아니다. 50장에서 작중인물로서의 데이빗은 마사(Martha)의 안내를 받아 골든 스퀘어(Golden Square) 근처에 있는 초라한 그녀의 하숙집까지 동행한다. 마사의 집에는 스티어포스를 따라서 외국으로 도망갔던 에밀리가 스티어포스의 버림을 받은 후 돌아와 있었던 것이다. 데이빗이 하숙집에 막 들어가려는 순간, 그는 안에서 들려오는 로자 다아틀(Rosa Dartle)의 목소리를 듣는다. 로자는 에밀리가 분수를 모르고 숙녀가 되려는 욕심에 사로잡혀서 스티어포

11) 예컨대 17장에서 데이빗은 미코버 부부에게 파멸이 임박했다는 편지를 읽고 그들을 만나기 위해 여관으로 서둘러 간다. 도중에 그들 부부가 마차를 타고 떠나는 모습을 목격한 데이빗은 "무거운 짐"(274)을 벗은 느낌이며 그래서 "안도감을 느꼈다"(같은 면)고 술회한다. 그러면서도 데이빗은 다음에 그들을 만나면 또다시 즐겁게 어울린다.

스를 유혹했고, 그 결과 그 가문에 돌이키기 어려운 수치를 안겨주었다고 비난한다. 데이빗은 안에 들어가서 둘의 대화를 끝내야겠다고 느끼면서도 "자신은 나설 권리가 없다"(723)라고 생각하는 무력감에 사로잡혀 수동적 태도를 취한다. 결국, 데이빗은 서술자로서도 작중인물로서도 확신으로 가득한 위인은 못되는데, "내가 내 인생의 영웅이 될지, 아니면 그 자리를 다른 사람이 차지하게 될지"(13)로 시작하는 작품의 첫 문장부터가 의례적인 겸손만은 아닌 것이다.

데이빗이 삶 일반에 대해 느끼는 망설임 내지 당혹감은 도라와의 결혼생활이 그에게 안겨준 모순적 현실과 무관하지 않다. 어린 시절부터 데이빗 삶의 중심은 "그의 삶을 지지하고 그 안의 공허함을 채워주며 그에게 실질적인 정체성을 부여할 수 있는 다른 사람과의 어떤 관계를 찾는 것"(Miller 815)이었으며, 그는 도라야말로 자신의 공허함을 메워줄 수 있는 이상적 여성이라고 확신했던 것이다. 그러나 결혼의 실제 생활을 통해 그는 "아이 같은 여성은 그 여성이 구체화하고 감독하리라고 기대되었던 가정의 이상을 위협하게 만든다"(Poovcy 85)는 역설적 진실과 마주한다. 더욱이 데이빗은 도라와 결혼하기까지, 대고모의 파산에서 비롯하는 경제적 궁핍함을 포함하는 여러 장애물들이 "키 큰 나무들"(533)처럼 앞을 가로막은 채 서 있는 것을 직감하고는 "도끼를 손에 들고 그 숲을 헤쳐서 도라에게 가는 길을 가기로 결심"(같은 면)하고 실제 그대로 실행하였던 터였다. 그가 굳은 결심을 다지며 숲을 헤쳐 나갈수록 휴식하며 정서적 갈증을 충족시킬 수 있는 가정의 온기에 대한 갈망은 커지기 마련이지만, 도라는 가정의 이상을 현실화할 수 없는 아이 같은 아내일 따름이다. 성공하기 위해 노력을 배가하면 배가할수록 처음에 노력을 자극한 대상인 도라의 '부족함'은 명확해지고 그렇다고 이제 와서 노력을 그만둘 수도 없는 난감한 처지에 빠진 것이다. (데이빗은 도라가 사망하고 아그네스와 재혼하면서 정서적 요구와 유능한 주부에 대한 요구를 동시에 충족하게 되지만 아그네스와의 결혼은 도라와의 결혼에 비해 맥 빠지고 실감이 덜하다.12))

데이빗이 도라와 관련하여 겪는 모순적 상황은 서술자로서 그가 지닌 이중적 모습, 즉 자신의 성취를 확신에 차서 자랑하다가도 스스로 불안감에 사로잡혀 당황해하는 습성을 키우는 데 결정적으로 작용한다. 데이빗의 이중성은 또한 자기 자신에 대한 평가에 국한되는 것이 아니다. 그가 유라이어 힙에게 성공을 부추기고 격려하면서도 그에 대해 부정적 평가를 일삼는 모습은 타인을 향한 이중적 시각을 반영하는 것이다. 데이빗이 보여주는 확신과 의심, 매혹과 혐오의 이중성은 해방과 질곡, 가능성과 혼란이 중첩되어 있는 근대의 이중주를 개인 차원에서 재연하는 걸로 보인다.

모레티는 교양소설(성장소설)을 "근대의 상징적 형식"(29)이라고 설명한다. 교양소설의 주인공은 젊다는 특징을 지니는데 변화에의 충동을 지닌 젊은이는 그가 보여주는 이동성과 불안한 내면성을 통해 근대가 지닌 역동성과 불안전성을 최고로 대표한다는 것이다. 모레티의 생각을 따른다면 『데이빗』에서 모순과 비일관성으로 갈등하는 인물이 주인공에게만 국한되지 않는 것은 당연한 노릇이다. 예를 들어, 스티어포스는 지치지 않는 활동성과 에너지를 지닌 인물로서 작품에서 "바이런적"(Tambling xxxii)이라고 종종 일컬어지기도 하는 위인이다. 그러나 그가 언뜻언뜻 내보이는 권태와 무관심의 모습(21장, 22장 등)은 그의 에너지와 모순관계를 이루면서 그를 극히 "모던한"(같은 글, 같은 면) 인물로 만드는바, 이러한 모순성 내지 비일관성이 『데이빗』을 근대인의 '자서전'으로 만드는 데 기여하는 것이다.

---

12) 데이빗이 아그네스와 결혼해서 얻는 안정과 성숙이 추상적이고 비현실적이라는 비판에 대해서는 Kim 149-50.

인용문헌

백낙청. 「디킨즈 소설 속의 빅토리아조 신사」. 『19세기영국소설 연구』. 한국영어영문학회 편. 민음사, 1981. 140-63.

윤지관. 「『아들과 연인』에 나타난 교양의 문제: 교양소설의 이념과 관련하여」. 『영어영문학』 46-3(2000): 705-20.

장남수. 「디킨즈 소설을 통해 본 근대적 주체의 분열과 복제」. 『현대영미어문학』 25-3(2007): 1-17.

Barr, Alan P. "Matters of Class and the Middle-Class Artist in *David Copperfield*." *Dickens Studies Annual* 38 (2008): 55-67.

Bloom, Harold. "Introduction." *Charles Dickens's David Copperfield*. Ed. Harold Bloom. Chelsea House, 1987. 1-8.

Bodenheimer, Rosemarie. *Knowing Dickens*. Cornell UP, 2007.

Dabney, Ross H. *Love and Property in the Novels of Dickens*. Chatto & Windus, 1967.

Dickens, Charles. *David Copperfield*. Intro. Jeremy Tambling. Penguin, 2004.

Flint, Kate. "The Middle Novels: *Chuzzlewit*, *Dombey*, and *Copperfield*." *The Cambridge Companion to Charles Dickens*. Ed. John O. Jordan. Cambridge UP, 2001. 34-48.

Joseph, Gerhard. "Fathers and Sons: *David Copperfield* in a Course on Victorian Autobiographical Prose." *Approaches to Teaching Dickens's David Copperfield*. Ed. Richard J. Dunn. The Modern Language Association of America, 1984. 71-80.

Kim, Myungjin. "Two Contradictory Narratives in David's Consciousness: A Bakhtinian Reading of *David Copperfield*." 『근대영미소설』 9-2(2002): 123-55.

Kincaid, James R. "Viewing and Blurring in Dickens: The Misrepresentation of Representation." *Charles Dickens's David Copperfield: A Sourcebook*. Ed. Richard J. Dunn. Routledge, 2004. 73-77.

Leavis, Q. D. "Dickens and Tolstoy: The Case for a Serious View of *David Copperfield*." *Dickens the Novelist*. F. R. and Q. D. Leavis. Penguin, 1972. 60-164.

Lucas, John. *Charles Dickens: The Major Novels*. Penguin, 1992.

Miller, J. Hillis. "Dickens's Novel of Memory." Charles Dickens. *David Copperfield*. Ed. Jerome H. Buckley. W. W. Noeron, 1990. 810-17.

Moretti, Franco. *The Way of the World*. Verso, 1987. 성은애 역. 『세상의 이치』. 문학동네, 2005.

Morris, Pam. *Dickens's Class Consciousness*. Macmillan, 1991.

Needham, Gwendolyn B. "The Undisciplined Heart of David Copperfield." Charles

Dickens. *David Copperfield*. Ed. Jerome H. Buckley. W. W. Noeron, 1990. 794-805.

Peck, John. "Introduction." *New Casebooks: David Copperfield and Hard Times*. Ed. John Peck. Macmillan, 1995. 1-30.

Poovey, Mary. "The Man-of-Letters Hero: *David Copperfield* and the Professional Writer." *New Casebooks: David Copperfield and Hard Times*. Ed. John Peck. Macmillan, 1995. 81-107.

Raina, Badri. *Dickens and the Dialectic of Growth*. The U of Wisconsin P, 1986.

Shires, Linda M. "Literary careers, death, and the body politics of *David Copperfield*." *Dickens Refigured*. Ed. John Schad. Manchester UP, 1996. 117-35.

Tambling, Jeremy. "Introduction." Charles Dickens. *David Copperfield*. Intro. Jeremy Tambling. Penguin, 2004. xi-xli.

❖

디킨즈의 산업노동자: 『어려운 시절』

—

1. 머리말

영국의 빅토리아 시대를 대표하는 작가 중 한 명인 디킨즈를 다른 작가들과 구별시켜 주는 요인으로 사회의 다양한 계층을 폭넓게 바라보면서 하층민에 대해 남달리 따스한 시선을 간직하고 있었다는 점을 빼놓을 수 없을 듯하다. 디킨즈는 첫 장편인 『피크윅 문서』(*Pickwick Papers*)부터 하층민의 이기심과 비굴함, 그리고 속물근성 이면에 존재하는 활력과 온기를 포착하고 전달하는 점에서 남다른 재능을 보여주었는바, 이는 사회의 구조적이고 역사적인 문제를 규명하는 데 집중하는 『돔비 부자 상사』(*Dombey and Son*) 이후의 후기작에서도 여전히 확인할 수 있는 사항이다. 『돔비 부자 상사』의 투들(Toodle) 가족, 『블리크 하우스』(*Bleak House*)의 조(Jo), 『작은 도릿』(*Little Dorrit*)의 플로니쉬(Plornish)를 비롯하여 블리딩 하트 야드(Bleeding Heart Yard)라는 빈민 거주 지역에 살고 있는 하층민들, 『막대한 유산』(*Great Expectations*)의 조우 가저리(Joe Gargery) 등은 모두 다 하층민에 대한 작가의 기본적 신뢰와 애정을 증명하기에 부족함이 없다.

디킨즈의 작품세계에 등장하는 빈도를 중심으로 볼 때, 본고에서 살펴보고자 하는 산업(공업)노동자는 하층민의 경우와 비교하여 작은 비중을 차지한다. 이는 일차적으로 디킨즈가 북부의 공업도시가 아니라 런던을 배경으로 활동한 작가라는 사실에서 연유하는바, 앞서 언급한 작품 중에서 공업노동자가 주요한 역할을 수행하며 등장하는 예는 미미하다고 할 수 있다.[1)] 따라서 공업도시를 배경으로 하고 공업노동자들이 다수 등장하는 『어려운 시절』(*Hard Times*)은 디킨즈의 작품세계에서 '예외적'인 위치에 있는 셈이다. 그러나 이 작품의 예외성을 주장하기에 앞서 『어려운 시절』이 1850년대 디킨즈 원숙기의 작가적 관심과 역량이 듬뿍 담긴 작품이라는 사실을 강조할 필요가 있겠다. 근대의 산업사회가 산업혁명 이후 비약적으로 발전한 공업부분의 생산을 기반으로 성립하였고, 원숙기의 디킨즈가 근대사회의 여러 문제를 탐구하고 형상화하는 데 뛰어난 재능을 보여주는 작가라는 사실을 분명히 하는 것이 일차적이기 때문이다. 리비스(F. R. Leavis) 역시 당대 문명에 대한 검토라는 측면에서 "『블리크 하우스』는 『어려운 시절』로 연결되고, 『어려운 시절』은 『작은 도릿』으로 연결된다"(280)는 지적을 통해 『어려운 시절』에서 탐구하는 문제가 당대사회의 핵심문제를 검토하는 1850년대의 다른 작품들과 동일선상에 놓여있다는 사실을 강조한 바 있다. 결국, 『어려운 시절』은 비슷한 시기에 발표된 다른 작품들과 동일한 작가적 관심을 공유하되, 산업도시와 산업노동자의

---

1) 『돔비 부자 상사』의 투들은 광부로 지내다가 철도가 개통된 이후 기차의 화부로, 기관사로 근무하게 되는 노동자지만 작품에서 수행하는 역할이 근대적 공업노동자를 대표할 순 없는 위인이며, 거리청소부 조, 미장이 플로니쉬, 대장장이 조우 가저리는 두말할 나위도 없다. 『작은 도릿』에 도이스(Doyce)의 공장에서 일하는 노동자들이 등장하긴 하지만, 익명으로 등장할 뿐만 아니라 근대세계의 전형적 자본가와는 다른 도이스의 됨됨이를 강조하는 역할을 담당하는 이들이 자본가와 다툼을 벌이는 근대의 전형적인 노동자라고 할 순 없을 듯하다.

문제를 포함하는 "산업도시의 여러 현상들과 맞붙잡고 씨름하려는 디킨즈의 특징적인 시도"(Patricia E. Johnson 128)를 유례없는 압축미로 보여주었다는 점에서 그 새로움을 내세울 수 있는 작품인 것이다.

디킨즈는 공업도시와 공업노동자를 다루는 새로운 작품을 발표하기 이전인 1854년 1월 28일, 자신의 부족한 경험을 보충하기 위해, 1853년 여름부터 파업이 진행되던 직물공업도시 프레스톤(Preston)을 방문하였다. 그러나 노동현실을 직접 관찰하고 이를 작품에 '반영'하려는 작가적 성실성에도 불구하고 『어려운 시절』에 드러나는 디킨즈의 노동자 묘사에 대해서는 비판적 평가가 대세를 이루고 있다. 쇼(Bernard Shaw)는 외부선동가로 등장하는 슬랙브릿지(Slackbridge)에 대해 "중산층의 상상력이 만들어낸 단순한 허구"(*"Hard Times," Hard Times* 362)이고 디킨즈는 노동자계급에 대해 너무 무지했다고 평가하며, 기씽(George Gissing)은 기계식 직조기의 직공으로 작품에서 제일 큰 비중을 차지하는 노동자인 스티븐(Stephen)에 대해 그가 노동자를 대표하는 인물은 아니라고 단언한다("Dickens' Portrayal of the Working Class in *Hard Times," Hard Times* 356-57).[2] 디킨즈가 노동계급에 대해

2) 디킨즈의 노동자 묘사를 비판하는 평자로는 쇼와 기씽 이외에도 하우스(Humphry House), 러너(Laurence Lerner) 등이 대표적이다. 『어려운 시절』을 높이 평가하는 평자로는 리비스가 대표적인데, 리비스도 스티븐과 노동운동을 둘러싼 작가의 묘사에 대해 아쉬움을 표한 바 있다(272-74). 이에 반해 클로쓴(Nils Clausson)은 이 작품에 존슨적 기질희극(Jonsonian comedy of humors) 내지 메니피아적 풍자(Menippean satire)와 사회문제소설(social-problem novel)이라는 이질적인 두 장르가 혼합되어 있다는 사실을 지적하며, 『어려운 시절』을 사회문제소설로 읽는 순간 노동조합과 슬랙브릿지에 대한 묘사는 곧바로 "비평적 관심의 초점"(163)으로 부상할 수밖에 없는데, 그 경우 "이 소설을 구성하고 있으며 이 소설에 대한 해석과 평가에서 핵심적인 역할을 담당한다고 필자가 주장하고자 하는 두 개의 주요한 문학적 장르를 무시하고, 소설에 장르적 획일성을 강요하는"(같은 면) 결과를 낳게 된다고 주장한다. 사회문제소설보다 기질희극 내지 메니피아적 풍자가 작품의 핵심인바, 이 전통에 따르면 디킨즈의 노동운동 묘사가 그에게 "정치적 통찰이 결여되었다거나 진보에 저항한다는 증거"(172)가 되는 것은 아니고 작가가 "노동조합과 그들의 지도자를 잘못 제시"(173)하는 것도 아니

제대로 알지 못했다는 비판이 부분적인 진실을 담고 있긴 하지만, 이런 설명법은 스펙터(Stephen J. Spector 365-66)의 지적대로 중산층 작가로서 자신의 한계를 알면서도 노동계급에 대해 글을 쓰기로 결심한 작가의 자신감 내지 문제의식을 설명하지 못하는 것도 사실이다.[3)]

이 글에서는 소설 『어려운 시절』 이외에도 「파업에 대하여」("On Strike")를 비롯하여 노동현장을 다루고 있는 디킨즈의 몇몇 산문을 아울러서 검토할 것이다. 「파업에 대하여」는 앞서 언급했던 1854년 1월 하순의 프레스톤 방문경험에 기초하여 그해 2월 11일에 『매일 쓰는 말들』(*Household Words*)이라는 잡지에 게재하였던 글로서 노동운동과 공장폐쇄에 대해 사실적으로 묘사할 수 있는 디킨즈의 능력을 입증하였다고 평가받는 글이다(Richard H. Moye 94). 본고와 관련하여 주목할 부분은 산문에서 프레스톤 출신 운동지도자의 능력을 인정하는 등 노동운동을 공감에 기초하여 객관적으로 기술하였던 디킨즈가 소설에서는 외부선동가의 역할에 비중을 부여하는 식으로 노동운동을 부정적으로 묘사한다는 점이다. 이러한 '차이'가 생겨나는 이유를 작가가 중산층의 사회적 편견에 굴복한 탓이라고 해석한다면, 그러한 '해석'은 당대의 영국사회에 대한 전면적 비판을 통해 오늘날에도 무시할 수 없는 현재성을 지니게 된 작품의 성취와 배치된다는 게 필자의 생각이다. 그 차이는 오히려 영국사회의 개별적 문제보다 영국의 상태에 대한 포괄적 진단을 창작의 목표로 잡고, 그 '목표'를 달성하기

므로 비판의 대상이 될 순 없다는 것이다. 그러나 클로쓴의 독법을 따른다고 해서 작품의 노동운동 묘사에서 비롯하는 불편함이 사라지는 것은 아닌 듯하다. 필자는 노동자 묘사와 관련한 '불편함'이 존재한다는 사실을 인정하되 그것이 작품의 핵심적 성과와 연결되기도 한다는 사실을 지적함으로써 디킨즈의 노동자묘사를 '변호'해보고자 한다.

3) 스펙터는 디킨즈가 가진 '자신감'의 근거로 언어의 힘에 대한 믿음과 환유의 수사학에 근거한 사실주의의 인식론적 전제를 제시하는데 이에 대한 상론은 별도의 자리를 요하는 문제이다.

위한 작가적 계산과 집필전략이 어떤 식으로든 반영될 결과로 이해하는 편이 온당하다는 게 필자의 생각인바, 본고에서는 이 문제를 살펴보고자 한다.

2. 디킨즈의 노동자 묘사

디킨즈가 노동자와 사용자가 동일한 이해관계를 공유하므로 필요한 것은 양자의 상호이해와 화해라는 생각에 따라 노동현장에서의 파업에 대해 부정적이라는 사실은 널리 알려져 있다.[4) 『어려운 시절』에서 스티븐의 마지막 대사가 강조하는 내용 역시 상호이해와 화해인데 (203-04면 참조), 작품의 플롯진행이 예시하는 대로 디킨즈가 파업에 대해 부정적인 까닭이 사용자를 지지하기 때문은 아니다. 「파업에 대하여」에서 서술자와 같은 기차 칸에 탄 스냅퍼 씨(Mr Snapper)는 노동자나 자본가, 어느 한쪽의 편에 설 수밖에 없는 거라고 주장하며 파업을 하는 노동자들은 "갈리기를 원하는"(198) 거라고 비아냥거린다.[5)] 반면에 작가의 생각을 대변한다고 할 수 있는 서술자는 파업을 둘러싼 전체적 상황을 파악하고 사용자와 노동자 모두의 친구가 되고자 한다. 서술자가 정리해 주는 자신의 방문목적은 다음과 같다.

> … 내가 두 눈으로 직접 관찰하고자 하는 바는 그릇된 생각의 지배를 받는 이 사람들이 어떻게 행동하는가의 문제와 이들이 그처럼 불리한 처지에 처해서조차 공동체의 약점과 두통거리가 아니라 공동체의 강점과 평화가 되어야하는 어떤 자질을 보여주는가의 문제이다.

---

4) 예컨대 1851년 1월 11일에 발표한 「철도파업」("Railway Strikes")에서 디킨즈는 파업을 "살인적 행동양식"(319)이라고 비판한다.

5) 스냅퍼 씨의 생각은 『어려운 시절』에서 코크타운(Coketown)을 대표하는 공장주인 바운더비(Bounderby)의 주장과 동일하다.

> … what I wanted to see with my own eyes, was, how these people acted under a mistaken impression, and what qualities they showed, even at that disadvantage, which ought to be the strength and peace—not the weakness and trouble—of the community. (202)

서술자는 노동자들이 파업을 통해 문제를 해결하겠다는 "그릇된 생각"을 갖고 있지만 파업 중에도 그들이 공동체의 "강점과 평화"가 되는 자질을 보여주리라는 기대를 갖고 있는 것이다.

「파업에 대하여」는 위와 같은 목적을 갖고 프레스톤을 방문한 서술자와 스냅퍼 씨의 대화, 노동자집회에서 서술자가 보고 들은 내용이나 자신의 생각을 정리한 부분, 프레스톤 거리와 담벼락에 붙어있는 플래카드나 벽보에 적힌 내용, 노래가사, 사용자에게 항의하는 시적인 문구 등이 어우러져서 "해설기사의 기능도 수행하는 완벽하게 세련된 보고문학"(John M. L. Drew 178)이라는 평을 듣기에 부족함이 없다. 서술자는 고용주의 직장폐쇄가 노동자의 파업 못지않은 잘못이며 파업을 제외한 노동자들의 단결권은 인정되어야 한다는 생각을 갖고 있다. "노동자들이 자기 일을 수행하는 신중하고 차분한 태도와 이들이 그 속에서 지내고 있는 빠르게 돌아가는 기계들이 내는 소음, 이 둘의 대조보다 더 현격한 대조는 아마 없을 것이다"(207)로 이어지는 집회현장에 대한 보고문에서 두드러지는 사항은 노동자들의 질서의식과 평화적이고 민주적인 집회진행에 대한 서술자의 이해이다. 「파업에 대하여」의 노동운동 묘사가 공감에 기초하고 있다는 사실은 프레스톤 파업에 적대적이었던 『프레스톤 크로니클』(Preston Chronicle) 지나 『맨체스터 가디언』(Manchester Guardian) 지의 기사가 집회에서의 충돌과 알력을 강조하고, 직업적 연사인 모티머 그림쇼(Mortimer Grimshaw)—그림쇼가 「파업에 대하여」에서는 그러프쇼(Gruffshaw)라는 이름으로 등장한다—의 연설에 대해 "욕설을 빗발치듯 퍼부었다"(John M. L. Drew

177에서 재인용)라거나 인근지역에서 온 "위원들과 직공들에게 분노의 물병을 들이부었다"라고 묘사하는 반면(John M. L. Drew 같은 면에서 재인용), 디킨즈의 산문에서는 그러프셔가 의장의 집회진행에 순응하는 모습이 제시된다는 차이점에서도 확인할 수 있다.

「파업에 대하여」를 읽다보면 노동자들의 인간성과 집회의 민주적 질차 등을 기록하던 디킨즈가 노동자의 파업과 공장주의 공장폐쇄를 구분하지 않고 똑같이 "통탄할 재앙"(209)이라고 단정 짓는 결론이 오히려 돌발적이고 느닷없다는 느낌을 갖게 된다. 사실, 작가는 파업현장을 방문하기 이전부터 "파업이 개탄스런 일이다"(198)는 '선험적'인 결론을 갖고 있었던 것인데, 이 결론이 산문의 일관성과 감동을 일정 정도 훼손한다고 할 수 있겠다. 이에 비해 『어려운 시절』에서 그러한 '굴절'은 보이지 않는다. 노동운동과 운동의 지도자에 대해 부정적인 묘사로 가득한 작품에서, 작가의 부정적 인식 자체가 문제일 수는 있어도 노동자들의 단체행동을 반대하는 태도가 작품의 '통일성'을 훼손시키지는 않는 것이다.

중앙에서 운동을 지도하기 위해 파견한 직업적 선동가인 슬랙브릿지는 "연단에 서 있다는 것 외에 대중보다 위에 서는 점은 거의 없"(106)는 위인으로, 그다지 정직하지도 사내답지도 상냥하지도 않는 인물로 제시된다. 슬랙브릿지의 지도를 받는 노동운동 역시, 스티븐의 말을 빌리자면, 노동자에게 도움이 되기보다는 "오히려 해를 끼칠 가능성이 많다"(108)고 지적된다. 『어려운 시절』이 발표되자 『웨스트민스터리뷰』(*Westminster Review*) 지는 프레스톤 파업이나 고용주와 노동자의 관계가 작품에서 제대로 다루어지지 않은 것에 대해 유감을 표했는데(Philip Collins, 305-08), 우리는 프레스톤 방문 경험이 소설에서 극히 제한적으로 활용된 까닭을 작가가 산문에서는 시사적인 문제에 집중한 반면 소설에서는 "당대 영국의 상태에 대해 훨씬 폭넓은 적응력"(Michael

Slater 371)을 가진 메시지를 전달하고자 노력한 결과로 이해할 수 있을 듯하다. 피터 커닝엄(Peter Cunningham)이 작가의 프레스톤 방문과 『어려운 시절』의 연관성을 강조하는 기사를 쓰자, 디킨즈가 그 이전부터 구상하고 써왔던 작품이라고 반박하는 편지(*Hard Times* 281)를 보낸 것도 작품의 의미를 국지화시키는 데에 대한 반대라고 해석할 수 있는 것이다. 『어려운 시절』과 「파업에 대하여」의 차이는 버터워스(R. D. Butterworth)의 지적대로 작가의 의식적 선택의 결과인 것이다.

> 현실에 직접적인 기원을 둔 저널리즘에서 디킨즈는 조합이 즉각적으로는 타당한 목적에 기여할 수 있고 … 파업을 벌이는 노동자들이 진지하다는 사실을 어느 정도 인정한다. 그러나 소설은 이와 달리 타협을 벌일 자리가 아니고 작가가 옳다고 생각하는 바를 주장할 자리이다. 소설은 비전과 분석을 위한 자리이다. 디킨즈는 막 조각조각 찢어지려고 하는 사회에 대한 비전을 전달하는 중에 사회의 단기적 건강과 행복을 생각하는 것이 아니다. 오히려 장기적 건강과 행복을 보장하리라고 자신이 생각하는 원칙에 기초하여 사회를 근본적으로 개혁하라고 주장하는 것이다.

> In his journalism, derived directly from real life, Dickens makes some acknowledgement that unions may serve in the immediate term a valid purpose … and that the strikers are sincere. Fiction, on the other hand, is no place in which to make compromises, but to argue what the writer thinks is right. It is a place for vision and analysis; and in the process of conveying his vision of a society in the very throes of being riven into fragments, Dickens looks not to the short-term but argues rather for the fundamental reform of society on the basis of principles which will, he thinks, ensure its long-term health and happiness. ("Dickens the Novelist: The Preston Strike and *Hard Times,*" *Hard Times* 324)

결국, 작품이 담고 있는 노동자 묘사의 사실성을 따지는 작업이 의미가 없는 것은 아니겠지만 『어려운 시절』 평가에서 좀 더 핵심적인 문제는 디킨즈가 사회에 대한 어떤 "비전과 분석"에 기초하여 사회의 근본적 "개혁"을 주문하는지를 검토하는 작업일 것이다. 또한 작품의 노동운동 묘사를 비판하는 논리의 밑바탕에는 슬랙브릿지 같은 선동적 사기꾼을 운동의 지도자로 제시한 것이 노동운동에 대한 작가의 이해부족을 반영한다는 생각이 자리 잡고 있으므로, 슬랙브릿지에 대한 묘사가 어떤 "비전과 분석"에 기초하고 있는지를 규명하는 작업도 필요하리라 생각한다.

『어려운 시절』에서 작가가 핵심적인 비판의 대상으로 삼는 것이 산술과 추상의 정신에 의거하여 노동자를 "일손"(52)으로, 어린 학생들을 "작은 그릇들"(6)로 축소시키고 사실과 수치를 물신화하는 공리주의라는 사실은 널리 알려져 있다.[6] 디킨즈는 근대사회의 이러저러한 문제를 사실주의적으로 제시하기보다 그것을 만들어내고 유지시키는 원칙과 체계에 대한 비판에 집중하여서 훈육과 감시로 특징지어지는 근대사회에 대한 푸꼬(Michel Foucault)의 통찰을 앞질러 보여주는바,[7] 코크타운을 지배하는 그래드그라인드(Gradgrind)와 바운더비는 공리주의 원칙에 따른 "훈육의 장점"(40)을 신뢰하며 아이들과 노동자들을 사실의 원칙에 충실한 인간으로 개조하고자 한다. 1권 5장과 8장에서 연속적으로 등장하는 어린 아이들과 나이 많은 아이들로 묘사되는 노동자들의 유비는 공리주의세력이 중점적으로 훈육하고자 하는 대상이 두 집단이며, 훈육의 내용은 이들에게서 궁금증과 상상이 대표하는 능동적 활력을 박탈하고 자신들이 가르치는 내용만을 받아들이는 수동적인 존재로 한정하고자 하는 것임을 일러준다. 코크타운의 모든 유력자들이 서로 다투면서도 기막히게 의견일치를 보는 사항은 "20

---

6) 『어려운 시절』의 공리주의 비판에 대해서는 장남수 (1999) 32-54 참조.

7) 『어려운 시절』에서 드러나는 근대사회의 훈육논리에 대해서는 장남수 (2003) 521-39 참조.

년, 30년, 40년, 50년, 그리고 그보다 더 오랫동안 무한의 세계를 향해 전속력으로"(41) 걸어간 아이들이 "절대 궁금해 해서는 안 된다"(41, 42 등)는 점이다. 이들은 푸꼬가 지적한 대로 "교육의 공간이 학습 기계처럼 기능"(Foucault 147)하도록 만들어서, 교육 공장에서는 "140여 개의 피아노다리처럼"(10) 획일적인 교사를 통해 한층 더 획일적인 학생들을 만들어내고 생산 공장에서는 기계의 한 부품으로 기능하는 일손들을 대량으로 생산하고자 하는 것이다. 공리주의자들에게 아이들과 노동자들의 품고 있는 궁금증이나 상상은 교육 공장과 생산 공장을 효율적으로 운영하는 데 방해가 되는 성가신 대상일 따름이다. 사실의 원칙에 의거해서 아이들이 "모든 면에서 통제받고 지배받아야"(9) 하고 "교정 받고 새롭게 만들어져야"(40) 한다고 생각하는 코크타운의 유력자들이 개인의 운명에 대해 무감각하다는 사실은 이들이 "수백 명, 수천 명 단위"(120)로만 파악하는 노동자들에 대해 지니고 있는 다음과 같은 관념을 통해서도 알 수 있다.

> 얼마만큼 일하고 얼마만큼 보수를 받으면 거기서 끝인 존재, 수요공급의 법칙에 의해 틀림없이 결정되는 존재, 이 법칙에 걸려서 머뭇거리다가 곤란에 빠지는 존재, 밀이 비쌀 때는 약간 쪼들리다가 밀이 쌀 때는 과식하는 존재, 일정 비율로 숫자가 늘어나면 또한 일정 비율로 범죄를 낳고 또다시 일정 비율로 빈곤을 낳는 존재, 도매로 취급되며 그로부터 막대한 재산을 벌 수 있는 존재, 때때로 바다같이 일어났다가 (주로 자신에게) 해악과 손해를 입히고는 다시 가라앉는 존재 ….

> Something to be worked so much and paid so much, and there ended; something to be infallibly settled by laws of supply and demand; something that blundered against those laws, and floundered into difficulty; something that was a little pinched when wheat was dear, and over-ate itself when wheat was cheap; something that increased at such a rate of percentage, and yielded such another percentage of crime, and such another percentage of

> pauperism; something wholesale, of which vast fortunes were made; something that occasionally rose like a sea, and did some harm and waste (chiefly to itself), and fell again; …. (120-21)

노동자들의 존재를 "수백 명, 수천 명 단위"로만 파악하는 사고방식이 그들을 "동력"(116)으로만 축소시키고 "희망을 품을 영혼도 없는 합계 속의 숫자나 기계인 것처럼"(같은 면) 간주하는 사고방식과 동일한 맥락의 소산임은 두말할 나위 없을 것이다.

이제까지 우리는 『어려운 시절』에서 작가가 비판하는 대상이 학생과 노동자로부터 상상력과 활력을 박탈하여 자본의 논리에 충실한 인간으로 개조하고자 하는 공리주의라는 점을 간략히 살펴보았다. 다음으로는 머리말에서 제시하였던 본고의 문제의식으로 돌아가서, 산문에서 노동운동에 대해 공감적인 의식을 보여주었던 디킨즈가 작품에서는 노동운동에 대해 비판적인 시선을 보인다는 사실과 공리주의 비판이라는 작품의 핵심 사이에 서로 어떤 관련이 있는 것인지 살펴보겠다.

앞서 지적한 대로 디킨즈가 진단하는 영국사회의 핵심 문제는 "인간성의 모든 미묘한 본질"(78)을 무시하고 사실과 숫자를 절대시하는 공리주의적 사고방식이다. 그런데 공리주의가 코크타운의 지배자에게 국한된 사고방식이고, "하나의 단결된 힘"(106)으로 뭉쳐 이들 "압제자들을 부수고 가루로 만들"(같은 면)고자 하는 노동운동은 공리주의에 맞서 실질적 대안을 모색해나가는 움직임이라고 한다면, 작가가 노동운동을 부정적으로 제시한 것은 변명하기 어려운 문제가 된다. 하지만 코크타운에서 공리주의는 지배세력에 국한된 문제가 아니다. 대안세력을 자임하는 노동운동도 공리주의적 사고방식에서 자유롭지 못한데, 결국 공리주의는 코크타운을 지배하고 있는 세력뿐 아니라 그 세력에 맞서고 있는 반대파까지 공히 포획함으로써 이 세계를 영원히 지배할 토대를 완성하는 것이다.

바운더비는 노동조합에 가입하기를 거부해서 동료들로부터 버림받은 스티븐을 자기 집으로 부른 후 스티븐에게 조합과 조합의 지도자에 대해 정보를 제공하라고 요구한다. 동료들로부터 버림받은 상황에서도 "자신의 계급에 충실"(114)하고자 하는 스티븐은 바운더비가 듣고자 하는 이야기를 하지 않으며 오히려 코크타운의 문제를 해결할 사람은 사장님 같이 "우리 모두의 위에 군림하는 분들"(115)이라는 요지의 얘기를 할 뿐이다. 스티븐의 얘기에 화가 난 바운더비는 상대방이 "항상 불만을 가지고 있는 그런 부류"(116)이고, "항상 불평을 심고 수확"(같은 면)하고 다니는 녀석이라고 규정한다. 자기의 말을 따르지 않는 사람을 무조건 적대시하는 바운더비의 사고방식은 운동 지도자인 슬랙브릿지에게서도 동일하게 나타난다. 스티븐이 조합에 가입하기를 거부하자 슬랙브릿지는 그가 "자기 자리를 떠나 깃발을 팔아넘기고 투항"(107)한 "배반자, 비겁자, 겁쟁이"(같은 면)라고 매도한다. 바운더비가 스티븐을 "어떤 못된 짓이라도 능히 해치울 수 있는 놈"(140)이라고 생각하듯이 슬랙브릿지에게 스티븐은 "배반자"(107)이고 "살무사"(185)일 따름인 것이다. 둘 다에게 자기편이 아니라면 상대편일 수밖에 없다는 편협한 인간 이해만 있는 것이지, 주정뱅이 아내를 둔 스티븐의 개인적인 고민과 생각, 감정은 고려사항이 아니다. 공리주의자의 논리에 따르면 노동자는 어느 경우든 "사용자나 노동자 한쪽 편으로 길을"(188) 들어야만 하고 "자기 나름의 영혼이나 생각을 가지면 안 되는"(같은 면) 것인바, 제3의 길은 존재하지 않는 것이다.

작품의 노동자 묘사와 관련한 불만 중에는 스티븐이 너무 순종적이고 순교자적인 인물로 제시된다는 비판이 있다. 코크타운에서 각축을 벌이는 두 세력 사이에 끼어 있는 스티븐의 죽음을 필연적이고 비극적인 결말로 처음부터 제시하는 편이 좋았을 것이란 지적은(Humphry

House 205-06) 작품 진행과 관련하여 진지하게 고려해봄직하다. 그러나 공리주의가 고용주와 노동자 양쪽에 공히 퍼져 있는 현실이 스티븐에 대한 태도를 중심으로 확연히 드러나는 성과도 사소한 것은 아니다. 바운더비 은행에서 돈을 훔쳐간 범인이 스티븐이라는 오해가 기정사실화되자, 코크타운의 노동자들은 "세상에서 가장 정직하고 가장 진실하며 가장 착한 사람"(187)인 스티븐을 "살무사"(185)라고 단죄하는 "슬랙브릿지의 복음"(186)에 결국엔 찬동하고 환호성을 올린다. 노동자들 전체에 확산되는 슬랙브릿지의 생각과 판단은, 노동운동이 공리주의적 사고방식을 극복하지 못한다면 근대적 산업기술과 자본제 생산양식의 핵심에 닿아있는 공리주의의 문제점을 '해결'하는 것이 아니라 근대세계의 각종 문제를 증폭시키고 악화시킬 수밖에 없을 거라는 작가의 생각을 보여준다. 토우커(Toker)의 지적대로 "노동조합운동에 대한 디킨즈의 준(準)반동적인 풍자는 독자적이고 분리된 개인정체성을 인정하지 않고 그것을 박멸하는 데 열심인 세력에 대한 비판의 일부"(228)인 것이다.

이제까지의 논의를 통해 노동운동에 대한 공감과 선험적 반감 사이에서 오락가락하는 「파업에 대하여」와 달리, 『어려운 시절』에서 노동운동을 일관되게 비판적으로 묘사하는 작가의 계산은 "비인간적 정신의 공격적 정식화"(Leavis 253)로 드러나는 공리주의가 사회의 구석구석을 지배하고 있는 양상을 드러내는 성과를 거두었다는 사실이 확인되었으리라고 믿는다. 서술자는 "바운더비를 실없이 치켜세우는 정신적 전염병"(37)이 코크타운에 광범위하게 퍼져 있는 현실을 다음과 같이 지적한다.

> 다른 곳에서라면 겸손하게 지냈을 사람들이 코크타운에서는 식사 때 갑자기 나타나서 맹렬히 바운더비 자랑을 늘어놓았다. 그들은 바운더비를 왕실의 문장으로, 영국 국기로, 대헌장으로, 존 불로, 인신보호법으로, 권리장전으로, 영국인의집은 그의 성곽이다로, 교회와 국가로, 그

리고 이 모든 것을 합하여 신이여 여왕을 보호하소서로 만들었다.

> Strangers, modest enough elsewhere, started up at dinners in Coketown, and boasted, in quite a rampant way, of Bounderby. They made him out to be the Royal arms, the Union-Jack, Magna Charta, John Bull, Habeas Corpus, the Bill of Rights, An Englishman's house is his castle, Church and State, and God save the Queen, all put together. (37)

바이러스처럼 사회 구석구석에 퍼져나가는 바운더비적 특성은 막힘이 없고 제한이 없다. 바운더비가 거짓말쟁이고 위선자에 불과하다는 진실이 페글러 노파(Mrs Pegler)의 등장과 함께 극적으로 밝혀진 후에도 "55세가 넘은 25명가량의 허풍선이들은 각자 코크타운의 조싸이어 바운더비라는 이름"(220)을 가지고 바운더비 홀과 바운더비 건물, 바운더비 예배당을 휘젓고 다닌다. 이들이 "항상 막대한 양의 바운더비다운 헛소리와 허세로 건장한 위장을 구역질나게"(같은 면) 만들 거라는 서술자의 예언을 독자가 받아들을 수 있는 것도 공리주의가 사회 전체에 속속들이 스며들어 있는 현실을 작가가 작품 서두에서부터 꾸준히 제시해왔기 때문인 것이다.

노동자 묘사와 관련하여『어려운 시절』이 이룬 성과는 지배세력에 국한되지 않고 반대파마저 장악하고 있는 공리주의논리를 적발하는 데 국한되지 않는다. 노동자 내지 하층민과 자본가 내지 중간계급의 관계에 대한 디킨즈의 생각을 살펴보자. 1854년 늦여름에 런던에서는 콜레라가 발생하여 만 명 이상의 사람이 사망하는 재앙이 발생하였고, 디킨즈는「노동자에게」("To Working Men")라는 글을 1854년 10월 7일『매일 쓰는 말들』에 발표하였다. 이 글에서 디킨즈는 빈민의 주거환경을 개선하기 위한 운동이 필요하다는 사실을 역설하며, 노동자와 중간계급이 "동맹"(228)을 맺고 정부에 압력을 행사하면 정부가 영향을 받아서 "현재의 빈민들 주거 상태에서 생겨나는 견딜 수 없는 질병이 치료될 수 있다"(같은 면)는 생각을 피력한다. 중하층이 단결하여 요구하면 귀족의 정부가 문제해결을 위해 결국 움직이게 될 것이라고 주장하는 데서 드러나듯, 이 시기 디킨즈가 대립적으로 파악하는 계급 관계는 18세기에 흔히 피치자(the governed) 내지 대중(the People)이라고 통칭되던 중하층과 귀족 사이에 존재하는 것이지 노동자와 부르주아 사이에 존재하는 것이 아니었다.[8)]

여기서 우리가 유의해야 할 사항은 중하층의 연합세력과 귀족 내지 귀족의 정부를 대립적으로 파악하는 방식이 적어도 19세기 초반까지는 역사적 타당성을 지니는 것이었다는 점이다. 그러나 1832년의 제1차 선거법개정과 1846년의 곡물법폐지를 거치면서, 이전까지 하층민과 연대하여 좀 더 민주적이고 평등한 방향으로의 사회개혁을 요구하던 부르주아는 점차 지배계층으로 변신하였고 부르주아의 이해와 노동계급의 이해는 더 이상 동일한 것일 수 없다는 사실이 드러났으며, 1840년대가 되면 "두 개의 국가"(Two Nations)라는 표현이 인구에 회자될 정도로 노동자와 자본가는 대립적 관계에 서게 된다. 결국, 주거

8) 디킨즈는 1854년 『어려운 시절』을 발표하기 직전에 『블리크 하우스』를 1852년부터 53년까지 분할 출판하였다. 이 작품에서 공장주 라운스웰(Rouncewell)을 호의적으로 묘사한 것은 『어려운 시절』에서 바운더비에 대한 지독한 풍자와 극명하게 대조되는바, 공장주에 대한 호의적 묘사는 「노동자에게」 등의 산문에서 드러나는 대로 디킨즈가 노동자 내지 하층민과 자본가 내지 중간계급의 "동맹" 가능성을 신뢰하고 있다는 증거이다. 렛저(Sally Ledger)는 공장을 소유하고 있는 자본가에 대한 디킨즈의 인식이 극적으로 바뀌는 계기를, 산업재해의 원인을 제공하는 위험한 기계 주위에 울타리를 둘러치라는 법안이 통과되는 것을 막기 위해 자본가들이 1854년 전국공장주연합(national Association of Factory Occupiers)을 결성한 사건이 그를 자극하였다고 설명한다(212). 사족 삼아 덧붙이자면, 『어려운 시절』 다음 작품인 『작은 도릿』에 등장하는 공장주 도이스는 근대적 자본가인 라운스웰과는 다른 유형의 인물이므로 도이스와 노동자들의 '유대'를 부르주아와 노동자의 "동맹"으로 파악할 수는 없을 듯하다.

환경개선을 위해 노동계급과 중간계급이 연합해야 한다는 주문은 객관적으론 실현될 수 없는 일방적 바람에 불과한 것이다.

『어려운 시절』에서 노동자와 자본가의 관계를 제시하는 디킨즈의 안목을 평가하기 위해서는 "유토피아적 비전에 가깝다"(Philpotts 266)는 비판을 듣기까지 하는 예의 "동맹"에 대한 기대가 디킨즈 당대에는 산업현장의 문제를 해결할 수 있는 치료책으로 널리 받아들여졌다는 사실을 상기할 필요가 있다.[9] "유토피아적 비전"이 사회 전체에 광범위하게 퍼져 있는 상황에서, 자신이 저널리즘에 발표했던 산문이나 개스켈 같은 당대 일류작가의 작품이 전달하는 비전과 달리 디킨즈가 자본가와 노동자의 대립관계를 『어려운 시절』에서 제시한다면,[10] 이는 현실주의에 뿌리내리고 있는 작가의 시선이 당시로서는 이례적인 시각을 가능케 하였다고 해석할 수 있을 것이다. 『어려운 시절』의 결말은 무엇보다도 개스켈의 작품처럼 계급 화해의 비전으로 끝나지 않는다. 공장주인 바운더비가 죽은 후에도 코크타운에는 제2, 제3의 바운더비가 계속 번성하고, 레이첼(Rachael)은 여전히 "정해진 시간에 출퇴근"(221)하며 "늙어서 더 이상 일할 수 없을 때까지"(같은 면) 정해진 일을 할 수밖에 없는 운명이다. 2권 1장에서 스파짓 부인(Mrs Sparsit)

9) 예컨대, 1840년대 공장지대에서 살아가는 노동자들의 삶과 분노를 생생히 전달한 개스켈 여사(Mrs Gaskell)도 『매리 바튼』(*Mary Barton*)이나 『남과 북』(*North and South*)의 결말을 노동자와 자본가의 화해로 맺고 있다. 개스켈은 『매리 바튼』을 발표하던 당시에 벌써 맨체스터에 15년 이상 거주하였고 노동자들의 체험에 정통하다는 평을 듣기에 손색이 없는 작가였지만 그녀가 생각하기에 문제의 요체는 양자의 이해 부족이고 필요한 것은 계급 화해였던 것이다.

10) 스티븐이 바운더비에게 말하듯이 노동자들의 "위에 군림하는 분들"(115)에게 문제해결을 요구하는 것이 문제를 해결하는 효과적이고 빠른 길일지 모른다. 그리고 스티븐의 발언에서 나타나는 대로 디킨즈가 자본가를 통한 온정주의적 해결책을 추구한다는 혐의에서 완전히 벗어나 있는 것도 아니다. 그러나 작품의 전체적인 진행은 그러한 기대가 가망 없는 것임을 여실히 보여준다.

과 비쩌(Bitzer)가 나누는 다음과 같은 대화는 계급대립에 대한 부정하기 어려운 예이다.

> "잠시도 가만있지 못하는 녀석들이 요새는 무엇을 하고 있지?" 스파짓 부인이 물었다.
> "그저 늘 하던 대로 지냅니다, 부인. 단결하고 동맹을 맺고 서로 도와주기로 약속하고 말입니나."
> "공장주들이 단결하고도 그따위 계급 결속을 허용하다니 몹시 유감이군." 스파짓 부인이 이렇게 말하면서 엄한 기색을 띠는 바람에 그녀의 코는 더욱 매부리코가 되었고 눈썹은 더욱 코리올레이너스 같아졌다.
> "그렇습니다, 부인." 비쩌가 말했다.
> "공장주들도 단결했으니, 다른 자와 결속한 자를 고용하는 것에 대해 너나 할 것 없이 모두 단호히 반대해야지." 스파짓 부인이 말했다. …
> "… 다만 이런 자들은 제압되어야 하고, 이 일을 딱 부러지게 수행할 때가 도래했다는 사실만은 알고 있어."

> "What are the restless wretches doing now?" asked Mrs. Sparsit.
> "Merely going on in the old way, ma'am. Uniting, and leaguing, and engaging to stand by one another."
> "It is much to be regretted," said Mrs. Sparsit, making her nose more Roman and her eyebrows more Coriolanian in the strength of her severity, "that the united masters allow of any such class-combinations."
> "Yes, ma'am," returned Bitzer.
> "Being united themselves, they ought one and all to set their faces against employing any man who is united with any other man," said Mrs. Sparsit. …
> " … I only know that these people must be conquered, and that it's high time it was done, once for all." (88-89)

자본가와 노동자의 대립에 대한 의식은 지배세력만 갖고 있는 게 아니다. 예컨대 스티븐이 은행을 턴 범인으로 몰리는 상황에서 레이첼이 루이자에게 "부인 같은 분들은 우리를 알지도 못하고 신경 쓰지도 않을 뿐더러 우리와 같은 계급도 아니”(187)라고 격정적으로 발언하는 대목은 두 집단 사이에 현실적으로 놓여있는 간격을 무시하고 화해를 강조하는 것이 공연한 빈말에 그치게 될 가능성을 강하게 시사한다.

작품에서 코크타운의 지배세력은 하층민의 육체뿐 아니라 영혼과 생각까지 완전히 지배하기 위해 온갖 “허구”(86, 91, 140)를 유포시킨다. 그 허구는 자본가의 말을 듣지 않는 노동자는 “여섯 필의 말이 끄는 마차”(57)를 타고 “황금수저로 자라수프와 사슴고기 먹기를”(같은 면) 바라는 거라는 내용으로 나타나기도 하고, 육 펜스로 육만 파운드를 번 자본가들이 육 펜스로 육만 파운드를 버는 “사소한 일도 하지 못한다고 일손들 모두를 대체로 비난”(91)하는 형태를 취하기도 한다. 바운더비는 자신이 “도시의 모든 벽돌과 공장, 모든 굴뚝과 연기, 그리고 일손들에 두루 훤하”(181)며 “책을 읽는 것처럼”(140) 노동자들의 마음을 정확히 읽어낼 수 있다고 자신한다. 그러나 그가 현실에 만족하지 않고 그것을 개선하고자 하는 일손은 모두 다 “어떤 못된 짓이라도 능히 해치울 수 있는 놈”(140)이라는 “허구”에 사로잡혀 있는 한 노동자들을 이해할 길은 없는 셈이다. 그래드그라인드와 바운더비를 비롯한 코크타운의 유력자들이 보기에 노동자들은 술이나 아편에 취해서 “저속한 곳”(22)에 드나들고 저속한 노래를 듣고 저속한 춤을 추는 “나쁜 작자들”(같은 면)이며, “가장 좋은 음식을 먹고 신선한 버터만을 사고 모카커피만”(같은 면) 마시면서도 “항상 불만스러워하는 다루기 어려운 족속”(같은 면)일 따름이다. 이해가 불가능한 곳에서 바운더비 같은 유력자들에게 상호이해와 화해를 촉구할 필요는 있겠지만 그것이 실제로 실현될 방도는 없는 것이다.

앞에서 우리는 슬랙브릿지가 코크타운의 노동운동을 지도하기 위해 중앙에서 나온 지도자라는 사실을 지적한 바 있다. 그는 노동자들이 한 명의 낙오자도 없이 일치단결하여 “폭정”(106)을 일삼는 “압제자들을 부수고 가루로 만들”(같은 면)도록 하는 데에만 관심이 있다. 자신이 중앙으로부터 위임받은 명령의 타당성 내지 정당성에 대한 반성적 생각이나 조합에 참여하기를 거부하는 스티븐의 개인적 사정 따위는 그의 뇌리에 들어올 자리가 없다. 바운더비가 일손들을 잘 알고 있다고 자신하듯이 슬랙브릿지도 노동자가 어떠해야하는 존재인지, 그리고 조합에 가담하지 않는 노동자의 실체가 무엇인지를 확신하는 것이다.

> 슬랙브릿지의 시야에는 자율적이고 주체적인 노동자 대신 ‘노동자총연맹’이 내리는 지도에 일사불란하게 따르는 노동자만 들어 있다. 디킨즈가 슬랙브릿지의 형상화를 통해, 이른바 레닌주의의 조직행동원리, 즉 “전위당은 지도하고, 대중은 그 지도에 따른다”는 생각이 지닌 문제점을, 소련이 붕괴하기 훨씬 이전에 이미 간파하고 보여주었던 셈이라고 평가할 수 있을 것이다. (장남수 [2003] 533. 큰따옴표 안의 표현은 정남영 219)

디킨즈가 노동운동에 나타난 지도와 피지도의 위계설정이 지니는 문제점을 구소련의 붕괴를 앞질러서 보여준 것도 이 작품이 달성한 중요한 성과라고 할 수 있겠다.

3. 마무리에 대신하여

노동자와 자본가가 대립적 관계에 있고 둘의 상호이해와 화해가 현실적으로 불가능하다면 어떤 ‘대안’이 있는 것인가. 갈등과 투쟁, 반란과 혁명이 대두하기 십상인데 중산층을 대상으로 작품 활동을 하였던 디킨즈는 이 난제를 어떻게 ‘해결’하는가. 작품은 씨씨(Sissy)와 슬리어리(Sleary) 곡마단이 대표하는 가치와의 연대를 유력한 ‘해결책’으로 제시하지만,11) 본고에서는 스티븐과 루이자를 중심으로 마무리에 대신하고자 한다. 존슨(Patricia E. Johnson)은 "『어려운 시절』이 공장이라는 물리적 구조를 인물들의 삶에 작용하는 파괴적 힘의 은유이자 소설의 미학적 통일성을 확보하는 은유로 사용하고 있다"(129)고 지적하며, 산업주의를 대표하는 공장의 외부구조가 감추고 있는 내부과정에 주목할 필요성을 강조한다. 공장이 작동하기 위해서는 그 안에 연료가 반드시 필요하고 중간계급의 공장이 소진시키는 연료는 노동계급과 여성의 삶인바, 스티븐은 "생산체계를 위한 연료"(134)이고 루이자는 "결혼과 재생산 체계를 위한 연료"(134)라는 것이다. 작품을 에워싸고 있는 공리주의, 산업주의라는 외피 속에 스티븐과 루이자의 삶이 존재하며, 이들의 인생과 불행한 결혼을 다루는 내용이 전체 37장 중 27장을 차지한다는 지적을 참조하면(130-32), 공장제의 인간적 의미를 따지기 위해 두 인물을 연결해서 검토할 가치는 충분하다고 할 수 있다.12) 존슨이 공장제와 가부장제의 연관성을 거론한 후에 내리는 결론은 다음과 같다.

> … 스티븐과 루이자는 자신들이 연료가 되는 체제를 받아들였기 때문에 자신들이 갖고 있는 무시무시한 분노를 실행에 옮길 수 없다. 그들은 다 타버린 재로 생을 마감하며 겉으로 폭발하기보다 속으로 파괴된

11) 『어려운 시절』에서 씨씨와 곡마단이 대표하는 의미와 작중기능에 대해서는 장남수 (1999) 42-48 및 (2003) 535-37 참조.

12) 스티븐과 루이자가 작품의 두 주인공이라는 또 다른 입장으로는 Stanley Friedman 254-62 참조. 프리드먼이 둘의 연관성을 내세우는 근거는 다음과 같다. 첫째, 각자에게 주정뱅이 부인과 하트하우스(Harthouse)라는 악마가 존재하듯이 레이첼과 씨씨라는 천사가 존재한다. 둘째, 두 인물 모두 악당 톰(Tom)에 의해 희생당한다. 셋째, 둘 다 코크타운 외부 출신인 슬랙브릿지와 하트하우스 때문에 고통 받는다. 넷째, 스티븐이 빠진 탄갱은 루이자의 경우, 스파짓 부인이 상상으로 세워놓은 "거대한 계단"(153)의 제일 아랫단에 위치하는 "수치와 파멸이라는 어두운 구덩이"(같은 면)와 마찬가지라는 것이다.

다. 스티븐이 탄갱 밑바닥에서 천천히 그리고 의미심장하게 죽는다면 루이자는 사회가 여성에게 허용하는 유일한 배상인 가정과 아이를 부여받지 못한 채 불임여성으로 살아가는 것이다.

… both Stephen and Louisa are unable to act out their terrible anger because they accept the framework for which they provide the fuel. They implode, rather than explode, ending their lives as burnt-out cinders: Stephen dies slowly and significantly at the bottom of a mine shaft while Louisa lives on, a barren woman, denied the only satisfactions—home and children—that her society allows women, (135)

루이자가 집안의 난롯불이나 재, 코크타운 굴뚝의 불꽃을 보면서 인생의 가능성에 대해 회의하고 원한을 삭이는 모습이 예시하듯 공리주의, 산업주의, 가부장제라는 공장의 연료로 살아가는 인생이 견딜만할 것일 순 없는바, 작품은 루이자의 원한과 절망을 통해 코크타운이 언제까지나 영속할 수 있는 체제는 아니라는 진실을 일깨워준다. 스티븐 역시 탄갱 밑에서 절망을 곱씹다가 결국엔 최후를 맞이한다. 작품의 구조는 이떤 식으로든 '출구'를 찾아야할 필요성을 강조하지만, 스티븐이 꾸는 "길고 어수선한 꿈"(68)이 시사하듯 그도 루이자도 벗어날 수 없는 덫에 걸려 있을 따름이다. 정상적인 방법으로 "폭발"하지 못하고 "속으로 파괴"되는 스티븐과 루이자의 인생은 코크타운이 유지되기 위해 또는 코크타운을 유지한다는 것이 요구하는 인간적 희생의 생생한 예라고 할 수 있겠다.

노동운동에 대한 작가의 부정적 묘사가 공리주의에 포획된 운동지도자와 노동자들의 모습을 환기시켜서 사회와 그 구성원이 근본적으로 바뀔 필요성을 강조하는 효과를 거두는 것은 사실이지만 그것이 얼마나 치밀한 계산의 결과인지는 단언할 수 없다. 씨씨가 대표하는 가치의 영향력이 작품이 제시하는 현실에서는 더할 수 없이 설득력을 지니는 것이 사실이나, 하트하우스든 바운더비이든 제2, 제3의 인물이 자꾸만 출현할 수밖에 없는 것도 사실이기 때문이다. 그러나 비유컨대 노동자들을 포함하여 코크타운의 구성원들이 공리주의의 자장에서 벗어나 적극적이고 능동적으로 '대안'을 찾아나가는 모습을 제시하는 것은 인류가 공동으로 개척할 몫이지 개별 작가가 감당할 수 있는 몫이 아닐지 모르겠다.

인용문헌

장남수. 「『어려운 시절』과 공리주의의 문제」. 『안과밖』 7 (1999): 32-54.

______. 「『어려운 시절』을 통해 본 자본의 훈육전략」. 『영어영문학』 49-3 (2003): 521-39.

정남영. 「디킨즈의 공리주의 비판의 현재성」. 『리얼리즘과 그 너머: 디킨즈 소설 연구』. 서울: 갈무리, 2001: 203-39.

Clausson, Nils. "Dickens's *Genera Mixta*: What Kind of a Novel Is *Hard Times*?" *Texas Studies in Literature and Language* 52-2 (2010): 157-80.

Collins, Philip, ed. *Dickens: The Critical Heritage*. New York: Barnes & Noble, 1971.

Dickens, Charles. *Hard Times*. Ed. Fred Kaplan and Sylvère Monod. 1966; 1990; New York: Norton, 2001.

______. "On Strike." *"Gone Astray" and Other Papers from Household Words 1851-59: The Dent Uniform Edition of Dickens' Journalism* Vol. 3. Ed. Michael Slater. Columbus: Ohio State UP, 1999. 196-210.

______. "To Working Men." *"Gone Astray" and Other Papers from Household Words 1851-59*. 225-29.

______. "Railway Strikes." *The Amusement of the People and Other Papers: The Dent Uniform Edition of Dickens' Journalism* Vol. 2. Ed. Michael Slater. Columbus: Ohio State UP, 1996: 316-22.

Drew, John M. L. *Dickens the Journalist*. Basingstoke: Palgrave Macmillan, 2003.

Foucault, Michel. *Discipline and Punish: the Birth of the Prison*. Trans. Alan Sheridan. New York: Vintage Books, 1979.

Friedman, Stanley. "Sad Stephen and Troubled Louisa: Paired Protagonist in *Hard Times*." *Dickens Quarterly* 7-2 (1990): 254-62.

House, Humphry. 1941; *The Dickens World*. London: Oxford UP, 1950.

Johnson, Patricia E. "*Hard Times* and the Structure of Industrialism: The Novel as Factory." *Studies in the Novel* 21-2 (1989): 128-37.

Leavis, F. R. "*Hard Times*: The World of Bentham." F. R. and Q. D. Leavis. *Dickens the Novelist*. 1970; Harmondsworth: Penguin, 1972. 251-81.

Ledger, Sally. *Dickens and the Popular Radical Imagination*. Cambridge: Cambridge UP, 2007.

Lerner, Laurence. *The Literary Imagination*. Sussex: The Harvester P, 1982.

Moye, Richard H. "Storied Realities: Language, Narrative, and Historical Understanding." *Contemporary Dickens*. Ed. Eileen Gillooly and Deirdre David. Columbus: Ohio State UP, 2009. 93-109.

Philpotts, Trey. " 'To Working Men' and 'The People': Dickens's View of Class Relations in the Months Preceding *Little Dorrit*." *Dickens Quarterly* 7-2 (1990): 262-75.

Slater, Michael. *Charles Dickens*. New Haven: Yale UP, 2009.

Spector, Stephen J. "Monsters of Metonymy: *Hard Times* and Knowing the Working Class." *ELH* 51-2 (1984): 365-84.

Toker, Leona. "*Hard Times* and a Critique of Utopia: A Typological Study." *Narrative* 4-3 (1996): 218-34.

❖

근대적 주체의 분열과 복제: 『작은 도릿』

—

1. 디킨즈 후기작의 한 가지 특징

산업혁명을 계기로 역사상 최초로 본격적인 근대사회를 수립한 19세기 영국에서 사람들의 삶은 이전 어느 시대에도 겪어보지 못한 새로운 경험으로 가득하게 된다. 이 경험은 점차 고도화되는 근대 자본주의의 환경이 사람들에게 부과하는 것인바 근대의 경험이 지니고 있는 해방과 질곡, '커다란 기대'와 '잃어버린 환상'의 이중적 양상은 사회적 관행 및 제도, 국가기구 등의 공적인 측면뿐 아니라 개인적인 삶과 감수성, (무)의식 등의 사적인 측면에서도 드러나게 마련이다. 특히 근대의 장르라 할 수 있는 장편소설은 사람들 삶의 구체적인 질과 결을 탐구하고 그 전후맥락을 전달하는 데 다른 사회학적 보고서나 역사적 사료보다 특장이 있으며, 그 중에서도 빅토리아시대의 대표적 소설가인 디킨즈의 작품은 근대화의 충격 속에서 창조적인 인간정신이 그 의미를 해석하고 기록하고 평가한 위대한 결과물이라고 할 수 있을 것이다. 이 글은 양면성으로 가득한 근대의 문제가 근대적 주체를 생산해내며 또 그 주체를 통해 확산되고 공고화되는 과정과 분리될 수 없다는 인식에 기초해서(Taylor ix-x), 디킨즈의 작품 중 최고봉에 속하는 『작은 도릿』(*Little Dorrit, 1855-57*)[1]을 중심으로 근대적 주체의 문제를 검토하고자 한다.

『돔비 부자 상사』(*Dombey and Son*) 이후에 발표된 디킨즈의 후기작을 읽다보면 한 가지 재미있는 사실에 주목하게 되는바, 그것은 내적으로 분열된 인물이나 대량으로 복제된 인물들을 꾸준하게 만날 수 있다는 점이다. 후기작을 여는 『돔비 부자 상사』의 주인공 폴 돔비(Paul Dombey)가 원하는 것은 아들 폴(Paul)을 자신과 동일한 자본가로 복제하여 회사의 소유권과 사업을 영속화하는 일이다. 돔비가 아들에게 자신과 동일한 이름을 부여한 것부터가 그 자신이 지향하는 목표를 명확히 보여준다고 하겠다. 관리자로 등장하는 제임스 카커(James Carker)는 돔비를 대신하여 고용인들을 지휘하고 감독하지만 사실은 그 자신이 돔비에게 고용되어 그의 지시대로 행동하는 하수인에 불과한 존재이다. 작품은 카커를 파멸로 몰고 가는 지독한 지배욕과 무서운 복수욕이 고용주와 고용인 사이에 끼인 채로 분열되어 있는 그의 객관적 현실에서 비롯하는 것임을 명확히 한다. 또다른 예를 들자면 『블리크 하우스』(*Bleak House*)의 탐정 버킷(Bucket)은 다정하고 친절한 품성을 지닌 사적영역의 '버킷'과 사회의 질서를 수호하고 재조직하는 공적영역의 '버킷'으로 분열되어 있으며, 부들(Boodle), 쿠들(Coodle)에서 주들(Joodle), 쿠들(Koodle)을 거쳐 푸들(Poodle), 쿠들(Qoodle)에 이르기까지, 그리고 마찬가지 방식으로 버피(Buffy), 커피(Cuffy)에서 퍼피(Puffy)까지 알파벳순으로 등장하는 상류사회의 인사들은 동일한 가치관과 행동양식을 지닌 인물들이 대량으로 복제되어 번식하는 모습을 보여준다고 할 수 있다. 앞으로 살펴보게 될 『작은

---

1) 『작은 도릿』의 성취를 높이 평가한 최근 비평의 예로는 Markels 113-14면, 혹평의 예로는 Kincaid 18면 참조.

도릿』에는 공사가 분열되어 있는 근대인의 운명을 대표하는 팽스(Pancks)가 등장할 뿐 아니라, 에돌림청(Circumlocution Office)이라는 가상의 관청을 통해 영국을 지배하고 있는 바너클(Barnacle)과 스띨쯔토킹(Stiltstalking)들이 한 계층 내에 그리고 사회 내에 무수히 복제된 채 나타나고 있다. 우리는 디킨즈의 후기작품에서 확인할 수 있는 분열된 인물의 계보에 『막대한 유산』(*Great Expectations*)의 웨믹(Wemmick)을 포함해야 할 것이며, 작가가 마지막으로 완성한 장편인 『우리 둘 다 아는 친구』(*Our Mutual Friend*)의 버니어링(Veneering)과 포드스냅(Podsnap) 무리는 복제의 리스트에 추가해야 할 것이다. 이처럼 후기작품에 집중적으로 나타나고 있는 자아의 분열과 복제 양상은 작품의 배경을 이루는 근대사회의 어떤 특성, 그리고 이 사회에서 배태되었으면서 동시에 이 사회를 구성해나가는 주체들의 어떤 특성과 관련된 것이 아닐까? 이러한 물음이 본 연구의 출발점이다.

2. 근내적 주체의 병리학

근대를 대표하는 주체는 자기 자신이 자기 운명의 주인이라고 믿으며 이성과 합리성에 의거하여 사고하고 행동하는 자유주의적 주체라고 할 수 있다(Ermarth 405). 이에 따르면 현재의 나를 만들고 규정하는 것은 내 안에 있는 실체적이고 본질적인 자아로서 이는 통일적이고 고정되어 있으며 다른 것으로 환원되거나 축소될 수 없는 성질을 지닌다. 환경 등의 외부에 의해 규정되거나 영향 받지 않는 자립적인 주체를 상정할 경우에만 근대의 핵심가치로 받아들여지는 개인의 자율성과 도덕적 자유 및 그에 따른 책임의 문제가 성립할 수 있는 것이다. 근대인이 고답적인 이데아나 신 대신에 이성과 합리성의 인도를 따르게 되면서, 개개인은 무명의 군중이 아니라 각자의 이름과 정체성을 지닌 주체로 존중받게 되었으며, 사회 전체도 일방적인 명령과 강제보다는 "합리적이고 자율적인 개인들 사이의 합의"(윤효녕 1)가 중시되는 쪽으로 긍정적인 변화를 겪게 된다. 그러나 근대적 주체가 절대적 보편성의 이름으로 다른 "객체를 타자로 규정하고 그 타자를 자신의 동일성 속으로 전유 및 착취"(윤효녕 3)하였던 저간의 역사는 근대적 주체의 부정적인 면에 닿아있는바, 전근대로부터의 해방과 새로운 질곡의 형성을 동시적으로 의미하는 근대의 이중성이 근대적 주체와 관련해서도 변주되고 있는 것이다.

디킨즈 시대의 영국에서 근대적 주체를 구성하고 강화하는 데 결정적인 영향을 미친 원리는 널리 알려진 대로 공리주의이었다. 디킨즈는 『어려운 시절』(*Hard Times*)에서 스스로가 설정한 이성과 합리성의 기준에 따라 세상만사를 재단하고 아이들을 교육시키는 공리주의의 문제점을 비판하는데, 비판의 주된 요지는 공리주의가 강조하는 합리성이 일면적이고 부분적인 것이어서 인간정신의 본질에 닿아있는 능동적이고 창조적인 부분에 대한 충동을 억압하고 왜곡한다는 것이다. 본원적 충동은 문자 그대로 사람들의 깊숙한 곳에 생명력처럼 존재하는 것이어서 공리주의가 아무리 배제하려 해도 없어지는 것이 아니다. 오히려 당사자에게 "상처를 입혀서 모습을 일그러뜨릴 뿐"(10)인 바, 작품은 공리주의자인 그래드그라인드(Gradgrind)의 맏딸 루이자(Louisa)를 포함하여 여러 인물과 사건들을 통해 이 중심 주제를 탐구하고 전달한다. 예컨대 루이자는 어릴 때부터 사실과 숫자로 이루어진 교육을 받고 절대 "궁금해하지 말라"(41)는 가르침을 받았지만 인생의 의미와 삶의 가능성에 대한 궁금증 및 절망감에서 한시도 자유롭지 못하다. 그는 공리주의가 강조하는 형식적 합리성과 그것이 주도면밀하게 배제하고자하는 "굶주린 상상력"(14)으로 분열된 삶에 시달리는 것이다. 공리주의의 올바름과 효용에 대해 철저한 확신을 지니고 있는 그래드그라인드이지만, 막상 산술 및 추상의 정신과 대척적인 자리에 위치하고 있는 씨씨(Sissy)의 "장점과 단점"(73)을 나누어 표시하라는 요구를 받자 어떻게 구분해야할지 혼란스러워한다. 씨씨야말로 공리주의식 기준으로 보자면 단점으로 가득한 지진아이고 평균 이하이지만 그래드그라인드조차도 그녀가 대표하는 활력과 생명력이 인간의 삶에서 발휘하는 긍정적 영향력을 끝까지 외면할 수는 없는 것이다.

그래드그라인드와 루이자가 보여주듯이 근대의 원칙을 신봉하거나 이 원칙에 충실하도록 훈육된 존재들이 분열된 모습을 보인다면 이는 근대사회의 철학 및 운영원리가 지니고 있는 이중성 내지 본원적 분열성에 닿아있다고 할 수 있을 듯하다. 철학적으로 볼 때 데까르트(Descartes)의 "나는 생각한다, 고로 존재한다"는 코기토(cogito) 명제가 보여주듯 근대적 주체는 자신의 물질성 내지 육체성을 부정하고 그 바탕 위에서 탄생한 것이라고 할 수 있다(김상환 17-21). "데까르트의 방법적 이성이 형이상학적 자아로, 칸드(Kant)의 초월론적 주체로, 그리고 다시 헤겔(Hegel)의 절대정신으로 이상화되는 과정"(김상환 20)은 정신의 우선성 내지 지고성의 원칙이 확고하게 확립되는 과정이라고 할 수 있는데, 이 과정을 거치면서 세워진 주체는 자신의 뒤에 남겨진 질료성, 육체성의 그림자 때문에 항상적으로 '시달릴' 수밖에 없는 존재가 된다. 스똘리브라스(Stallybrass)와 화이트(White)가 설명하듯이 배제를 통해 구성된 주체는 결여된 것에 대한 역설적 욕망을 갖게 되는 법이다. 단적으로 말해서 "혐오와 매혹"(Stallybrass and White 5)의 이중적 의식에 시달리는 근대적 주체가 탄생하는 것인데, 빅토리아시대 중산층의 이중적이고 분열적인 면모, 즉 거실의 소파에 안락하게 앉아서 매이휴(Mayhew), 채드윅(Chadwick) 등의 사회개혁가들이 작성한 슬럼가와 노동빈민에 대한 보고서를 열심히 읽는 모습은 근대적 주체의 이러한 이중성과 관련된 것이다.

경제적으로 볼 때 근대의 자본주의시장경제는 비자본주의적 공간인 외부에 대한 필요와 이 외부를 자본주의적인 내부로 전화시키려는 경향 사이에서 분열 내지 모순을 보인다고 할 수 있다. 이는 팽창 내지 확대재생산을 해야 유지될 수 있는 자본의 속성에서 기인하는바, 자본이 탐식성을 끝없이 발휘하여 자연이든 무의식이든 모든 외부를 내부화하고 "더 이상의 외부는 없다"(Hardt and Negri 186)고 선언하는 순간, 외부를 먹어치우지 않으면 유지되지 못하는 자본이 바로 자기 자신의 탐욕에 의해 위태롭게 되는 병리적 현상이 발생하는 것이다. 내부화되지 않은 외부에 대한 요구와 외부를 끝없이 내부화하는 경향, 둘 사이의 이율배반성이 표상하는 자본주의경제의 분열적 모순은 다른 차원에서도 확인 가능하다. 예컨대 근대는 새로운 상품에 대한 수요를 창출하기 위해서라도 대중의 창조성과 자발성이 확장되는 것을 필요로 하지만 이것을 일정한 경계 안에 가두어서 자본의 통제력이 감소하는 것을 방지할 필요 또한 증가하는 시대라고 할 수 있다. 생산을 위해서는 자기 절제에 익숙한 고정되고 안정된 주체가 최상이지만 소비를 위해서는 낭비와 과시욕에 휩싸인 주체가 선호되는 모순이 일상적으로 벌어지는 시대인 것이다.

결국 근대의 주체가 자율적이고 자립적이며 통일된 단자로 존재한다는 생각은 객관현실과 상충하는 허구에 불과한데, 이는 『작은 도릿』에 등장하는 분열된 인물들을 통해서도 확인할 수 있다. 15년 동안 방에만 갇혀 지내는 클레넘 부인(Mrs Clennam)은 여름이나 겨울이나 마찬가지이고 어제가 내일과 똑같은 단조롭고 기계적인 삶을 사는 위인이다. 감옥과 같은 방안에 머물면서 남편과 그의 첫째 부인에 대한 증오심으로 평생을 시종하지만, 아서 클레넘(Arthur Clennam)과 그의 생모를 대했던 방식에 대한 "양심의 가책"(Newcomb 57)에 시달리기도 하는 그녀의 이중성은, 스스로는 "겸손하다"(850)고 생각하나 사실은 거만하게 "권력을 탐하는 여성 루시퍼 같은 존재"(851)라는 지적이나 금욕적인 생활(89)과 호사스런 식사(75, 92, 94) 사이의 불균형에서 이미 암시된다고 하겠다. 가정과 사업장이 서로 분화되기 이전 단계에 속하는 클레넘 부인의 사업이 자본주의 발달 초기의 경제에 속하는 것이라면, 대부호 머들(Merdle)의 사업은 자본주의가 지속적으로 발달해서 생산보다는 금융에 의존하게 된 단계를 대표한다고 할 수 있다. 머들은 사회를 움직이는 실질적인 주역으로서 그에 대한 존경과 숭배가 전염병처럼 사람들 사이에 퍼져나가는 "사도"(673)와도 같은 존재이다. 그러나 그는 자기 부인과 집사장에 의해 끊임없이 감시당하는 하찮은 존재로, 그리고 호화스런 파티를 할 때에도 구석자리에 혼자 앉아 "18펜스짜리 보잘것없는 식사"(618)로 끼니를 때우는 불쌍한 존재로 나타난다. 머들의 예가 알려주는 내용은 분열된 운명에 시달리는 인물이 시대에 뒤쳐진 채 과거에 갇혀 지내는 클레넘 부인만이 아니라는 사실이다. 자본주의적 근대의 주역을 포함하여 많은 인물들이 분열된 삶을 피할 수 없는 것이다. 허식과 낭비로 시종하는 상류사회의 인사들 역시도 어떤 의미에서 분열된 삶을 벗어날 수 없다. 이들은 대부호 머들을 "벼락부자"(440)로 경멸하면서도 그의 재산을 부러워하고 그와의 친분을 쌓으려는 이중성을 보이는데, 이는 뜻밖의 유산을 상속받고 감옥에서 석방된 윌리엄 도릿(William Dorrit)이 초상화를 부탁해오자, 상류사회 출신의 '화가'인 가원(Gowan)이 보여주는 분열된 반응과 정확히 일치하는 것이다.

『작은 도릿』에서 분열된 삶을 살 수밖에 없는 대다수 근대인의 운명을 최고로 대표하는 인물은 팽스이다. 그는 빈민거주지역인 블리딩 하트 야드(Bleeding Heart Yard)의 소유주 캐스비(Casby) 밑에서 집세 걷는 일을 하고 있다. 캐스비는 팽스가 사람들의 딱한 사정을 봐주려고 할 때마다 "자네는 훨씬 많은 돈을 받아와야만 하네"(326)라면서 고용인을 다그친다. 블리딩 하트 야드의 주민들이 보기에 무자비한 악당은 지주 캐스비가 아니고 그 밑에서 근무하는 팽스인 것이다. 그러나 인간적인 따스함과 에너지가 "잔뜩 충전돼 있는"(437) 팽스 내면의 진실은 윌리엄 도릿의 채무를 해결하고 에이미 도릿(Amy Dorrit)을 돕기 위해 그가 자발적으로 나서는 플롯 진행에서 잘 드러난다. 팽스는 사람들이 자신에게 가혹하다고 항의해올 때마다 "나는 일을 좋아합니다. … 사람이 무엇 때문에 태어났겠습니까?"(201)라는 말을 해서 상대의 입막음을 하지만, 그 자신이 캐스비 밑에서 겪는 내면의 갈등과 괴로움은 이루 말할 수 없이 엄청난 것이었다. 인간적인 마음을 억누르고 기성체계의 일원으로 지낼 수밖에 없었던 사정에서 비롯하는 팽스 내부의 갈등이 폭발하는 순간, 그는 블리딩 하트 야드의 모든 주민이 모인 가운데 자비로운 "최후의 가부장"(187)인 체하지만, 사실은 사기꾼에 불과하고 "짜내는 녀석이자 압착기계"(869)와 같은 캐스비의 정체를 폭로한다.

여기서 명심해야할 사항은 팽스가 캐스비의 백발을 잘라내면서 그의 정체를 폭로하는 장면이 시사하는 '혁명적 전복성'을 작품 전체의 주제와 관련짓는 것은 과잉해석일 수 있다는 점이다.[2) 작품의 후반부에서 팽스는—비인간적인 체제로 인한 내면적인 갈등과 괴로움이 비등점을 향해 치닫는 가운데—클레넘에게 도이스(Daniel Doyce)와 동업한 회사의 모든 돈을 머들의 사업체에 투자할 것을 진지하게 권한다. 클레넘을 돕고자하는 선의에서 출발하여 팽스 나름으로는 "안전하고 확실"(640)하다는 결론을 내린 후 권했던 투자이지만, 관련된 모든 사

2) 작품의 끝부분에서 클레넘과 에이미의 결합이 조심스레 전하는 '희망'의 암시에도 불구하고 작품을 전체적으로 관통하는 내용은 비인간적이고 기계적인 현실의 엄정함에 대한 냉정한 인식이다.

람에게 파산이라는 재앙을 안겨주는 결말은 비인간적인 기성체제의 '감옥'에서 벗어나기가 거의 불가능한 삶을 살고 있는 근대인의 운명을 소규모로 재연하는 것이다. 캐스비에게 고용돼 있는 일터의 팽스와 일터를 벗어나서 에이미와 클레넘을 자발적으로 돕는 사적 공간의 팽스로 분열돼 있는 그의 모습이나, 기성체제에 환멸을 느끼고 타인을 진정으로 돕고자 노력하지만 '노력'의 결과는 자신을 포함한 타인에게 돌이키기 어려운 재앙으로 돌아올 따름인 사태의 진행은 "사업문명(business civilization)이라는 폭군 같은 구조에 갇혀 있는 창조적 인생"(Leavis, "Dickens and Blake: *Little Dorrit,*" 319)이 근대사회에서 맞닥뜨리는 비극적인 운명을 예시한다고 하겠다.

이제까지 우리는 근대적 주체의 분열이 근대사회의 철학 및 운영원리에 닿아있는 것이고 분열된 인물로는—팽스가 예시하는 대로—근대의 대세를 거슬러 오를 수 없다는 사실을 살펴보았다. 그렇다면 대량으로 복제되는 경우는 어떠한가? 우선 주체의 분열이 그러하듯이 복제 역시 자본주의경제의 객관현실에서 비롯한다는 점을 강조할 필요가 있다. 맑스(Marx)가 자본주의경제를 분석하는 출발점으로 삼았던 기본단위가 상품인바 상품의 가치를 결정하는 것은 어떤 상품을 생산하는 데 사회적으로 요구되는 평균 노동시간이며 개개의 상품은 그것이 지닌 가치에 따라 등가적으로 교환되는 것이다. 이때 개별 상품의 가치를 결정하고 교환의 토대를 마련하기 위해 무엇보다 필요한 것이 전체를 가능한 세부로 나누는 원리이며 각각의 질적인 차이를 무시하고 계산 가능한 대상으로 삼을 수 있도록 하는 산술과 추상의 정신이다. 질적인 차이를 양적인 차이로 환원한 후 동일한 잣대로 계산하는 사회에서 가치와 질의 문제는 무시되기 마련이며 양적인 증식을 위한 대량복제의 토대는 자연스레 마련되는 것이다.

푸꼬에 의하면 근대를 대표하는 주체, 즉 자율성을 지니고 자기 운명을 스스로 결정해나가는 자유주의적 주체는 인간중심주의의 소산이며, 이는 "사회적 속박으로부터의 해방"이 아니라 "국가가 주체들에게 뚜렷하고 명확한 정체성을 각인시켜서 이들을 관료적이고 행정적인 체계에 가두는 수단"(Porter 11)에 불과하다고 한다. 감시와 감금이라는 훈육체계의 산물인 근대적 주체는 이질적인 것을 "비교하고 구분하고 서열화하며 동질화하고 배제하는" 과정, "한마디로 해서 표준화하는"(Foucault, Discipline and Punish, 183) 과정을 거쳐 구성되고 다듬어진다는 것이다. 공리주의자들이 훈육해내고자 하는 이상적 인간의 모습은 그들이 양성하는 교사상에도 반영되기 마련인바, 디킨즈는 『어려운 시절』의 맥초우컴차일드(M'Choakumchild)나 『우리 둘 다 아는 친구』의 헤드스톤(Headstone)을 통해 기계적 방법에 의한 대량복제를 의미하는 근대적 교사양성과정의 실제를 보여준다. 맥초우컴차일드선생과 "140여명의 다른 선생들은 수많은 피아노 다리처럼 같은 시간에 같은 공장에서 같은 원리에 따라 최근에 제조되었다"(10)는 지적은 "사범학교에서 가르치는 교육내용이 근대의 대량생산체계와 동일한 원리에 속하는 것이며 학생의 자발성과 창의성을 북돋는 일과는 거리가 있"(장남수, 「교사 헤드스톤의 성공과 좌절」, 3)다는 사실을 일러준다. "수많은 피아노다리처럼" 대량으로 "제조"되는 근대인들의 운명은 자본의 복제, 즉 자본의 가치증식운동은 끝이 없는 자기복제의 순환이고 반복이라는 사실의 재연인 것으로 보인다.[3] 근대사회에서의 복제는 그 대상이 자본이든 사람이든 또는 사물이든 동일한 것의 증식과 확산을 의미하는바 기성의 것과 질적으로 상이한 독자성이 들어설 자리는 애초부터 없는 것이다.

---

3) 자본이 다른 것이 아니고 자기 자신을 복제하여, 즉 잉여가치를 전유하여 무제한의 증식을 도모하는 자본의 자기증식에 대해서는 Marx 255-57면, Jarvie 91면 등 참조.

『작은 도릿』에서 복제술의 대가로 등장하는 인물은 제너럴 부인(Mrs General)이다. 이 부인은 유산을 상속받은 윌리엄 도릿이 자식들에게 상류사회의 매너를 교육시키기 위해 고용한 사람인데, 제너럴 부인의 비법은 독자적인 생각은 하지 말며 불쾌한 것은 존재하지도 않는 걸로 간주하고 무시해버리라는 것이다(503). 내면을 무시하고 "표면"(530)만을 다듬는 데 열심인 이 부인의 체계에서 예컨대 궁금증을 갖는다는 것은 기성의 것과 다른 생각을 품을 가능성으로 이어질 수 있으므로 절대적으로 금지해야 할 사항이다. 그 대신에 열심히 익혀야 하는 것은—예컨대, "father"(528)는 입모양을 흉하게 만드는 단어이므로 피해야 하며 "papa, potatoes, poultry, prunes and prism"(529)은 입모양에 매우 좋은 단어들이므로 자주 사용해야한다는 식으로—거의 무의미한 내용으로 가득하다. 한마디로 해서 제너럴 부인의 "정신을 가다듬는 법"(503)이란 온전한 개성을 억압하고 유행을 답습해서, 동일한 가치관과 행동양식을 지닌 "표준화된 주체들"(Hardt 27)을 기계적으로 양산해내는 방법인 것이다.

작품에서 이름조차 없이 익명으로 등장하거나, 이름은 있어도 서로를 구분할 독자성이 전무하거나, "지시물 없는 기표"(Waters 101)에 비유되는 인물들은[4] 어떤 의미에서 실체적 차이를 무시하고 형식만을 강조하는 제너럴 부인의 방법이 광범위하게 그리고 질적으로 한층 심화된 형태로 적용된 경우에 해당한다고 할 수 있다. 결국 제너럴 부인이

---

4) 예를 들면 에돌림청의 사무실에 근무하는 첫째 신사, 둘째 신사, 셋째 신사, 넷째 신사들(156), 나라를 좌지우지한다는 "존 바너클, 오거스투스 스띨쯔토킹, 윌리엄 바너클 및 튜더 스띨쯔토킹, 톰 또는 딕 또는 해리 바너클 또는 스띨쯔토킹"(362)들, 전 세계에 퍼져있는 온갖 바너클들(450), 유럽에 건너갔다가 런던에 돌아온 윌리엄 도릿을 호텔까지 찾아온 "고위법관, 대주교, 재무상, 코러스, 모든 사람"(678)들 등을 꼽을 수 있다. 캐스비는 "여관의 단순한 광고기둥"(190)에 비유되며 머들 역시도 실체 없는 기호에 불과하다고 할 수 있다.

훈육하는 자아는 사회의 대세를 그대로 답습하는 '닫힌 자아'(selfhood)이지 주체적 안목으로 강력한 개성을 과시하는 '열린 자아'(identity)는 아닌 것이다.[5] 따지고 보면 '닫힌 자아'는 "미지의 것에 대한 호기심을 죄악시하고 자기 내부와 주위의 창조적 흐름으로부터 고립된 채 자기 앞으로 물질이든 재산이든 끝없이 쌓아놓는 것을 유일한 목표"(장남수, 「디킨즈와 근대성 문제」, 72)로 삼는바, 딱히 제너럴 부인 같은 사람이 '회초리'를 들고 외부적으로 가르쳐서만 양성되는 게 아니다. 오히려 대중들의 자발적인 상호작용과 전염에 의한 방식, 즉 "미시파시즘"(Deleuze and Guattari 215)의 작용에 의해 대량의 복제가 이루어진다고 할 수 있겠다. 예를 들자면 미글즈 씨(Mr Meagles)는 마음씨 좋은 호인이고 도이스나 클레넘 같이 긍정적인 인물들과도 흉허물 없이 친하게 지내는 사이이지만, 사회를 지배하고 있는 에돌림청의 논리를 내면화하고 있는 탓에 에돌림청을 상대로 뭔가를 이루고자하는 두 사람에 대해 불편해하며, 도이스에 대해 "공공의 범죄자"(160)라고 비판한 적도 있을 정도이다. "이 정직하고 인정 많으며 충심어린 미글즈 씨의 가슴에 에돌림청이라는 커다란 나무로 자라났던 겨자씨가 극소량이라도 들어있는 게 아닐까"(238)하는 의구심이 클레넘에게 생길 만큼, 미글즈는 에돌림청의 논리를 내적으로 복제하여 지니고 있는 것이다. 물리적 강제나 폭압 때문이 아니라 내면에서부터 자발적으로 지배논리에 호응하고 나서는 미글즈 씨 같은 사람들의 '협조'에 힘입어 에돌

5) 블레이크(Blake)의 개념인 '닫힌 자아'와 '열린 자아'를 디킨즈 작품 해석에 도입하여 활용한 예로는 Leavis, "Dickens and Blake: *Little Dorrit*," 302-05면 등 참조. 국내의 경우로는 정남영 94-126면, 장남수, 「디킨즈와 근대성 문제」, 72-83면 참조. 근대의 대세를 답습하는 '닫힌 자아'를 비판하고 새로운 주체를 모색하고자 하는 이 글의 논지에 비추어볼 때 '열리 자아'에 대한 리비스의 다음과 같은 발언은 경청할 필요가 있다. "살아 있는 존재에게 개체성(individuality) 말고 삶이 실재하는 다른 곳은 없다. 그리고 최고로 개성적인 상태에 있는 인간적 개체성은 블레이크의 '열린 자아'이다"(*Thought, Words and Creativity*, 98-99).

림청과 바너클들의 논리는 바이러스처럼 사회 전반에 복제, 확산되고 명실상부한 대세를 형성하게 된다.

이제까지 우리는 근대의 이성적이고 자율적인 주체가 실제 역사에서는 타자를 억압하는 기능을 하였으며 수많은 분열과 복제의 예에서 드러나듯이 객관적으로 존재하기 어려운 허구라는 점을 살펴보았다. 근대적 주체는 푸꼬가 설명하는 훈육전략을 통해 구성된 개체성인데 이때의 개체성은 개개인의 자주성이나 자발성, 개성이나 활력을 장려하는 것이 아니었다. 예컨대 감시와 감금으로 이루어진 훈육전략의 특색을 잘 보여주는 하나의 예로 우리는 벤섬(Bentham)이 구상한 파놉티콘(Panopticon)을 꼽을 수 있다. 파놉티콘에서 중앙감시탑에 자리잡은 간수는 가장자리의 독방에 각각 수감된 죄수들을 언제든 볼 수 있지만, 죄수들은 역광선으로 인한 시선의 비대칭성 때문에 간수가 자신들을 감시하고 있는지의 여부조차 확인할 길이 없다. 그 결과 죄수들은 간수가 없을 때에도 간수의 눈길을 내면화하게 되고 그에 따라 "권력의 자동적인 작용"(Foucault, *Discipline and Punish*, 201)은 최대한으로 보장되는 것이다. 결국 파놉티콘의 목적은 감옥이라는 제도의 기능과 효과를 최대화하는 것이지 독방에 수감되는 식으로 개체화된 죄수들의 주체성을 장려하는 것이 아니다.

우리는 파놉티콘의 죄수처럼 감시자의 시선을 완전히 내면화해서 지니고 있는 상황을 주체가 사라지고 외부의 시선이 주체를 대신하는 경우라고 할 수 있을 듯하다. 이 경우 예를 들어 '내'가 어떤 나쁜 행동을 해서 구체적인 피해가 발생했다면 그 책임은 '나'에게 있는 것인가, '외부'에 있는 것인가? '나'를 구성하는 '외부'가 수많은 사람들과 제도들이 그물망같이 엉켜있는 것이라면, 즉 특정한 집단이나 세력을 적시할 수 없을 정도로 모두가 참여한 과정이라면 누구에게 잘못을 물을 것인가? 혹 모두의 책임이므로 누구의 잘못도 아니라고 발뺌할 것인가? 다음 장에서는 작품의 몇몇 장면을 중심으로 이러한 문제를 점검해본다.

3. 새로운 주체를 찾아서

자율적이고 자립적이며 통일된 실체라는 근대의 주체 개념은 사회적이고 구조적인 문제에 대한 책임을 특정 개인이나 특정 세력 탓으로 돌리게끔 유도할 수 있다. 어떤 주체가 외부의 영향을 받지 않고 독자적으로 결정하고 행동하였다면, 그 행위의 결과에 대해 스스로 책임지도록 요구하는 것이 당연한 노릇일 수 있는 것이다. 그러나 디킨즈 자신이 데까르트에서 비롯한 "단일하고 이성적이며 자족적인 주체라는 근대의 서사"(Venn 39)를 그다지 신뢰하지 않았다는 사실은 이제까지의 검토에서 어느 정도 드러났으리라고 믿는데, 정부의 최고 위관청인 에돌림청이 대표하는 권력 형태나 전염병처럼 퍼진 머들에의 투자 열풍 역시 특정 개인이나 세력에게 책임을 묻기에는 문제 자체가 이미 너무 복잡해진 경우에 해당한다.

클레넘은 머들에게 회사 돈을 투자했다가 머들의 자살과 함께 돈을 모두 잃은 채로 마샬씨(Marshalsea)에 수감된다. 감옥에 갇힌 지 10주 내지 12주가 지난 어느 날 바너클 중에서 "최고로 착하고 똑똑한 바너클"(806)인 퍼디낸드(Ferdinand)가 그를 찾아온다. 퍼디낸드의 방문 목적은 파산에 대한 자책으로 괴로워하는 클레넘을 위로하려는 마음도 마음이지만, 클레넘의 불행이 에돌림청 때문이 아니라는 사실을 확인시키고, 에돌림청을 상대로 어떠한 일이든 처리하려고 시도하는 것은 바보처럼 어리석은 일이니 다시는 그러지 말라는 충고를 주기 위해서이다. 퍼디낸드가 에돌림청의 핵심에 대해 클레넘에게 해주는 이야기는 다음과 같다.

> "에돌림청은 모든 것을 그냥 내버려두도록 한다는 명백한 의도를 갖고 존재하는 겁니다. 이것이 우리 부서의 의미이고 우리 부서의 목적입니다. 물론 그것이 무언가 다른 목적을 위해 존재한다고 보이게 하는 어떠한 형식이 유지돼야 하긴 하지요. 그러나 그건 그저 형식일 뿐이에요. 어유, 정말이지, 우리 부서는 단지 서류형식일 뿐이라니까요! 선생이 겪었던 우리 부서의 수많은 서류형식들을 생각해보세요. 그리고 선생은 어떤 목적지에 더 가까이 간 적이 한 번도 없잖아요?"

> 'It is there with the express intention that everything shall be left alone. That is what it means. That is what it's for. No doubt there's a certain form to be kept up that it's for something else, but it's only a form. Why, good Heaven, we are nothing but forms! Think what a lot of our forms you have gone through. And you have never got any nearer to an end?' (804)

뭐든 "그냥 내버려두도록" 하는 법, 달리 말하면 "일을 안 해내는 법"(145)에 정통한 에돌림청은 일하려는 기미가 조금이라도 보이면 "의사록, 비망록, 지시서를 가지고"(146) 일이 진행되지 못하도록 가로막았으며 그 일을 수행하는 데 있어서만큼은 "국가적 효율성의 정신"(146)을 최고로 발휘하였다고 한다. 서술자는 "또 다른 화약음모사건이 성냥불을 붙이기 반시간 전에 발각된다 하더라도"(145) 에돌림청이 건재하는 한 의회를 폭발에서 구해낼 순 없을 거라고 풍자한다.

우리가 에돌림청이 불러일으키는 모든 혼란과 불편이 이 부서를 실질적으로 지배하는 가문인 바너클과 스틸쯔토킹들 탓이라고 한다면, 그것은 『작은 도릿』이 표현하는 작가의 생각을 왜곡하여 읽은 것에 불과하다. 앞 장에서 보았듯이 미글즈를 포함한 모든 사람들이 다 같이 가세하여 확산시키는 문제로 읽는 편이 실상에 보다 근접하는 이해이기 때문이다. 본(Born)의 설명대로 "관료제의 미로를 나타내는 에돌림청에 대한 묘사는 기묘하게도 권력의 작동에 대한 푸꼬의 묘사를 예견"(45)하는 측면이 있고 또한 그런 면에서 근대의 자유주의적 주체 개념에 대한 문제제기를 함축한다고 할 수 있다. 권력에 대한 푸꼬의 설명은 다음과 같이 이어진다.

> 방법론적으로 유의할 세 번째 사항은 권력은 한 사람이 또는 한 집단이나 계급이 다른 사람들 또는 다른 집단이나 계급에 대해 공고화된 동질적인 지배를 행사하는 현상으로 이해해서는 안 된다는 사실과 관계된다. 오히려 언제나 명심해야하는 사실은 권력은—우리가 너무 떨어져서 보지 않는다면—그것을 배타적으로 소유하고 유지하는 사람과 조금도 지니지 못한 채 복종하는 사람으로 구분하지 않는다는 점이다. 권력은 순환하는 그 무엇으로 또는 차라리 연쇄적인 고리 형태로만 기능하는 그 무엇으로 분석되어야 한다. 권력은 여기나 저기에 자리 잡고 있는 게 아니고 누가 손에 쥐고 있는 것도 아니며 상품이나 물품처럼 전유되는 것도 아니다. 권력은 그물망 같은 조직을 통해 사용되고 행사되는 것이다. 그리고 개인들은 그 실타래 사이를 순환할 뿐 아니라 권력을 경험하면서 동시에 권력을 행사하기도 하는 위치에 있는 것이다. 개인들은 권력의 무기력한 목표물이거나 동의하는 목표물일 뿐 아니라 언제나 권력이 명료화되는 요소이기도 하다. 달리 말해 개개인은 권력의 매개물이지 적용점이 아닌 것이다.

> A third methodological precaution relates to the fact that power is not to be taken to be a phenomenon of one individual's consolidated and homogeneous domination over others, or that of one group or class over others. What, by contrast, should always be kept in mind is that power, if we do not take too distant a view of it, is not that which makes the difference between those who exclusively possess and retain it, and those who do not have it and submit to it. Power must be analysed as something which circulates, or rather as something which only functions in the form of a chain. It is never localised here or there, never in anybody's hands, never appropriated as a commodity or piece of wealth. Power is employed and exercised through a net-like organisation. And not only do individuals circulate between its threads; they are always in the position of simultaneously undergoing and exercising this power. They are not only its inert or consenting target; they are always also the elements of its articulation. In other words, individuals

are the vehicles of power, not its points of application. (Foucault 1980, 98)

에돌림청을 통해 제시되는 권력의 작동양상은 작중의 수많은 인물들이 머들을 우상화하고 그에게 너도나도 투자하는 사태의 진행에서 보다 명료하게 드러나는 맛이 있다. 머들에 대한 믿음은 "전염병의 확산"(627)처럼 사회 전체에 퍼져서, 중상류층의 인사들뿐 아니라 블리딩 하트 야드의 주민들마저 머들에게 투자하겠다고 나선다. 클레넘이 머들에게 투자하는 계기는 앞에서 지적했던 대로 팽스가 제공한다. 팽스는 자기 돈은 이미 투자했으며 클레넘 당신에게나 도이스에게나 득이 되는 일이니 어서 투자하라고 권한다. 팽스의 권유을 받은 후, 도이스에게 도움이 되고자 하는 선의에 따라 회사 돈을 전부 투자하는 클레넘의 행동은, 머들이 "최대의 위조범이요 최대의 도둑"(777)이라는 진실이 밝혀지면서, 그 자신을 포함한 많은 사람들에게 돌이킬 수 없는 파멸을 안겨주는 것으로 끝이 난다. 클레넘 자신이 투자의 희생자이지만 도이스와 관련해서 보면 가해자이기도 한데, 따지고 보면 클레넘만이 아니다. 팽스 역시 투자를 권유해서 열풍을 확산시킨 장본인이지만 그 자신이 피해자이며, 머들에게 투자하겠다는 처음 생각도 타인에게서 옮겨온 "전염병"과 같은 것이지 혼자만의 발상은 아닌 것이다. "팽스 씨는 자기도 모르는 사이에 열병에 감염된 경우와 마찬가지로 누구에게서 이 널리 퍼진 질병을 옮겨 받았는지 알 수 없었다"(640)라고 한다. 더 나아가면 머들도 일방적인 가해자는 아닌데, 그 역시 사회에서 끊임없이 감시당하는 불쌍한 존재인 것이다. 푸꼬의 지적대로 모두가 권력을 전달하고 매개하는 고리 역할을 하는 상황에서 개인들은 권력을 행사하기도 하지만 권력에 의한 희생자이기 때문에 한두 사람이나 집단에게 책임을 물을 순 없는 상황이 된 것인지 모른다.

클레넘을 감옥까지 찾아온 퍼디낸드의 계산은 단순화하자면 20세기 후반에 푸꼬가 정교하게 정식화한 권력과 주체의 관계에 대한 인식을 '선취'해서, 사회적 재앙에 대한 책임을 바너클들에게 묻는 건 곤란하다는 점을 강변하고 결국엔 누구의 책임도 아니라는 점을 확인시키고자 하는 걸로 보인다. 그렇다면 파산한 사람은 자신의 불행한 운명에 대해 슬퍼하는 일 외에 다른 도리가 없는 것인가? 그러나 클레넘의 파산을 예로 들자면, 그것은 바너클들과 미글즈와 팽스와 블리딩 하트 야드의 주민들 모두가 가세한 일이고 그래서 누구의 책임도 아닌 게 아니라, 바너클들은 바너클대로 미글즈는 미글즈대로의 책임이 있는 것 아닌가. (퍼디낸드 자신부터가 에돌림청과 글레넘의 불행은 서로 관계가 없다는 그 자신의 발언을 액면대로 신뢰하는 것 같지는 않다. 이는 클레넘에게서 자신이 파산한 데에 에돌림청의 책임은 없다는 확약을 받은 후에, 그가 "우리 부서가 선생을 좌절시키는 데 일조했을까 봐 마음속으로 다소 걱정했어요"(803-04)라고 조심스레 말하는 데에서 잘 드러난다). 각 집단에게 얼마씩의 책임이 있는지는 별도로 따져야할 문제겠지만 제일 많은 권력을 가지고 제일 많이 관여한 세력이 제일 큰 책임을 지는 것이 상식을 것이다. 서술자는 "거대한 화재가 멀리 떨어진 대기까지 그 굉음으로 가득 채우듯 위대한 바너클 일가가 부채질했던 그 신성한 불길은 대기가 머들이라는 이름으로 점점 더 메아리치도록 만들었다"(627)는 지적을 통해 머들에의 투자 및 그로 인한 파산에 바너클들의 책임이 제일 큰 게 아니냐는 생각을 명확히 한다. 무엇보다 퍼디낸드가 마음속의 의구심을 해소하고자 감옥까지 찾아왔다는 사실부터가, 에돌림청으로 인한 혼란과 머들의 파산에 이어지는 재앙이 사회 구성원 모두의 책임이며 또한 그런 의미에서 누구의 책임도 아니다,라는 식으로 해소할 게 아니라는 작가의 인식을 전달한다고 하겠다.[6)]

6) 디킨즈가 이 작품의 제목을 "Nobody's Fault"에서 "Little Dorrit"으로 바꾸었

퍼디낸드가 클레넘을 찾아온 앞의 장면으로 다시 돌아가면 퍼디낸드는 클레넘에게 "고인인 머들이 이 일시적인 불편[클레넘이 마샬씨에 투옥된 일—인용자]의 원인"(806)인지를 묻는다. 퍼디낸드의 속마음은 주체의 구성성 내지 작가의 죽음에 대한 최신이론에 닿아있다고 할 수 있다. 머들 현상을 만드는 데는 거창하게 말해서 언어, 문화, 사회, 역사를 포함하여 온갖 세력과 제도가 가세한 것이기 때문에, 그리고 대부호 머들이라해도 그는 이 모든 세력이 가세한 그물망 속에서 하나의 고리에 불과한 존재이기 때문에 클레넘의 불행을 딱히 머들 탓이라고 할 순 없다는 것이다. 권력의 작용에 대한 푸꼬의 설명이나 퍼디낸드의 논리에 의하면, 클레넘이 파산에 대한 책임을 지고 괴로워할 필요는 그만큼 줄어들게 된다. 그 자신이 "권력의 매개물"에 지나지 않는 존재이므로, 그리고 투자를 결심한 '결정'이라는 것 자체가 누구도 피할 수 없는 외부적 힘의 영향을 받은 결과물에 불과한 것이므로 파국에 대해 책임질 필요는 결정적으로 줄어드는 것이다. 또는 클레넘 자신이 피해자이자 가해자이므로 누가 누구에게 책임을 묻고 말고 할 일이 아닐 수도 있는 것이다.

이렇게 보면 파산 소식을 처음 들은 후의 혼란 속에서도 클레넘이 자기가 내린 결정과 그로 인한 어려움에 대해 끝까지 책임지려는 자세를 보인다는 사실이 함축하는 의미는 각별한 듯하다. 클레넘을 돕기 위해 사무실로 찾아온 회계사 럭 씨(Mr Rugg)와 클레넘 사이의 대화는 다음과 같이 진행된다.

> "자, 클레넘 씨, 괜찮다면 이제 일을 보지요. 실상을 보자고요. 문제는 단순해요. 평범하고 분명하며 간단하고 상식적인 문제지요. 스스로를

다는 사실은 의미심장하다. 제목의 변경에 대해서는 John Butt and Kathleen Tillotson 223면 참조.

위해 어떻게 할 것인가? 스스로를 위해 어떻게 할 것인가?"
"럭 씨, 내게는 그 문제가 아니에요." 아서가 말했다. "처음부터 문제를 잘못 이해하셨군요. 문제는 바로 이겁니다. 내가 파트너를 위해 어떻게 할 것인가, 그에게 어떻게 최상의 보상을 할 수 있는가?"

'Now, Mr Clennam, by your leave, let us go into the matter. Let us see the state of the case. The question is simple. The question is the usual plain, straightforward, common-sense question. What can we do for ourself? What can we do for ourself?'
'This is not the question with me, Mr Rugg,' said Arthur. 'You mistake it in the beginning. It is, what can I do for my partner, how can I best make reparation to him?' (781)

인용문에서 드러나는 대로 클레넘은 자신이 "대단히 성실하고 고결한 사람"(781)이라고 평가하는 도이스에게 누가 된 것을 괴로워하면서 "그가 경솔하게 한 행위에 대한 책임을 공개적으로 인정하고 자신의 파트너는 그에 대한 책임 일체에 관여하는 것에서 공개적으로 면제하는 것"(781-82)을 유일한 목표로 한다. 클레넘이 투자 잘못에 대한 자신의 책임을 공개적으로 인정하는 순간 모든 사람들의 분노가 쏟아지는 "유일한 목표물"(783)이 될 것이라며 럭 씨가 만류하지만 그의 결심을 바꾸진 못한다. 결국 "공개가 이루어졌고 폭풍우가 무시무시하게 몰아쳤다"(같은 면). 비난 편지가 쇄도하는 가운데 영장이 발부되었고 마샬씨에 수감된 것이다.

책임을 피할 수도 있는 상황에서 자기 행위에 대한 책임을 지려는 클레넘의 행동이 남보다 우월한 도덕성을 과시하여 자기만족에 탐닉하려는 유아적 충동의 발로는 아닐 것이다. 그는 모두의 책임이고 따라서 누구의 책임도 아니라는 논리를 통해서 자신들의 책임을 벗어나려는 에돌림청이나 퍼디낸드의 논리에 도전하면서, 자신의 결정이 현실적으로 미친 손해에 대해 '보상'을 하려는 것이다. 리비스가 중시하는 삶(life)이나 현실(reality)이 '열린 자아' 사이의 창조적 상호협동을 통해 이룩되는 것이라면("Dickens and Blake: *Little Dorrit*," 334, 355) 클레넘의 행동은 협동을 가능하게 하는 인간 상호간의 신뢰를 지키고 북돋는 자세라고 하겠다.7) 외국에서 돌아온 도이스가 회사의 재정 상태를 바로 잡고 클레넘을 격려하여 둘 사이의 동업관계를 지속하는 작품의 이후 진행은, 이 단계에서 클레넘의 행동이 둘 사이의 신뢰를 강화시키는 긍정적인 작용을 했다는 사실을 확인시켜 준다.

요약하자면 디킨즈는 특정 개인이나 특정 세력에게 책임을 물을 수 있게 유도하는 데까르트 이래의 이성적이고 단일한 주체 개념에 대한 회의를 에돌림청이 대표하는 권력 형태와 관련하여 제시하는 한편, 에돌림청의 행태가 '예견'하는 푸꼬식의 관점에 대해서도 자기 결정에 대해 책임지는 클레넘의 모습을 통해 유보적인 평가를 전달한다. 근대가 낳았고 근대사회를 주도하는 인간형, 즉 근대적 주체에 대한 회의를 오늘날의 이론가 이상으로 보여주면서도 '주체의 죽음' '작가의 죽음' 운운하는 언설에 빠지지 않고 새로운 주체상을 모색한다는 점이, 근대를 대표하는 소설가로서 디킨즈의 위대성을 구성하는 주요한 측면인 것이다.

7) 클레넘이 이 작품에서 '열린 자아'를 최고로 대표하는 인물은 아니다. 『작은 도릿』에서 '열린 자아'를 대표하는 인물로 우리는 에이미 도릿과 도이스를 꼽을 수 있는데, 이들은 각자의 내면에서뿐 아니라 타인과의 관계에서 그리고 물질과의 관계에서 창조성을 대표한다. 에이미와 도이스에 대해서는 장남수, 「디킨즈와 근대성 문제」, 77-83면 참조.

인용문헌

김상환. 『니체, 프로이트, 맑스 이후』. 서울: 창작과비평사, 2002.
윤효녕 외. 『주체 개념의 비판: 데리다, 라캉, 알튀세, 푸코』. 서울: 서울대학교출판부, 1999.
장남수. 「디킨즈와 근대성 문제: 감금된 삶과 해방된 삶」. 『근대영미소설』 9-2(2002): 67-86.
___. 「교사 헤드스톤의 성공과 좌절」. 『현대영미어문학』 23-4(2005): 1-16.
정남영. 『리얼리즘과 그 너머: 디킨즈 소설 연구』. 서울: 갈무리, 2001.
Born, Daniel. *The Birth of Liberal Guilt in the English Novel*. Chapel Hill and London: The U of North Carolina P, 1995.
Butt, John and Kathleen Tillotson. *Dickens at Work*. 1957; London: Methuen, 1982.
Deleuze, Gilles and Félix Guattari. *A Thousand Plateaus: Capitalism and Schizophrenia*. Trans. Brian Massumi. Minneapolis and London: U of Minnesota P, 1987.
Dickens, Charles. *Hard Times*. Ed. Fred Kaplan and Sylvère Monod. 1966; 1990; New York and London: W. W. Norton, 2001.
___. *Little Dorrit*. Ed. John Holloway. Harmondsworth: Penguin, 1967.
Ermarth, Elizabeth Deeds. "Beyond 'the Subject': Individuality in the Discursive Condition." *New Literary History* 31-3 (2000): 405-19.
Foucault, Michel. *Discipline and Punish: The Birth of the Prison*. Trans. Alan Sheridan. New York: Vintage Books, 1979.
___. *Power/Knowledge: Selected Interviews and Other Writings 1972-1977*. Ed. Colin Gordon. Trans. Colin Gordon, et al. New York: Pantheon, 1980.
Hardt, Michael "The Withering of Civil Society." *Deleuze and Guattari*. Ed. Eleanor Kaufman and Kevin Jon Heller. Minneapolis and London: U of Minnesota P, 1998.
___ and Antonio Negri. *Empire*. Cambridge, Mass. and London: Harvard UP, 2001.
Jarvie, Paul A. *Ready to Trample on All Human Law: Financial Capitalism in the Fiction of Charles Dickens*. New York and London: Routledge, 2005.
Kincaid, James R. "Blessings for the Worthy: Dickens's *Little Dorrit* and the Nature of Rants." *Dickens Studies Annual* 37 (2006): 17-30.
Leavis, F. R. "Dickens and Blake: *Little Dorrit*" F. R. and Q. D. Leavis. *Dickens the Novelist*. Harmondsworth: Penguin, 1972.
___. *Thought, Words and Creativity*. London: Chatto & Windus, 1976.

Markels, Julian. *The Marxian Imagination: Representing Class in Literature*. New York: Monthly Review P, 2003.

Marx, Karl. *Capital: A Critique of Political Economy* vol. I. Trans. Ben Fowkes. Harmondsworth: Penguin, 1976.

Newcomb, Mildred. *The Imagined World of Charles Dickens*. Columbus: Ohio State UP, 1989.

Porter, Roy. "Introduction." *Rewriting the Self: Histories from the Renaissance to the Present*. Ed. Roy Porter. London and New York: Routledge, 1997.

Stallybrass, Peter and Allon White. *The Politics and Poetics of Transgression*. Ithaca: Cornell UP, 1986.

Taylor, Charles. *Sources of the Self: The Making of the Modern Identity*. Cambridge, Mass.: Harvard UP, 1989.

Venn, Couze. *Occidentalism: Modernity and Subjectivity*. London: Sage, 2000.

Waters, Catherine. *Dickens and the Politics of the Family*. Cambridge: Cambridge UP, 1997.

❖

팽스의 분열:
『작은 도릿』

—

1. 머리말

19세기 영국이 본격적인 근대국가로 발돋움하는 데 결정적인 영향을 미친 사건은 주지하는 대로 18세기 후반에 시작된 산업혁명이었으니, 이를 계기로 영국사회의 관행과 제도뿐 아니라 사람들의 삶과 의식 전체가 일찍이 경험하지 못한 대규모의 소용돌이에 휩싸이게 되었다. 낭만시인들은 근대화라는 미증유의 변화가 일으킨 삶의 본질적인 위기에 맞서, 현실의 핵심적인 문제를 상상력의 힘으로 '해결'하려는 비상한 열정과 노력을 통해 뛰어난 문학적 성취를 달성하였다. 그러나 변화에 동반되는 불안과 변화가 낳은 병리적 현상에 사로잡힌 후대의 시인들은 궁핍한 현실로부터 풍부한 예술의 세계로 점차 물러나는 모습을 보여주는 듯하다(Thompson 10-21). 현실과 예술 사이의 갈등을 팽팽한 긴장 속에서 문학적으로 형상화할 능력과 안목이 부족했던 그들에게 현실은 이해 불가능한 괴물로만 여겨졌던 것이다. 낭만주의 이후 영어의 창조적 활력이 운문에서 산문소설의 분야로 이동했다고 판단하는 리비스(F. R. Leavis)의 설명은(1979, 86) 빅토리아시대 소설문학의 성취가 낭만시인들의 성과를 발전적으로 계승하는 가운데 19세기가 진행하면서 가속화된 근대사회의 문제들에 창조적으로 대응한 결과물이라는 인식의 다른 표현이기도 한 것이다.

빅토리아시대의 사람들이 대규모 공장이나 철도의 건설에 이어지는 외형상의 변화를 목격하는 데 그쳤던 것은 아니다. 근대로의 이행은 필연적으로 내면의 변화와 혼란을 동반하였는바, 전근대의 제약과 속박으로부터 해방되었다는 사실에서 기인하는 환희와 설렘뿐 아니라 미지의 세계로 진입하고 있다는 사실에서 기인하는 불안과 공포를 포함하기 마련이었다. 버먼(Berman)의 지적대로 "근대인이 된다는 것은 역설과 모순으로 가득 찬 삶을 산다는 사실"(13)을 의미할 수밖에 없었던 것이다. 빅토리아시대를 대표하는 소설가 중의 한 명인 디킨즈는 근대가 지닌 매혹적이지만 위험천만한 측면을 동시에 포착함으로써 역사의 진전이 지닌 해방과 질곡, 커다란 기대와 잃어버린 환상의 이중적 측면을 균형 있게 파악하는 면모를 보여준다. 특히 『블리크 하우스』(*Bleak House*) 이후의 50년대 작품에서 얽히고설킨 근대사회의 제 문제에 대한 검토가 밀도 있게 이루어진다고 할 수 있는데, 당대 문명에 대한 분석과 평가라는 측면에서 "『블리크 하우스』는 『어려운 시절』(*Hard Times*)로 이어지고, 『어려운 시절』은 『작은 도릿』(*Little Dorrit*)으로 이어진다"(Leavis 1972, 280)는 지적을 참조하면, 산업화가 초래한 생활상의 전반적인 위기와 근대세계의 다양한 측면을 천착하는 데 『작은 도릿』이 지닌 적합성을 이해할 수 있겠다. 이 글에서는 『작은 도릿』의 팽스(Pancks)를 중심으로 하여 근대로의 변화에 수반되는 이중성 내지 분열의 문제를 집중적으로 검토하고자 하는데,[1] 이

1) 필자는 근대사회의 이중성 내지 분열, 그리고 복제의 문제를 「디킨즈 소설을 통해 본 근대적 주체의 분열과 복제」라는 글에서 개괄적으로 검토한 바 있다. 그 글에서 『작은 도릿』에 등장하는 클레넘 부인(Mrs. Clennam), 머들(Merdle), 팽스 등의 인물을 다루긴 하였지만, 본고는 '분열'의 문제를 팽스

는 근대에 와서 두드러지는 분열, 이중성의 문제가 디킨즈의 다른 작품보다 이 작품에서 풍부하게 다루어지기 때문이다.

2. 분열된 인물들

우선, 『작은 도릿』의 몇몇 핵심적 주제와 근대사회의 관련성을 간단히 살펴보자, 작품을 읽은 독자는 감옥에 갇혀 있는 삶, 부와 권력에 취한 사회, 에돌림청(Circumlocution Office)이 대표하는 비효율적이고 무능한 정부, 계급과 금력의 결합이 상징하는 빅토리아시대의 지배세력과 그것을 가능하게 한 타협의 역사, 억압적인 종교, 생산보다는 금융 부문의 비중이 커져가는 영국사회의 모습이라는 문제들을 만나게 되는데, 이러한 사항들은 하나같이 그것을 배태하고 강화시키는 근대사회와의 관련성을 빼놓고는 제대로 이해할 수 없는 문제들이다. "감옥에 갇혀 있는 삶"을 예로 들어보면, 『작은 도릿』에는 서두부의 마르쎄유(Marseilles) 감옥과 마르쎄유 검역소, 이후의 마샬씨(Marshalsea) 감옥뿐 아니라 신사라는 허위의식이나 물질적 소유욕, 원한의 감정 등 온갖 종류의 상징적 감옥에 갇혀 있는 인생에 대한 이야기가 무수히 등장한다. 따라서 이 작품이 "문자 그대로의 감금과 심리적이고 사회적인 감금에 대한 소설"(David 248)이라는 지적은 진부하지만 작품의 핵심에 육박하는 평가라고 할 수 있겠다. 신사의 망상이 만들어낸 '감옥'에 갇혀서 현실과 자신의 본모습을 보지 못하는 윌리엄 도릿(William Dorrit)의 운명이나 종교로 위장한 파괴적 복수욕과 물질적 소유욕에 사로잡혀 있는 클레넘 부인의 실상은 작품에서 감옥이라는

에 집중하여 좀 더 곡진히 다루는 것을 목표로 하며, 이전의 글과 부분적으로 중복되는 논의를 담고 있다.

상징이 지닌 울림을 극대화하는데, 작중의 여러 인물과 직간접으로 관련되어 있는 신사의 이상 자체가 귀족과 부르주아지의 타협이라는 영국근대사의 경험을 고려하지 않으면 제대로 이해할 수 없는 문제이기도 하다.2)

우리는 근대적 삶의 특징으로 감금의 경험 이외에도 끝없이 단조롭게 이어지는 반복의 경험을 빼놓을 수 없다. 예컨대, 작품의 캐스비(Casby)는 블리딩 하트 야드(Bleeding Heart Yard)라는 빈민거주지역의 소유주로서, 어깨 아래로 늘어진 백발과 온화한 표정 덕에 가난한 자들의 은인 행세를 하며 "마지막 가부장"(160)으로 통하지만, 사실은 아랫사람을 최대한 "쥐어짜서"(831) 최대의 이득을 챙기고자하는 악덕자본가에 불과하다. 작가는 만물을 상품화하고 만인을 대상화하는 캐스비를 통해 물욕과 위선으로 무장한 채 어제가 오늘과 다를 바 없고 내일이 오늘과 다를 바 없는 나날 속에서 진행되는 사물화된 삶의 문제를 환기시킨다. 캐스비야말로—그 주변의 똑딱거리는 시계와 똑딱거리는 하녀, 똑딱거리는 새와 똑딱거리는 거실의 난롯불이 표상하는 대로—끝없이 반복되는 기계적이고 획일적인 일상에 갇혀 있는 것이다.

주인공 아서 클레넘(Arthur Clennam)은 계모인 클레넘 부인에 의해 20대 초반에 중국으로 보내졌다가 20년 만에 고국으로 돌아온다. 작품에서 전체적으로 드러나는 클레넘의 모습은 '군중 속의 고독'이라는 현대적 경험을 환기시키는바, "서둘러 스쳐가는 군중 속에서 낯선 사람이 되었다는 느낌"(Lucas 1992, 104)을 생생하게 전달한다고 할 수 있다. 마르쎄유 검역소에 잠시 머물다가 도버를 거쳐 영국에 돌아온 그가 러드게이트 힐(Ludgate Hill)의 커피하우스 창가에 앉아서 바라보는 런던 거리의 모습은 다음과 같다.

---

2) 신사의 개념이 영국사의 진행 속에서 지니게 된 의미의 변화와 빅토리아시대의 신사가 디킨즈의 작품세계에서 차지하는 비중에 대해서는 백낙청 151-82.

어둡고 답답하며 퀴퀴한 냄새가 나는 런던의 일요일 저녁이었다. 반음 높기도 하고 낮기도 하고, 갈라지기도 하고 맑기도 하고, 빠르기도 하고 느리기도 한, 온갖 불협화음으로 미치게 만드는 교회종소리가 회반죽을 바른 벽에 부딪쳐서 불쾌한 메아리를 만들어냈다. 참회의 검댕 옷을 걸친 우울한 거리들이 창문으로 그것들을 보도록 운명 지어진 사람들의 영혼을 지독한 낙담에 빠뜨렸다. 모든 도로에서, 거의 모든 골목길을 따라서, 거의 모든 모퉁이에서, 다소 구슬픈 종소리가 진동하고 급히 움직이고 울렸으니, 마치 역병이 시내에 돌아서 주검을 실은 짐수레가 돌아다니는 것 같았다. 과로로 지친 사람들에게 휴식을 줄 수도 있는 모든 것이 빗장을 걸어 닫혀 있었다.

It was a Sunday evening in London, gloomy, close and stale. Maddening church bells of all degrees of dissonance, sharp and flat, cracked and clear, fast and slow, made the brick and mortar echoes hideous. Melancholy streets in a penitential garb of soot, steeped the souls of the people who were condemned to look at them out of windows, in dire despondency. In every thoroughfare, up almost every alley, down almost every turning, some doleful bell was throbbing, jerking, tolling, as if the Plague were in the city and the dead-carts were going round. Everything was bolted and barred that could by possibility furnish relief to an overworked people. (43)

인용문과 같이 시작하는 런던 거리의 인상은 커피하우스 부근의 "짐승우리"(44) 같은 집들과 맞은편의 "우중충한 집들"(45)에 기거하거나 기거했던 자들이 비참하게 보내는 생활에 대한 생각으로 이어지기도 하고, "쓸모없는 비통과 치욕으로 가득한 날들"(같은 면)이었던 예전의 일요일들, 즉 유년기의 "음울한 일요일"(44)과 소년기의 "졸리는 일요일"(45) 그리고 십대 후반의 "지루하게 긴 일요일"(같은 면)에 대한 기억으로 이어지기도 한다. 우리는 음울한 도시와 그 안에 꼼짝없이 갇혀 지내는 사람들의 절망을 강렬하게 전달하는 이 부분의 묘사가 보들레르(Baudelaire)적이라고 상찬하는 밀러(Miller 227-28)의 지적에 딱히 동의하지 않더라도, 클레넘이 느끼는 절망과 좌절, 고독과 혼란을 깊은 공감으로 함께 할 수밖에 없는 것이다.

클레넘에 대해 좀 더 살펴보자. 중국에서 귀국한 후 그는 자기의 앞날을 개척하는 문제에 관해서는 "해류가 흐르는 곳으로 어디든지 밀려다니고"(35) "아무데나 떠도는 부랑아"(같은 면)같이 의지도 목적도 희망도 없는 모습을 보여주지만, 타인과 관계해서는 끈질기게 진실을 추구하는 이중적 모습을 보여준다. 전자는 성장기의 종교적 억압과 엄격한 훈육에서 비롯하는 소심증과 무기력증으로 드러나고, 후자는 양친의 행동이나 사업과 관련하여 그 자신이 막연하게 갖고 있던 죄의식의 정체를 밝혀내기 위해 노력하거나 도이스(Daniel Doyce)의 발명이 빛을 보도록 하기 위해 에돌림청을 상대로 분투하는 모습으로 드러난다. 클레넘에게 "이승의 참회와 내세의 공포"(35)를 강요해서 결국 삶의 가능성에 대해 환멸을 느끼게 만든 장본인은 그의 모친인 클레넘 부인인데, 그녀 역시도 12년 동안 방안에 갇혀서 지낸 금욕적 생활과 호사스런 식사의 대조에서 드러나듯 분열된 삶을 살아가는 위인이다. 또한 남편과 클레넘의 생모에 대한 증오심에서 비롯하는 원한에 사로잡혀 있지만 그녀 나름의 "양심의 가책"(Newcomb 58)에서 자유로운 인물도 아니다. 그녀의 "종교 자체가 … 재산의 안전을 위해 거래의 일부로 바친 것"(35)이라는 지적을 참조하면, 클레넘 부인의 인생이야말로 파괴적 본성을 종교로 위장한 채 복수심과 탐욕을 추구하다가 스스로 자초한 고립 속에서 이중 삼중으로 분열된 모습을 보인다고 할 수 있을지 모르겠다.

작품에서 근대사회의 이중성에 닿아 있는 분열된 삶을 살아가는 인물이 클레넘 모자에 그치는 것은 아니다. 대부호 머들은 엄청난 재산과 영향력을 지닌 인물로서 "은행업에서 건설업까지"(265) 손을 대는 모든 일마다 "금으로 바꿔놓은 마이더스 같은 사람"(같은 면)이다. 궁정과 정부뿐 아니라 의회와 법조계, 종교계, 그리고 기병대와 해군의 모든 "거물들"(267)이 그가 주최한 만찬에 참가하여 그의 환심을 사려고 안달이다. 그러나 머들 자신은 정작 어떤 모임에서도 자기 의견을 당당하게 제시하지 못하며 언제나 남의 시선을 의식하고 움츠러든다. 머들이야말로 배금주의의 복음을 전하는 "사도"(641)와 같은 존재로서 사회를 움직이는 실질적인 주역이지만, 자기 부인과 집사장에 의해 끊임없이 감시당하는 존재이며, 상류사회 인사들을 위해 만찬을 주최하면서도 자기 자신은 구석자리에 앉아서 "18펜스짜리 보잘것없는 식사"(589)로 끼니를 때우는 존재에 불과한 것이다. 클레넘 모자나 머들을 통해 드러나는 분열의 실상을 적나라하게 보여주는 인물은 윌리엄 도릿이라고 할 수 있다. 본인이 투자했다는 사실 외에는 아는 바가 없는 동업관계 탓에 마샬씨에 수감되게 된 그는 감옥에 갇힌 햇수가 증가하면서 마샬씨의 어른으로, 나중에는 "마샬씨의 아버지"(80)로 대접받게 된다. 이후 그는 점차 "감옥에 있었던 햇수를 과장하려는 경향"(81)마저 보이게 되고, '신사'라는 허구적 자아에 갇혀서 자신의 실상—신사의 체면이니, 가문의 명예니 하는 것을 내세우며 "양반티"(88)를 내지만, 죄수들이 바친 선물과 에이미 도릿(Amy Dorrit)을 비롯한 가족들이 벌어오는 돈에 의지하여 살아가는 '거지'에 불과하다는 진실—에서 한층 더 멀어지게 된다. 휠체어에 기대서 "조각상처럼 살다 죽는"(827) 클레넘 부인이나 자살로 생을 마감하는 머들의 최후, 막내인 에이미가 지켜보는 가운데 임종을 맞이하는 윌리엄 도릿의 최후는 분열과 감금이 가져오는 비극적 운명을 예시하면서, 작품에서 분열된 인생을 최고로 대표하는 팽스의 운명에 대해 살펴볼 필요성을 부각시키는바, 이는 다음 장(章)에서 다루기로 한다.

이제까지 살펴본 클레넘 부인이나 머들, 윌리엄 도릿이 작가에 의해 일차적으로는 비판의 대상으로 설정된 것이 사실이지만 독자의 동정이나 이해를 조금도 받지 못하는 인물이라곤 할 수 없을 듯하다. 개인적으로 이들이 자아내는 페이소스는 각자의 최후에 대한 작가의 묘사 때문이기도 하지만[3] 이들이 보여주는 이중성 내지 분열이 자본주의적 근대의 뿌리 깊은 이중성을 개인 차원에서 재현한 것으로 환경의 영향을 받기 마련인 각 개인으로서는 어쩔 수 없는 측면도 있기 때문이다. 전근대로부터의 해방이자 새로운 질곡의 형성을 의미하는 근대의 이중성과 관련하여 필자는 "근대사회의 철학 및 운영원리가 지니고 있는 이중성 내지 본원적 분열성"을 지적하면서, 데까르트(Descartes) 이래의 서양철학이 '정신'을 우선시하고 '육체'를 부차화하는 전개과정을 보여준다는 점을 지적한 바 있다(장남수 4). 또한 팽창과 확산을 통해서만 유지되는 자본이 계속적으로 생존하려면 자신이 영토화할 수 있는 외부—이는 자본에 의해 아직 전유되지 않은 비자본주의적 공간이다—가 끊임없이 필요한데, 그 '외부'가 자본의 탐식성 자체에 의해 지속적으로 멸절될 위협에 처하게 되는 역설적 상황에도 주목할 필요가 있다.

> 내부화되지 않은 외부에 대한 요구와 외부를 끝없이 내부화하는 경향, 둘 사이의 이율배반성이 표상하는 자본주의경제의 분열적 모순은 다른

3) 클레넘 부인은 최후의 순간에 이르기 전에 에이미에게 자신의 잘못을 털어놓고 용서를 구하며, 윌리엄 도릿의 마지막 시간은 "자기수용의 순간이자 이전의 삶과 현재의 삶이 화해하는 순간"(Orford 165)이기도 하다. 머들은 인생을 마감하기 전에 "거북등딱지로 만든 주머니칼"(732)을 빌리기 위해 며느리인 패니(Fanny)의 집을 방문하는데, 주머니칼을 빌려서 길을 내려가는 머들의 뒷모습을 작가는—패니의 눈을 빌려—"악마들에게 홀려서 내려가는 양 껑충 뛰고 왈츠를 추고 빙빙 돌았다"(734)고 서술해서 독자의 동정을 유도한다. 이들이 전하는 페이소스는 동일한 것이 아니어서 그 정도를 비교하기가 불가능하다고 할 수 있다. 그러나 대체적으로 볼 때 클레넘 부인이 독자의 연민에서 제일 멀리 있는 인물인 듯한데, 이는 주인공을 환멸에 찬 인물로 키운 그녀의 양육방식이 가감 없이 제시되는 가운데 그녀를 '변호'해주는 목소리가 부재하기 때문에 그러하다.

차원에서도 확인 가능하다. 예컨대 근대는 새로운 상품에 대한 수요를 창출하기 위해서라도 대중의 창조성과 자발성이 확장되는 것을 필요로 하지만 이것을 일정한 경계 안에 가두어서 자본의 통제력이 감소하는 것을 방지할 필요 또한 증가하는 시대라고 할 수 있다. 생산을 위해서는 자기절제에 익숙한 고정되고 안정된 주체가 최상이지만 소비를 위해서는 낭비와 과시욕에 휩싸인 주체가 선호되는 모순이 일상적으로 벌어지는 시대인 것이다. (장남수 5)

이와 같이 근대야말로 자기모순을 숙명으로 지니고 있는 시대인 것이다.

『작은 도릿』에 등장하는 분열된 인물의 계보에 우리는 클레넘 모자나 머들, 윌리엄 도릿 외에도 은퇴한 은행가로서 유쾌하고 마음씨 좋은 호인이지만 에돌림청의 논리를 내면화하고 있는 미글스(Meagles) 같은 사람을 빼놓을 수 없다.[4] 그가 마음을 터놓고 흉허물 없이 지내는 도이스와 클레넘은 한결같이 "일 안 하는 법"(119)에 정통한 에돌림청 때문에 고통과 좌절에서 헤어나지 못한다. 그러나 미글스 자신은 "에돌림청이라는 커다란 나무로 자라났던 겨자씨"(212)를 마음속

4) 더 나아가서, 작은 도릿(에이미 도릿) 역시도 결말부에서 마샬씨에 투옥된 클레넘을 찾아와 사랑을 고백하고 혼인하기 전까지는—매기(Maggy)에게 들려주는 "공주 이야기"(311)에서 드러나듯이—클레넘에게 사랑을 고백하고 싶은 마음과 그럴 수 없다는 마음 사이에서 분열되어 있다고 할 수 있다. 작품에 드러난 대리 자아(double)에 대한 쇼월터(Showalter)의 연구를 참조하면, 우리는 플로라(Flora)와 에프 씨의 숙모(Mr. F's Aunt), 작은 도릿과 매기, 클레넘과 범죄자 리고(Rigaud)의 관계를 두고도 분열을 논할 수 있다. 각 항의 후자는 전자가 억압하고 있는 또 다른 자아를 표현하는바, 에프 씨의 숙모는 어린 시절의 사랑을 '배반'한 클레넘에 대해 플로라가 느끼는 분노를, 매기는 클레넘에 대해 작은 도릿이 은밀히 지니고 있는 욕구를 각각 전달하며, 자신에게 반발하는 부인을 살해한 리고 역시 '강한' 여성에 대해 클레넘이 느끼는 좌절을 해방시키기 위해 필요한 인물이라는 것이다(Showalter 32-36). 미글스 부부가 기아원에서 데려다 키우는 태티코럼(Tattycoram) 역시, 웨이드 양(Miss Wade)을 통해 드러나는 대로, 자기 학대를 일삼는 자아와 권력을 탐하는 모습 사이에서 분열되어 있다는 로젠버그의 지적(Rosenberg 84-87)도 참조할 만하다.

에 간직한 채, 바너클(Barnacle)이나 머들 같은 세력이 영향력을 확장할 수 있는 토대를 제공하기도 하는 위인이다. 미글스 개인에게는 사이비 예술가인 가원(Henry Gowan)의 인간성을 알아보는 통찰력이 있지만, 그가 유일한 혈육인 펫(Pet)을 양육한 방식은 그녀가 가원의 됨됨이를 알아보지 못하게 만드는 것이었고, 그래서 결과적으로는 딸의 불행한 결혼에 일조하였다. 또한 그는 고아인 태티코럼을 데려다 키우는 데서 드러나듯 따스한 마음씨의 소유자이지만 그녀를 웨이드 양 같이 원한에 가득 찬 인간으로 만들 뻔하기도 하였다. 미글스 같이 친절하고 유쾌하며 지혜로운 사람도 근대사회의 이중성에서 자유로울 수 없는 것이다.

미글스에 대해 좀 더 살펴보면, 그는 트윅큰험(Twickenham)에 위치한 시골 별장에 유럽 각지를 여행하며 수집했던 기념품들을 "전리품"(211) 삼아 보관하고 있다. 미라나 보도조각, 곤돌라나 촌락모형, 화산재나 아랍의 각등뿐 아니라 부채, 밀짚모자, 슬리퍼, 머리핀, 풍경화 등, 그가 편집광적으로 수집해놓은 "각양각색의 잡동사니들"(210)이 그의 별장을 가득 채우고 있다. 미글스가 온갖 종류의 여행 기념품을 강박적으로 수집하는 까닭은 이들 물품이 여행자로서 그의 경험을 대치하고 그 경험을 구성하기 때문인바, 이는 현실 자체를 그것에 대한 기호로 대치하게 된 근대의 진행을 예시한다. 작품에서 기호가 현실을 대치하는 또 다른 예로서 우리는 "여관이 없는 단순한 여관푯말"(163)로 풍자되는 캐스비를 꼽을 수 있다. "푸른 눈, 빛나는 머리, 긴 백발"(291)을 통해 자비로운 은인이라는 이미지를 내세우지만 은인과는 거리가 먼 캐스비의 실체는, 보석을 걸어둘 "가슴"(265)으로 존재하는 머들 부인(Mrs. Merdle), 머들의 파티에 참석한 "궁정에서 온 거물들, 씨티에서 온 거물들, 하원에서 온 거물들과 상원에서 온 거물들, 거물판사들과 거물변호사들, 거물주교들, 재무성의 거물관리들,

근위기병대의 거물장교들, 해군의 거물장성들"(267) 등과 함께 "지시물 없는 기표"(Waters 101)가 넘쳐나는 현실을 보여준다. "위조와 약탈"(742)로 점철되어 있는 머들의 사업에 대한 투자열풍이 "전염병의 확산"(597) 같이 확대될 수 있었던 것도 실체 없는 이미지가 지배하게 된 근대의 진행을 고려하지 않으면 이해할 수 없는 현상일 것이다.

머들 현상은 개인의 사기행각보다 그것이 확대될 수 있는 "집단적인 과실과 타락을 보여주는 기호"(Yeats 335)로서 더 흥미롭다고 할 것인바, 자본주의적 근대가 고도화돼서 투기와 파산이 만연한 현실을 보여준다. 실제, 작품이 발표된 1850년대의 영국사회는 1851년의 만국박람회(Great Exhibition of the Industry of All Nations)를 거치면서 만물의 스펙터클화, 이미지화가 진행된 "스펙터클의 시대"(Richards 13)에 들어서는데, 상품 형식의 발전에 따른 사물화가 확산되면서 인물의 개성보다 획일성이나 익명성이 두드러지고, 기호와 재현이 원본을 대신하는 변화가 일상화된 사회인 것이다. 이제, 머들이 죽었어도 제2, 제3의 머들이 계속 나타나서 다른 사람들에게 막대한 피해를 안겨줄 수 있는 사회이고, 에돌림청의 사무실에서 1번 신사, 2번 신사, 3번 신사가 클레넘의 용무를 서로에게 떠넘기며 그에게 끝없는 좌절과 분노를 강요하는 사회가 된 것이다.

3. 팽스의 분열

캐스비에게 고용되어서 블리딩 하트 야드의 집세를 걷는 대리인인 팽스는 자기에게 맡겨진 임무에 대단히 열심인 위인이다. 그는 집세를 체납한 자가 열심히 일을 하지만 집세를 낼 형편이 못 된다고 하소연할 때마다 "자네들이 일 말고 뭘 하라고 만들어졌겠어?"(176)라는 말로 상대의 말문을 막아버릴 뿐 아니라, 스스로도 "난 일을 좋아해요 … 사람이 뭘 하라고 창조되었겠어요?"(175)라는 말을 되뇌면서 삶과 돈벌이를 등치시킨다. 캐스비의 집에서 클레넘과 처음 만난 팽스는 자신이 누군가를 들여다보고 뭔가를 챙기느라 "날씨를 느낄 시간"(같은 면)도 없을 정도라며 클레넘과의 대화를 다음과 같이 이어나간다.

> "내가 그것 말고 뭘 하라고 만들어졌다고 생각할 거 같아요? 다른 건 없어요. 아침 일찍 날 침대에서 흔들어 깨워 시동을 걸게 하고, 식사를 급히 몰아넣을 시간을 당신이 원하는 만큼만 짧게 준 다음에 계속 일하게 하란 말이에요. 날 항상 일하게 하세요. 그럼 내가 당신을 항상 일하게 할 것이고, 당신은 다른 누군가를 항상 일하게 하는 거예요. 그게 바로 상업국가에서 당신에게 주어진 '사람의 본분'인 거지요."
>
> 그들이 침묵을 지키며 좀 더 걸었을 때 클레넘이 물었다. "팽스 씨, 다른 것에 대한 취미는 없나요?"
>
> "취미가 뭔데요?" 팽스가 무미건조하게 대꾸했다.
>
> "좋아하는 거라고 하죠."
>
> "난 돈 버는 것을 좋아해요, 당신이 방법을 가르쳐 준다면요." 팽스가 말했다. 그가 다시 증기를 내뿜듯이 그 소리를 크게 분출했는데, 그것이 그가 웃는 방식이라는 생각이 길동무에게 처음으로 들었다.

> "What else do you suppose I think I am made for? Nothing. Rattle me out of bed early, set me going, give me as short a time as you like to bolt my meals in, and keep me at it. Keep me always at it, I'll keep you always at it, you keep somebody else always at it. There you are, with the Whole Duty of Man in a commercial country."
>
> When they had walked a little further in silence, Clennam said: "Have you no taste for anything, Mr Pancks?"
>
> "What's taste?" dryly retorted Pancks.
>
> "Let us say inclination."
>
> "I have an inclination to get money, sir," said Pancks, "if you'll show me how." He blew off that sound again, and it occurred to his companion for

the first time that it was his way of laughing. (176)

팽스가 거론한 "사람의 본분"은 원래 구약의 전도서에 나오는 구절로서, 1658년에 출판된 동명의 책자는 17, 18세기에 가장 인기 있는 신앙지도서의 하나였다고 한다.[5] 세속의 일보다 하나님을 섬기고 구원을 받는 일이 중요하다는 가르침이 팽스를 거치면서 정반대의 의미로 전도되고 협소화되었는바, 그의 인생은 "상업국가"에서 상업 활동으로 축소되고 환원된 삶을 대표한다. "유리한 투자와 빠른 수입"(171)을 통한 돈벌이를 무엇보다 우선시하는 팽스의 사고체계에서 '구원'은 사업적 성공의 다른 이름일지 모른다.

위의 인용문에서 나타나는 팽스의 생각은 "생존하기 위해서는 사회가 부과한 체계 안에서 움직여야 한다"(Jarvie 93)는 믿음을 반영하는 것으로 보인다. 팽스에게 있어 그가 따르고 지켜야하는 가치체계는 그의 "주인님"(295)인 캐스비의 가치체계인바, 캐스비는 최소 비용을 들여서 최대 이윤을 얻어내고자 하는 자본가의 전형으로서 상대방의 개인적 사정은 조금도 개의치 않는 공리주의자이다. 실제, 캐스비는 팽스가 자기 임무에 아무리 열심을 다해도 만족하지 않는다. "자네가 그밖에 다른 것을 하라고 만들어진 게 아니야. 본분을 다하라고 만들어졌는데도 본분을 다하지 않는다는 거지. 자네는 쥐어짜내라고 돈을 받는 거니까, 돈을 내놓으라고 쥐어짜게"(831)라고 강조하며 블리딩 하트 야드의 세입자들을 좀 더 쥐어짜라고 닦달할 뿐이다. 작품의 말미에서 팽스는 자신은 "기계장치"(834)일 뿐이고 그 "조종자"(같은 면)는 캐스비라는 사실을 야드의 주민들 앞에서 폭로한 후, 캐스비가 자신을 비롯하여 사람들을 고용하는 원칙을 다음과 같이 설명한다.

5) 텍스트 943면의 주 38 참조. "일의 결국을 다 들었으니 하나님을 경외하고 그의 명령들을 지킬지어다. 이것이 모든 사람의 본분이니라"라는 구절은 전도서 12장 13절의 내용임.

"자," 팽스 씨가 말했다. "이와 같은 주인을 모시고 나처럼 열심히 일만 하는 사람에게서는 유쾌한 자질을 찾을 수 없을 거예요. 어릴 때부터 열심히 일만 했으니까요. 지금까지 내 삶이 어땠을 거 같아요? 열심히 일하고 갈아, 열심히 일하고 갈라고, 바퀴를 돌려, 바퀴를 돌리라고! 내가 나 자신에게 사근사근했던 적이 없으니까 다른 사람에게도 사근사근했을 것 같지는 않군요. 10년이라는 시간이 지난 후에 나의 값어치가 주당 1실링 덜 나가면 이 사기꾼은 내게 주당 1실링을 덜 줄 것이고, 나만한 값어치가 나가는 사람을 6펜스 싼값으로 고용할 수 있으면 나 대신에 6펜스 싼값으로 그 사람을 고용할 겁니다. 흥정과 판매지요, 제기랄! 확고한 원칙이에요! '캐스비 님의 머리'는 굉장히 훌륭한 푯말입니다." 팽스 씨가 그 머리를 감탄보다는 다른 감정으로 훑어보면서 말했다. "그러나 그 회사의 진짜이름은 '사기꾼의 팔'이고, 그 회사의 표어는 '열심히 일하는 녀석을 쉬지 말고 늘 일하게 하라'지요."

"Well," said Pancks, "and neither will you find in Grubbers like myself, under Proprietors like this, pleasant qualities. I've been a Grubber from a boy. What has my life been? Fag and grind, fag and grind, turn the wheel, turn the wheel! I haven't been agreeable to myself, and I haven't been likely to be agreeable to anybody else. If I was a shilling a week less useful in ten years' time, this impostor would give me a shilling a week less; if as useful a man could be got at sixpence cheaper, he would be taken in my place at sixpence cheaper. Bargain and sale, bless you! Fixed principles! It is a mighty fine sign-post, is The Casby's Head," said Mr Pancks, surveying it with anything rather than admiration; "but the real name of the House is The Sham's Arms. Its motto is, Keep the Grubber always at it." (835)

팽스가 작품에서 "지칠 대로 지친 예인선"(298)에 비유된 채 등장하는 것도 캐스비의 체계에서 "아무 목적 없이 끝도 없이 계속되는 종류의 일"(Lucas 1992, 117)을 무한정 계속할 수밖에 없는 사정에서 비롯하는 부담감 내지 그에 대한 회의와 무관하지 않은 것이다.

그러나 팽스는 캐스비가 대표하는 공적 체계에서 자본의 작동원리를 수용한 채 하나의 부품으로 시종하기에는 내면의 활력과 에너지가 넘치는 위인이다. 두 눈과 머리카락에서 "불꽃"(408)을 튀길 정도로 에너지가 "잔뜩 충전"(같은 면)되어 있고, "몸의 어느 부분에든 주먹을 대면 불꽃과 활기를 뽑아낼"(같은 면) 수 있을 정도인 그가 단조롭고 기계적으로 이어지는 삶에 갇혀 있을 수는 없는 노릇인 것이다. 언제나 코를 킁킁거리고 숨을 몰아쉬며 연기와 증기를 내뿜는 팽스의 모습은 "억압 때문에 위험하게 잠재되어 있는 생생한 에너지의 흔적"(Leavis 1972, 320)인바, 그의 에너지는 클레넘의 회계사무실로 플로라와 에프 씨의 숙모가 찾아왔을 때, 에프 씨의 숙모가 클레넘을 비난하는 말을 늘어놓아서 분위기가 어색해지자 그 상황을 수습하는 기민함으로 드러나기도 하고, "선량한 목적"(295)을 갖고 자기 돈과 시간을 들여서, 심지어는 캐스비와 럭 씨(Mr Rugg)의 돈까지 빌려서 도릿 부녀를 도울 방도를 궁리하고 실천하는 인간미로 드러나기도 한다. 팽스가 가끔씩 생각에 잠긴 모습을 보이는 것도(175, 294 등) 그의 본성과 충돌하는 캐스비 체계 하에서의 삶에 대한 반발 내지 회의를 반영하는 것이다. 그의 말을 빌리자면 "몸과 마음이 전부 주인님 거"(307)지만 가끔은 남몰래 "다른 일도 조금씩"(같은 면) 하며 지내는데, 공적으론 블리딩 하트 야드의 세입자들이 바싹 마르도록 집세를 쥐어짜면서도, 사적으론 그들보다 한층 더 열악하게 살아가는 밥티스트(Baptist)와 아무 목적 없이 순수한 인간적 교제를 나누기도 하는 것이다. 이처럼 공(公)과 사(私)가 확연히 분리된 채 드러나는 팽스의 모습은 우리가 '공적인 팽스'와 '사적인 팽스'를 나누어서 논의할 수 있는 근거를 제공한다. 대체적으로 보아서 분업에 기초한 산업사회의 필요와 일치하는 공적 삶과 사적 삶의 분리는 빅토리아시대 중기를 거치면서 가속화된다. 이제 사람들은 각각 대립되는 가치관과 행동규범의 지배를 받는 두 개의 인성과 정체성을 발전시키게 되었는바, 디킨즈의 후기소설은 "이러한 사회적 과정을 문학적으로 형상화한 최초의 작품 중 하나이며 이러한 과정이 포함하고 있는 인간적 손실을 일관되게 암시한다"(Brown 95)고 할 수 있겠다.

공과 사로 분열된 팽스가 절름발이 외국인인 밥티스트와 교제하는 시간이야말로 "그가 걱정을 벗어던지고 쉬는 듯 보이고, 충만한 목적 없이 아무 곳이나 가거나 아무 말이나 해서 기분전환을 하는 듯 보이는 유일한 순간"(321)이며, '사적인 팽스'가 두드러지는 시간이라고 하겠다. 팽스는 일에 지칠 때마다 밥티스트의 셋방에 들러서 그와 "알트로"(Altro)라는[6] "고도로 응축된 대화를 나눈 후 가벼운 마음으로 원기를 회복해서 가던 길을"(325) 가곤 했는데, 그가 밥티스트를 찾아가는 목적에 대해 서술자는 "그때 팽스 씨의 목적은 직업적인 것이 아니라 사교적인 것이었다. 힘든 하루를 보냈던 것이고 약간 명랑해지기를 원했던 것이다"(599)라고 정리한다. 그러나 팽스가 밥티스트를 만나러 가는 행동이 '사적인 팽스'가 '공적인 팽스'에 대해 전면적인 승리를 거둔 순간을 나타낸다고 해석할 수는 없을 듯하다. 작품 전체의 플롯을 고려하면, 이 순간의 팽스는 캐스비의 체계 속에서 일상에 지친 그가 일터로 복귀하기 전에 지친 심신을 회복하고자 하는 의도를 보여준다고 해석하는 편이 실제에 접근하는 설명이겠기 때문이다.

사실, 공적 삶과 사적 삶의 구분과 관련하여 『작은 도릿』이 지닌 독특한 면은 캐스비에게 고용되어 있는 '공적인 팽스'와 내면에 잠재해 있는 에너지와 인간미에 충실한 '사적인 팽스'가 도식적으로 구분된 채 별도로 존재하는 양상을 단순 반복하지 않는다는 데에 있다고 할 수 있다. 윌리엄 도릿이 감옥에서 석방될 수 있는 방도를 알아내기 위해 원래 애썼던 인물은 클레넘이었다. 그러나 클레넘의 노력은 그가

6) '알트로'는 그 말을 사용하는 맥락과 강세에 따라 "긍정, 부인, 주장, 거부, 조롱, 칭찬, 농담, 그리고 50가지 다른 의미를 지니는"(23) 낱말이다.

에돌림청의 엄청난 서류더미에 압도되어서 그것이 최종적으로 “절망적인 사건”(159)이라고 단념하면서 수포로 돌아간다. 클레넘에게서 도릿에 대한 최소한의 정보를 얻은 팽스는 “갑작스러운 빛과 희망, 갑작스러운 어둠과 절망”(432) 사이를 오락가락하면서도 클레넘 부인의 집과 마샬씨 감옥을 꾸준히 드나들며 필요한 정보를 모으고 사실관계를 추적하여 결국은 윌리엄 도릿이 “막대한 부동산의 상속자”(431)라는 사실을 밝혀낸다. 여기서 주목할 사실은 캐스비가 대표하는 공적세계에 대한 좌절과 분노가 팽스를 지배하고 있지만 바로 그 세계에서 익힌 지식이 도릿 건을 해결하는 데 일조하고 있다는 점이다. 팽스는 도릿의 “권리를 추적해서 완전히 입증하기까지”(같은 면)의 전체 과정을 클레넘에게 설명하면서 필요한 최소한의 “단서”(432)를 자신이 이미 갖고 있었다고 말하는데, 그 “단서”야말로 “편지와 청구서 말고 다른 것은 읽지 않으며”(176) “근친자에 대한 공시문 말고 다른 것은 모으지”(같은 면) 않는 ‘공적인 팽스’의 취향 덕에 갖게 된 것일 가능성이 높다. 이처럼 ‘공적인 팽스’와 ‘사적인 팽스’가 공존하고 서로 중첩되는 모습은 그가 클레넘에게 머들의 사업에 투자하도록 권유하는 대목에서도 반복된다(Dvorak 342).

팽스의 노력과 끈기 덕에 도릿 가족이 마샬씨에서 석방된 후 팽스에 대한 클레넘의 믿음과 신뢰는 줄곧 증가하여, 클레넘은 이제 팽스를 믿고 의지할 수 있는 “굵은 밧줄”(607)로 받아들이게 된다. 2권 13장에서 클레넘이 다른 사람은 그렇다 치더라도 밥티스트마저 머들의 사업을 놓고 벌어지는 “모험적 시도”(같은 면)에 가담한 것을 이해할 수 없다고 하자, 팽스는 모험이 아니라 “투자”(608)라고 정정한 후, 검토하고 계산해보니 “안전하고 확실”(609)해서 자신은 벌써 수천 파운드를 투자했다고 하며, 클레넘에게도 그렇게 하도록 권유한다. 망설이는 클레넘에게 팽스는 “왜 모든 이익을 탐욕가들, 악당들, 그리고 사기꾼들이 차지하도록 내버려두"(612)는 것이냐고 다그친다. 그리고 도이스를 들먹이며 "그의 노고와 실망에 대해 보상하세요. 그에게 시대의 기회를 제공하세요"(610)라고 설득한다. 결국, 클레넘 역시 "전염병의 확산"(597)처럼 번져나가는 머들에의 투자 열풍에 감염되어서 도이스와 클레넘 회사의 모든 돈을 투자하지만, 머들의 자살 이후 그가 "최대의 위조꾼이요 최대의 도둑"(743)이었다는 정체가 밝혀지고 그에게 투자하였던 사람들은 모두 다, 클레넘과 팽스를 포함하여 파산하고 파멸한다.

클레넘에게 투자를 권유했던 팽스의 행동이 그를 진심으로 돕고자 하는 선한 동기에서 출발하였다는 사실은 의심할 여지가 없다. 머들에게 투자하는 것이 클레넘에게 도움이 되는 안전하고 확실한 길이라고 판단하기까지 팽스가 일터에서 배우고 익힌 지식은 결정적이었다. 작품에서 서술된 팽스의 행동 전체를 들여다보면, 도릿이 마샬씨에서 석방되도록 하는 데에는 '공적인 팽스'로서 익혔던 내용이 나름대로 긍정적인 역할을 하였지만, 그가 공적 세계에서 익혔던 판단과 계산은 클레넘을 파멸로 이끄는 데 단단히 한몫한 것이다. "무지하지도 사악하지도 않은"(609-10) 팽스가 선의에서 출발하여 투자를 권유했지만 의도와 달리 파멸로 이끄는 플롯은 의도와 현실 사이의 괴리를 보여주는 것이자, 근대세계의 대세를 답습하는 한 그 결과는 모두의 파멸이라는 사실을 알려주는 것이다. 따라서 "사업문명이라는 포학한 기제에 갇혀 있는 창조적 삶"(Leavis 1972, 319)을 대표하는 팽스의 행동을 일방적으로 단죄하거나 일방적으로 칭찬하는 것은 문제를 이해하는 바른 길도 아니고, 팽스가 대표하는 근대의 이중성을 제대로 감당하는 길도 아닌 셈이다. "근대의 가장 심오한 진지성은 아이러니를 통해 자기 자신을 표현하기 마련이다"(Berman 14)는 버먼의 지적이 적중하는 상황인바, '아이러니'가 함의하는 심미적 거리를 확보하고 종합적으로 파악하는 자세가 필요한 것이다.

머들의 자살 이후 파산을 피할 수 없게 된 클레넘은 회사의 채권자들에게 자신의 잘못을 공개적으로 밝히고 마샬씨에 수감된다. 팽스 역시, 감옥에 수감된 채 눈에 띄게 병약해진 클레넘을 보면서 "불행하고 불안한 나날"(829)을 살 수밖에 없다. 서술자에 의하면 "팽스 씨가 마음속으로 느끼는 불안감이 커질수록 그는 가부장을 점점 더 참을 수 없게 되었"(830)다고 하는데, 팽스의 생각은 겉과 속이 다른 캐스비의 위선도 위선이지만 캐스비가 대표하는 체계가 이 모든 혼돈과 파국의 원천이라는 느낌에서 비롯하는 것으로 보인다. 그렇다고 이제까지처럼 '사적인 팽스'에 안주하여 스스로를 위로하기에는 자기로 인해 빚어진 문제가 너무나도 심각하다. 클레넘에게 선의를 갖고 머들 사업에 투자할 것을 권유했지만 그 결과는 눈앞에 보는 대로 비극으로 나타났을 뿐인 것이다. 팽스의 점증하는 불안과 초조는 "짜증 섞인 소리"(830)를 내고 "대단히 가열된 상태로"(같은 면) 방안을 들락거리는 행동을 통해 표현되며, '공적인 팽스'와 '사적인 팽스'로 분열된 채 캐스비 밑에서 살아온 저간의 삶에 대한 불만과 반성은 결국, 캐스비에게 계속 조종당하면서 지낼 순 없다는 결심으로 이어진다. 마침내 팽스는 "길고 백발이고 비단결 같은 머리채와 챙이 넓은 모자"(834)를 하고 자비로운 은인 행세를 하는 캐스비를 블리딩 하트 야드로 쫓아가서, "대리인을 통해 비틀어 짜는 놈이고 쥐어짜는 놈이자 고리대금업을 하는 놈"(833)이며 "박애의 탈을 쓴 도둑이고 비열한 사기꾼"(같은 면)에 불과한 캐스비의 정체를 폭로한다. 그와 동시에 가위로 캐스비의 머리카락을 자른 후, 챙이 넓은 모자를 "스튜냄비에 불과한 모양으로 잘라서"(836) 가부장의 머리에 씌운다.

그러나 캐스비의 정체를 폭로하는 팽스의 행동이 공적 삶과 사적 삶이 분리된 채 공적 세계의 한 부품으로 기능하거나 사적인 삶으로 스스로를 위로해온 저간의 자신에 대한 근본적인 반성을 동반하는 것은 아닌 듯하다. 이는 머들에게 투자한 "자신의 계산"(829)이 틀린 것이 아니었다는 사실을 거듭 주장하는 모습을 보인다는 점에서도 그러하고, 자기 책임을 인정하는 클레넘의 모습과 개인적인 자책으로 시종하는 그의 모습을 비교해도 그러하다. 특히 자신의 행동을 "투기"가 아니라 여전히 "투자"라고 설명한다는 점에서 그러한데, 팽스가 밥티스트와 함께 클레넘 부인의 집으로 리고를 데리고 갔을 때 팽스와 클레넘 부인의 대화는 다음과 같이 이어진다.

> "부인이 더 나은 사람들과 지내게 하지 못하는 게 유감이군요." 팽스가 말했다. "그리고 클레넘 씨가 이 자리에 참석할 수 없는 것도 유감이고요. 그건 제 잘못입니다."
>
> "자네 얘기는 그 아이의 잘못이라는 거겠지." 그녀가 대꾸했다.
>
> "아닙니다, 제 잘못이라는 겁니다, 부인." 팽스가 말했다. "제가 불운하게도 파멸을 초래하는 투자로 그를 이끌었으니까요." **(팽스 씨는 여전히 그 낱말을 고수했고 투기라고 말하지는 않았다.)** "비록 숫자상으로는," 팽스 씨가 불안한 안색으로 덧붙였다. "그것이 훌륭한 투자가 틀림없었다는 사실을 지금도 증명할 수 있지만 말입니다. 실패한 이후 매일같이 그것을 검토했었는데, 결과는—숫자의 문제로 보자면—크게 성공하는 것이었습니다." (강조는 인용자)

> "I am sorry not to leave you in better company, ma'am," said Pancks; "and sorry, too, that Mrs Clennam can't be present. It's my fault, that is."
>
> "You mean his own," she returned.
>
> "No, I mean mine, ma'am," said Pancks, "for it was my misfortune to lead him into a ruinous investment." (Mr Pancks still clung to that word, and never said speculations.) "Though I can prove by figures," added Mr Pancks with an anxious countenance, "that it ought to have been a good investment. I have gone over it since it failed, every day of my life, and it comes out—regarded as a question of figures—triumphant." (797-98)

팽스는 계산의 결과가 파국으로 드러난 현실을 목격하면서도, 자신의 행동이 요행수를 바라는 투기였다는 사실을 깨닫지도 못하고 만사를 돈과 숫자로 환원시킨 후 잘잘못을 가리는 습관에서 벗어나지도 못한다. 그는 클레넘이 조금 다른 맥락에서 탄식조로 울부짖듯이 "맹인들의 앞 못 보는 지도자"(744)에 불과하며, 캐스비가 대표하는 공적 체계에 대한 개인적 분노에서 출발하여 그의 머리카락을 자르고 그의 정체를 폭로하였지만, 머들에의 "투자"가 표상하는 공적 체계에 대한 기대를 시원하게 떨쳐버리지도 못한 것이다. 따라서 캐스비에 대한 그의 행동을 "가부장 살해를 대신하는 것"(Sadrin 87)이자 전복적인 의미를 지니는 것으로 이해하는 방식은 작품이 전달하는 팽스의 실체를 과장해서 해석한 결과로 보인다.

캐스비의 정체를 폭로한 후 돌아갈 일터가 없어진 팽스에게 어떠한 가능성이 남아 있는가. 팽스가 이제까지의 사고방식이나 가치체계와 완전히 단절하고 새 출발을 한다면 독자로서는 새로운 길을 개척해나가는 팽스의 뜻 깊은 모색을 통해 근대세계의 '대안'을 어렴풋하게나마 가늠해볼 수 있을 것이다. 그러나 팽스는 만사를 숫자로 환원시켜서 판단하는 습관에 여전히 사로잡혀 있으며, 캐스비에게서는 벗어났을지 몰라도 '또 다른 캐스비'에게 다시 고용되어서 이제껏 살았던 분열된 삶을 다시 살 가능성이 농후하다. 그리고 제2, 제3의 머들에게 또다시 투자할 기회가 주어지는 경우, 그 기회를 놓치지 않으리라는 점도 분명한 듯하다.[7] 변화의 가능성을 암시하였던 팽스가 보여주는 아쉬움과 미진함은 근대사회에서 창조적 삶의 가능성을 어디서 찾을 것인가, 하는 문제와 결부된 것인바, 이는 팽스가 단독으로 감당하기

---

7) 이러한 '아쉬움'이 팽스가 캐스비의 머리채를 자르고 그의 정체를 폭로하는 부분이 "작품이 표현하는 사회적 사실주의에서 일시적인 흠"(Lucas 1980, 275)에 해당한다는 비판이나 "일시적이고 희극적인 기분전환"(Ledger 231)에 불과하다는 지적으로 이어진다.

에는 벅찬 과제이다.[8)]

중요한 점은 팽스의 반성이 전면적인 것이 아니라 부분적이고 어정쩡한 것이라는 약점이 작품에 아쉬움으로 남는 것은 사실이지만, 공사로 분열될 수밖에 없었던 그의 사정에서 비롯하는 작품의 감동을 결정적으로 훼손하는 것은 아니라는 사실이다. 예컨대, 이 작품에서 최고의 악당이라고 할 수 있는 리고는 "새벽"(140)이라는 여인숙에서는 라니에(Lagnier)로, 클레넘 모친의 집에서는 블랑드와(Blandois)라고 자기 자신을 소개한다. 하지만 이는 형편과 장소에 따라 유리한 쪽으로 적절하게 위장하는 리고의 모습에서 비롯하는 것이지, 사회가 부과한 역할에 대한 갈등에서 비롯하는 것이 아니다. "나는 값이 나가는 것은 뭐든 팔아. 소위 변호사들, 소위 정치가들, 소위 음모가들, 소위 증권거래소 사람들은 어떤가? 자네는 어때?"(783)라는 리고의 발언은 돈만 된다면 영혼이라도 팔아치울 수 있는 그의 특징을 잘 보여준다. 자본의 논리에 충실한 채 권력을 확보하고 행사하기 위해 편의적으로 이리저리 위장하는 리고에 비해, 공적 체계에 대한 좌절과 분노에서 비롯하는 팽스의 분열은 그 체계에 대한 저항의 가능성을 암시한다고 할 수 있을 것이다. 우리가 주목할 사실은 팽스가 캐스비의 머리카락을 자른 행동이 아니라 캐스비의 체계에서 단순한 "기계장치"(834)로 남기를 거부했다는 점이다(Lucas 1980, 277). 그리고 변화의 가능성은 바로 그러한 '거부'에서 생겨나는 것이다.

4. 마무리에 대신하여

앞에서 우리는 팽스가 캐스비의 정체를 폭로하면서 그에게는 돌아

8) 작가는 도이스와 작은 도릿을 중심에 놓고 이러한 물음에 대한 답을 모색하는데, 이는 본고의 범위를 벗어난 문제이다.

갈 일터가 없어졌지만 그 자신이 '공적인 팽스'와 철저히 단절한 것이 아니기 때문에 향후 그의 인생에 어떤 가능성이 남아 있을지에 대한 의문이 제기된다는 점을 지적하였다. 팽스의 경우, 이러한 '의문'은 그가 때마침 "도이스와 클레넘 회사의 사무장이 되고 나중에는 그 회사의 동업자"(859)가 되면서 운 좋게 해결된다고 할 수 있다. 도이스와 클레넘 회사는 "투기에 반대한다"(704)고 하는 도이스의 발언에서 드러나듯 캐스비나 머들이 대표하는 근대 세계의 운영원리와는 대척적인 위치에 있는 회사이므로, 그 회사에서 일하게 된 팽스가 다시 공사로 분열된 채 시달릴 가능성은 상대적으로 적은 것이다. 그러나 도이스와 클레넘 회사 같은 '대안'이 존재하지 않는 인물은 어떻게 되는 것인가. 예컨대, 『막대한 유산』(*Great Expectations*)의 웨믹(Wemmick)은 인간적 감정을 철저히 배제한 채 사무적이고 기계적인 일처리를 고집하는 재거스(Jaggers)의 법률사무실에서 일하는 서기이다. 그는 공적 삶이 강제하는 피로감에 대응해서 월워스(Walworth)에 고딕풍의 집을 지어놓고 그 안에서 인간미 넘치는 사적인 삶을 영위한다. 비인간적인 사회와 완전히 절연하는 순간 월워스에서의 삶도 불가능해지기 때문에 그로서는 "사무실과 개인적 삶은 완전히 별개"(231)라는 원칙을 고수하면서 "쌍둥이 웨믹"(401)으로 살아가는 것이 자신의 인간성을 유지할 수 있는 유일한 방책인 것이다. 웨믹은 "임금노동을 하는 시간 이외의 시간과 임금노동을 하는 공간 이외의 공간"(윤혜준 93)만이 남은 상황에서, 도이스와 클레넘 회사 같이 편리한, 그렇지만 인위적인 '대안'이 없는 경우에, 분열된 인물이 취할 수 있는 최선의 대안을 보여주는 셈이다.

디킨즈의 작품세계를 보면 후기작을 여는 『돔비 부자 상사』(*Dombey and Son*) 이후 분열된 인물이 꾸준하게 등장한다는 점을 확인할 수 있다. 팽스든 웨믹이든, 또는 『블리크 하우스』의 탐정 버킷(Bucket)이든 『우리 둘 다 아는 친구』(*Our Mutual Friend*)의 헤드스톤(Headstone)이든 분열된 인물이 지니는 비극성에 대해 독자는 깊은 공감과 연민을 느낄 수밖에 없는데, 그것은 이들의 운명이 개인적 차원에 그치는 것이 아니라 근대를 살아가는 많은 사람들이 겪는 갈등과 고독을 대변한다고 할 수 있기 때문이다. 이에 비해, 작가의 마지막 장편인 『에드윈 드루드의 비밀』(*The Mystery of Edwin Drood*)에 등장하는 재스퍼(Jasper)는 이전의 작품에 등장하는 분열된 인물들과는 다른 차원에 있는 걸로 보인다. 그는 "성가대 지휘자이자 음악교사"(49)로서의 "일상적 자아"(같은 면)와 무미건조한 현실에 대한 불만을 아편으로 달래고 조카의 약혼자에 대한 불온한 사랑으로 불타오르는 "내적 자아"(같은 면)로 나뉘어져 있다. 그러나 철저한 악마성을 핵심으로 하는 재스퍼의 어두운 자아는 독자의 공감에서 완전히 벗어나 있다고 할 수 있을 듯하다. 팽스에 비해 "사생활의 권리장전"(윤혜준 96)을 선언하고 사적인 삶으로 철저하게 물러날 수밖에 없었던 웨믹의 모습에서 암시되는 작가의 점증하는 비관적 역사인식이 재스퍼라는 분열된 인물의 제시에서 정점에 이른 것인바, 제2, 제3의 미들에 의한 금융투기가 더욱 더 만연하게 된 사회에서 도이스와 클레넘 회사 같은 '대안'은 도저히 존재할 수 없는 꿈으로 변한 것인지 모른다.

인용문헌

백낙청. 「디킨즈 소설 속의 빅토리아조 신사」. 『문학이 무엇인지 다시 묻는 일』. 파주: 창비, 2011. 151-82.

윤혜준. 「두 서기 이야기: 『돔비 부자』의 카커와 『막대한 유산』의 웨믹」. 『안과 밖』 7 (1999): 81-96.

장남수. 「디킨즈 소설을 통해 본 근대적 주체의 분열과 복제」. 『현대영미어문학』 25-3 (2007): 1-17.

Berman, Marshall. *All That Is Solid Melts into Air: The Experience of Modernity*. New York: Simon and Schuster, 1982.

Brown, James M. *Dickens: Novelist in the Market-Place*. 1982; Basingstoke: Macmillan, 1985.

David, Deirdre. "*Little Dorrit*'s Theater of Rage." *Contemporary Dickens*. Ed. Eileen Gillooly and Deirdre David. Columbus: The Ohio State UP, 2009. 245-63.

Dickens, Charles. *Great Expectations*. Ed. Angus Calder. Harmondsworth: Penguin, 1982.

______. *Little Dorrit*. Ed. Stephen Wall and Helen Small. London: Penguin, 2003.

______. *The Mystery of Edwin Drood*. Ed. Arthur J. Cox. Intro. Angus Wilson. Harmondsworth: Penguin, 1976.

Dvorak, Wilfred P. "The Misunderstood Pancks: Money and the Rhetoric of Disguise in *Little Dorrit*." *Studies in the Novel* 23.3 (1991): 339-47.

Jarvie, Paul A. *Ready to Trample on All Human Law: Financial Capitalism in the Fiction of Charles Dickens*. New York and London: Routledge, 2005.

Leavis, F. R. "Dickens and Blake: *Little Dorrit*." F. R. and Q. D. Leavis. *Dickens the Novelist*. 1970; Harmondsworth: Penguin, 1972. 282-359.

______. "*Hard Times*: The World of Bentham." *Dickens the Novelist*. 251-81.

______. *English Literature in Our Time and the University*. Cambridge: Cambridge UP, 1979.

Ledger, Sally. *Dickens and the Popular Radical Imagination*. Cambridge: Cambridge UP, 2007.

Lucas, John. *Charles Dickens: The Major Novels*. Harmondsworth: Penguin, 1992.

______. *The Melancholy Man*. 1970; Sussex: The Harvester P, 1980.

Miller, J. Hillis. *Charles Dickens: The World of His Novels*. Cambridge. Mass.: Harvard UP, 1958.

Newcomb, Mildred. *The Imagined World of Charles Dickens*. Columbus: Ohio State UP, 1989.

Orford, Peter. "An Italian Dream and a Castle in the Air: The Significance of Venice in *Little Dorrit*." *The Dickensian* 472 (2007): 157-65.

Richards, Thomas. *The Commodity Culture of Victorian England: Advertising and Spectacle 1851-1914*. Stanford: Stanford UP, 1990.

Rosenberg, Brian. *Little Dorrit's Shadows: Character and Contradiction in Dickens*. Columbia and London: U of Missouri P, 1996.

Sadrin, Anny. *Parentage and Inheritance in the Novels of Charles Dickens*. Cambridge: Cambridge UP, 1994.

Showalter Elaine. "Guilt, Authority, and the Shadows of *Little Dorrit*." *Nineteenth Century Fiction* 34.1 (1979): 20-40.

Thompson, E. P. *William Morris: Romantic to Revolutionary*. New York: Pantheon Books, 1976.

Waters, Catherine. *Dickens and the Politics of the Family*. Cambridge: Cambridge UP, 1997.

Yeats, George. " 'Dirty Air': *Little Dorrit*'s Atmosphere." *Nineteenth-Century Literature* 66.3 (2011): 328-54.

❖

근대, 탈근대, 근대초월의 문제: 『막대한 유산』

—

1. 머리말

빅토리아조를 대표하는 소설가 중의 한 명인 디킨즈의 대표작들은 산업화를 거치면서 세계의 공장으로, 그리고 세계의 어음교환소(clearing house of the world)로 부상한 영국사회의 발전 이면에 도사리고 있는 어둡고 부정적인 측면을 검토하는 내용이 주를 이룬다. 인물들이 서로서로와 그리고 각종 사회제도와 얽혀 있는 복잡한 방식을 탐색하는 디킨즈의 창작세계에서 『막대한 유산』(*Great Expectations*, 1860-61)은 다소 예외적인 작품이라고 할 수 있다. 그것은 사회적인 문제가 전면에 부각되는 다른 소설들과 달리 이 작품은 주인공의 경험에 집중하고 있으며, 어린아이가 성인으로 성장하면서 겪게 되는 기대와 좌절, 희망과 절망을 삶의 보편적이고 일반적인 차원과 관련지어 다루는 성장소설의 형식을 취하고 있기 때문이다.

『막대한 유산』이 성장소설의 구조를 갖추고 있는 만큼 우리의 주요 관심사는 주인공의 '변모'에 대한 평가의 문제에 집중될 수밖에 없다. 전근대사회에 머물러있는 조(Joe)의 세계 속에서 성장기를 보낸 후,

런던에서의 신사 교육을 거쳐, 클래리커(Clarriker) 회사의 카이로 지점에서 근무하는 무역상으로 자리를 잡은 핍(Pip)의 인생은 근대를 살아가는 하나의 방식을 대표하는 것으로 보인다. 죄의식에 시달리는 소심한 아이였던 핍은 어떠한 근대적 주체로 거듭나는 것인가?

부친의 성(姓)이 피립(Pirrip)이고 자신의 세례명은 필립(Philip)이라는 말로 첫 문장을 시작하고, 둘째 문단에서 묘비석에 새겨진 글자를 보며 부모 형제와의 관계 속에서 스스로의 위치를 파악하고자 했던 서술자 핍은 셋째 문단에서 크리스마스 전날의 경험을 다음과 같이 정리한다.

> 사물들의 정체성에 대한 나 자신의 가장 생생하고 가장 뚜렷한 첫인상은 잊히지 않고 으스스했던 어느 날 오후, 저녁이 가까워질 무렵에 형성되었던 것 같다.
>
> My first most vivid and broad impression of the identity of things, seems to me to have been gained on a memorable raw afternoon towards evening. (35)

본고에서 이 작품을 재론하고자 하는 까닭도 근대사회의 제반 문제는 근대적 주체를 생산해내고 또 그렇게 생산된 주체를 통해 강화되는 과정과 분리할 수 없는 바, 디킨즈의 『막대한 유산』은 근대적 주체의 형성을 둘러싼 대표적인 논점을 검토하기에 적합한 작품이기 때문이다. 자신과 부모 형제, 주위 사물의 정체성에 대한 언급으로 작품이 시작하는 것부터가 『막대한 유산』을 주체의 문제와 관련해서 읽고자 하는 본고의 시도가 작품의 핵심에 접근하는 하나의 방도임을 보여준다고 하겠다. 본고의 2장에서는 주체 혹은 자아의 문제를 대하는 데 있어 대조적인 두 입장—각기 휴머니즘적 관점과 탈구조주의적 관점—을 핍이 경험한 내용에 접근하는 두 가지 해석방법과 관련하여 살펴보고,

두 입장 모두 서구 사회의 틀에서 벗어나지 못하고 있다는 '약점'을 지적할 것이다. 3장에서는 서구 주도의 근대를 비판하는 탈식민주의의 시각에서 『막대한 유산』을 다시 읽은 결과물이라고 할 수 있는 오스트레일리아 출신 작가 케어리(Peter Carey, 1943-)의 『잭 맥스』(*Jack Maggs*, 1997)와 뉴질랜드 출신의 작가 누넌(Michael Noonan, 1921-2000)의 작품 『매그위치』(*Magwitch*, 1982)를 디킨즈의 『막대한 유산』과 비교하여 검토하고자 한다. 우리는 각 작품에서 드러나는 '타자'에 대한 작가의 시선이 내포하는 의미를 통해서 핍의 경험과 성장이 지니는 의미를 '전지구적' 차원에서 보다 풍부하게 이해할 수 있을 것이다.

2. 근대의 휴머니즘적 주체와 그에 대한 탈근대적 비판

근대를 대표하는 자유주의적 주체는 자신의 운명을 스스로 만들어 가는 창조자(*faber suae fortunae*)로서의 이미지를 지닌다(Porter 5). 크게 보아 휴머니즘적 주체 이해의 방식을 따르고 있다고 할 수 있는 이러한 관점에서는 개인의 자율성 및 자기결정권을 믿으며 이성과 합리성에 가치를 두는 경향을 보인다. 이에 따르면 "현재의 나를 만들고 규정하는 것은 내 안에 있는 실체적이고 본질적인 자아로서 이는 통일적이고 고정되어 있으며 다른 것으로 환원되거나 축소될 수 없는 성질"(장남수 2007, 3)을 지닌다. 이 자아는 또한 외부의 압력에서부터 상대적으로 자유로운 상태에서 스스로의 의지와 판단에 따라 결정하고 그 결정에 따르는 책임을 지며 그 결과로 성숙하고 변모해가는 자율적인 인간 존재이기도 하다.

『막대한 유산』에 대한 비평에서 휴머니즘적인 주체 이해를 대표하는 예로는 스테인지(G. Robert Stange)의 「잘 잃어버린 기대」("Expectations

Well Lost")를 꼽을 수 있다. 이 글에서 스테인지는 핍의 인생여정을 인간조건에 대한 성숙한 수용으로 점차 "발전"(294)해나가는 깨달음과 성장의 이야기로 읽는데, 그가 핍에 대해 "변증법적 진전"(294)을 운위하는 근거는 온갖 풍상을 겪으면서도 "그 자신의 진정한 자아"(298)를 마침내 발견해내는 핍의 성취에 주목했기 때문이다. 핍의 깨달음과 자각을 지적하는 스테인지가 염두에 두는 핍의 "진정한 자아"가 시공간을 초월해서 독립적이고 자율적으로 존재하는 어떤 것이라는 사실은 시골에서든 도회지에서든 핍에게 막대한 영향을 미치는 계급과 성차(gender)의 문제를 그가 철저하게 외면하고 있다는 점에서 단적으로 드러난다. 그러나 실제의 핍은 쌔티스 하우스(Satis House)를 방문하여 에스텔라(Estella)를 처음 만난 순간부터 "거친 손"(90)을 하고 "두꺼운 장화"(90)를 신은 채 "일하는 아이"(90)라는 식으로 자신을 규정하는 에스텔라의 영향에서 벗어나지를 못한다.[1] "어두운 복도를 따라 별처럼"(89) 다가온 에스텔라는 핍이 자신의 과거를 새삼스레 돌아보고 미래는 현재와 다른 것이 되기를 욕망하도록 자극한다. 핍이 이제까지 지내온 조의 대장간을 좁고 답답한 곳으로 여기며 더 넓고 세련된 곳을 동경하는 마음을 품고, 더 나아가 재거스(Jaggers)가 핍에게 시골을 벗어나 런던에서 "신사"(165)로 교육받을 기회를 소개하자 별다른 갈등이나 주저함 없이 그 기회를 움켜쥐는 플롯은 핍의 자아가 외부의 환경과 무관하게 저 홀로 독립해서 존재하는 게 아니라는 사실을 웅변한다. 핍은 타인의 시선과 사회적 압력에 중층적으로 영향 받는 존재이지, 자기 의지에 따라 자율적으로 결정하고 삶을 개척해나가는 존재는 아닌 것이다.

1) 핍의 계급적 정체성뿐 아니라 성차에 따른 정체성 구축에도 단단히 한몫하는 에스텔라의 존재에 대해서는 Hilary M. Schor, *Dickens and the Daughter of the House* (Cambridge: Cambridge UP, 1999), 153-77면 참조.

핍은 에스텔라의 영향만 받는 게 아니다. 그에게 유산 상속에 대한 기대를 심어주어서 신사 교육을 받도록 하는 매그위치(Magwitch)의 존재야말로 핍의 인생이 그 자신의 의지에 따라 진행된다기보다 외부의 절대적 영향을 받고 그에 따라 좌우되는 것이라는 사실을 전달한다. 그렇다면 핍에게 절대적인 영향을 미치는 매그위치는 어떠한가? 그는 자기 의지를 좇아서 독자적으로 자기 인생을 개척하는가? 작품은 매그위치가 핍 이상으로 타인의 감시와 사회적 억압에 영향 받는 삶으로 시종한다는 사실을 보여준다. 매그위치의 인생은 그를 죄인으로 키운 사회와, 그리고 신사가 아니라는 이유로 그에게 불리한 판결을 내린 형벌제도에 대한 복수심에 지배받는다. 핍의 삶에 지대한 영향을 미치는 에스텔라이지만 "우리는, 너와 나는 지시에 따르는 외에 다른 방도가 없어. 우리는, 너와 나는 스스로의 계획을 맘대로 좇지 못해"(285)"라고 말하면서 "인형일 따름"(288)인 자신들의 운명을 핍에게 강조한다. 결국, 핍이든 에스텔라이든 또는 이들을 '조종'하는 매그위치이든 해비샴(Miss Havisham)이든 니체(Nietzsche)가 말하는 반작용적인(reactive) 힘에 지배받는 인생이지 자기 인생의 주인으로 스스로의 삶을 개척해나가는 존재는 아닌 것이다. 『막대한 유산』에 등장하는 인물들을 살펴보면, 스스로의 판단을 갖고 독자적으로 결정을 내리며 자기의 삶을 살아가는 자율적이고 자립적인 주체에 대한 자유주의적이고 휴머니즘적인 믿음은 실제와는 거리가 먼, 낭만적 신화에 가까운 것으로 드러난다.

최근에는 주체의 자율성에 대한 본질주의적 신화를 적발하고 주체는 외부의 압력과 힘에 의해 구성되는 결과물에 불과하다는 사실을 강조하는 탈구조주의의 논의가 일정한 설득력을 획득하고 있다. 이는 휴머니즘 내지 계몽주의에 근거한 근대의 자유주의적 주체가 다른 "객체를 타자로 규정하고 그 타자를 자신의 동일성 속으로 전유 및 착취"(윤효녕 3)하였던 저간의 역사에 대한 반성이 작용한 결과일 것이다. 탈구조주의 이론가들에 의하면 사람들은 생각과 행동에서 자유의지에 따라 결정하는 듯 보이나, 생각과 행동에 앞서서 그것들을 좌우하는 예컨대 언어체계 같은 것이 존재한다고 한다. 따라서 그들을 제대로 이해하기 위해서는 "의미론적 기호체계, 인식구조 그리고 텍스트의 우선성"(Porter 11)에 주목해야 한다는 것이다. 생각을 하는 주체가 우리이고 "우리가 생각한다"라고 말하는 게 올바른 듯 보이나, 우리보다 앞서 있는 언어체계에 의해 우리의 사유가 그 내용뿐 아니라 사유의 방식과 사유의 틀 모두에서 지배받는 것이므로 "의미론적 기호체계, 인식구조 그리고 텍스트가 우리를 생각한다"(Porter 11)라고 설명하는 게 더 정확하다는 것이다. 워터즈(Catherine Waters)의 다음과 같은 지적은 핍의 정체성이 외부의 영향을 받지 않은 채 내부의 본질이 성숙한 결과로 나타나는 것이 아니라는 사실을 보여준다. 그것은 오히려 사회와 언어의 제도적인 힘이 가하는 압력과 통제 속에서 주체로 구성되고 탄생하는 것이다.

> 『막대한 유산』에서 핍의 정체성 문제는 남성성, 유동적인 계급 위치, 그리고 이것들이 그가 끼어 있는 가족관계의 체계에 의해 결정된다는 사실과 필연적으로 연관되어 있다. … 이 작품에 표현된 주체 형성의 과정은 모종의 중립적인 언어적 매체 속에서 이루어지는 게 아니다. 핍이 사용하는 언어는 성차에 따라 이미 구분되어 있는 것이다.

> In *Great Expectations* the question of Pip's identity is necessarily bound up with his masculinity, his shifting class position and their determination by the system of family relationships in which he is caught. … the process of identity-formation expressed here is not conducted in some neutral linguistic medium. The language Pip works with is already gendered. (151)

자기 동일성을 유지하기 위해 타자를 배제하고 억압해온 전통적 절대 주체에 대한 탈구조주의의 비판은 정당하다고 할 수 있다. 그러나 절대 주체의 문제점을 지적하는 논리가 곧바로 일체의 주체를 부정하고 일종의 "무(無)주체"(윤효녕 7)를 내세우는 근거가 될 수는 없는데, 이는 모든 주체를 부정하는 "다른 방향의 극단은 해체론적 회의주의 내지 가치의 부재를 유발할 수 있"기 때문에 "절대 주체의 확립만큼이나 주체의 절대 부정도 바람직스럽지 못하다는"(윤효녕 3) 생각에 따른 것이다.

『막대한 유산』에 대한 탬블링(Jeremy Tambling)의 비평 「감옥에 갇힌 삶: 디킨즈, 푸꼬 그리고 『막대한 유산』」("Prison-Bound: Dickens, Foucault and *Great Expectations*")은 바로 이러한 "다른 방향의 극단"을 대표한다.[2] 글의 제목이 시사하는 대로 탬블링의 논의는 감옥에 대한 언급이나 암시가 작품에 풍부하다는 사실을 지적하는 것으로 시작한다. 감옥의 편재성을 지적하는 탬블링의 계산은 인간의 사고와 행동이 언어를 통해 이루어지는 까닭에, 즉 언어라는 '감옥'에 갇힌 채 진행되기 때문에, 궁극적으로 인간은 "언어체계의 희생자"(33)가 될 수밖에 없다는 사실을 밝히고자 하는 쪽으로 모아진다. 하지만 감옥과 감금의 이미지에 주목하는 그의 "계산"은 종종 작품에 대한 과잉 해석과 과잉 개입을 낳는 바, 단적인 예가 월워스(Walworth)에 있는 웨믹(Wemmick)의 성이 그의 사유에 스며들어 있는 "감옥의 존재"(33)를 보여준다고 지적하는 부분일 것이다. 그러나 작품 전체의 구도로 보면 월워스의 웨믹은 감옥을 강제하는 근대사회의 공식적 삶에 대한 일종의 '대안'으로, 또는 그 삶에서의 '도피처'이자 '탈출구'에 해당하는 것으로 읽는 편이 나을 듯하다.

탬블링 같은 탈구조주의이론가에 의하면 '주체'는 다양한 세력이

2) 탬블링에 대한 비판으로는 장남수 2004, 243-45면 참조.

서로 각축을 벌이는 장(場)과 같은 성격을 지니는 것이므로 주체의 성장과 성숙을 논의할 근거는 소멸되게 된다. (이들은 작품에 생명과 개성을 부여하는 작가를 "작가 기능"으로 대치한다). 내면의 완성을 향해 나아갈 '추진체'가 사라지고 그 자리에 일종의 "무주체"가 들어서는 것이다. 그래서인지 『막대한 유산』을 탈구조주의적으로 읽은 비평에서는 인물들의 성장과 성숙에 대한 언급이 빠져있거나 부정되며,[3] 핍 같은 경우는 나이가 들고 세상풍파를 겪은 후에도 여전히 언어체계와 사회적 악습에 갇혀서 한발자국도 벗어나지 못하는 것으로 이해될 뿐이다(Tambling 33-34). 탈구조주의적 주체 이해가 지니는 본질적 문제는 그것이 역사와 사회의 대세를 거스르며 새롭고 창의적인 주체가 대두할 가능성을 원천적으로 봉쇄한다는 점에서 찾을 수 있을 것이다. 주체는 기성의 권력관계가 만들어내는 '효과'에 불과한 바, 기존의 세력이 미치는 자장을 벗어날 수 없는 것이다.

일체의 주체를 부정하는 논리를 『막대한 유산』에 그대로 적용할 경우, 우리는 "시련과 좌절을 통해 인간과 세상에 대한 안목이 원숙해지고 따스한 마음과 실무능력을 고루 갖추고 있는 진정한 신사로 변모한 핍"(장남수 2004, 244)의 존재를 무시하거나 도외시할 수밖에 없는데, 이는 작품을 '제대로' 감상하고 이해하는 길이 아니다. 핍의 변모와 성숙은 시공간을 초월해 존재하는 본질적 자아가 세상풍파와 무관하게 여전히 관철되는 방식으로 이루어지는 것이 아니라, 사회의 압력과 역사의 흐름을 그 나름의 방식으로 겪으면서 이루어지는 것이기에, 그 성장과 발전의 의의를 숙고하는 행위가 전통적인 휴머니즘적 주체 개념에 '투항'하는 결과를 낳는 것은 아니라고 믿는다. 여기서

3) 『막대한 유산』이 핍의 깨달음과 성장에 대한 작품이 아니라고 주장하는 국내 필자의 글로는 강석진, 「감시와 강요된 대화: 『막대한 유산』」, 『근대영미소설』 10-2(2003), 5-26면 참조.

최종적인 핍의 모습을 구성하는 데 기여하고 있는 다양한 '힘'의 함의에 대해 소략하게라도 정리하는 편이 좋겠다.

작품 서두의 핍은 죄의식에 시달리는 소심하고 겁 많은 아이였지만 런던에서 무위도식하는 생활을 하면서도 독서와 공부를 게을리 하지 않은 결과[4] 후반부에서는 매그위치, 몰리(Molly), 에스텔라를 둘러싼 복잡한 사실관계를 추론해내고 근대의 비인간성과 불모성을 대표하는 재거스에 맞서 그 "추론"을 확인할 수 있을 정도로 당당하게 성장한 모습을 보여준다(본문 422-26면 참조). 이 대목은 "근대의 부정적 측면과는 거리를 두고 있는 핍"(장남수 2004, 251)의 모습이 부각되는 장면인데 핍이 이 정도로 성장하기까지, 역사상의 다양한 시기와 각각의 가치를 대표하는 많은 인물들과 여러 '세계'가 동시에 작용했다는 사실은 두말할 나위도 없다. 작품의 플롯만 살펴도 전근대의 따스함과 한계를 동시에 보여주는 조의 세계, "사무실과 개인적 삶은 완전히 별개"(231)라는 원칙을 고수하며 "쌍둥이 웨믹"(401)으로 분열된 채 근대를 버텨가는 웨믹의 세계, 핍이 열망했던 신사 이상의 긍정적인 측면을 보여주는 허버트(Herbert)의 세계, 무엇보다도 식민지로 추방된 타자로서 본국으로의 귀환이 발각되면 사형에 처해질 운명이지만 불법 귀환을 감행하여 핍이 자신과 사회의 진실에 둔감하지 않도록 '교육'시키는 매그위치의 존재들이 다 같이 합세하여 핍의 최종적 모습을 형성하는 것이다. 클레이튼(Jay Clayton)은 『막대한 유산』에서 서로 충돌하며 각축을 벌이는 역사적 시대가 최소한 다섯은 된다는 사실을 다음과 같이 지적한다.

> 디킨즈 소설에서 우리는 문화적 공간을 장악하기 위해 다른 것들과 경

---

4) 핍이 수동적인 인물에서 능동적인 인물로 변모한 것을 런던에서의 생활을 통해 확인할 수 있다는 견해에 대해서는 변형택 60-61면 참조.

쟁을 벌이고 있는, 최소한 다섯 시대에 걸친 사회적 삶의 "비동시적인" 양식이 지닌 특징들을 확인할 수 있다. 그것들은 (1) 웨믹의 성이 보여주는 "중세"의 자유보유 부동산 (2) 조의 대장간이 속한 산업혁명 이전 시기의 자본주의 (3) 어른이 된 핍이 보여주는 "빅토리아조" 중산층의 가치관, 그리고 그것과 제국이 가진 재산 사이의 명확한 연관성 (4) 웨믹을 쌍둥이 자아로 분열시킨 "근대"의 소외 (5) 모형과 패스티쉬로 이루어진 "탈근대"의 세계이다. … 이러한 시간적 층위들 사이의 불연속성이 웨믹의 희극성, 조에 대해 서술자가 보여주는 회고조의 친절, 핍의 윤리적 성장, 도회지 삶이 지닌 소외의 조건에 대해 작품이 전달하는 비전 등, 이 작품이 지니고 있는 몇몇 지속하는 효과들을 증가시킨다.

In Dickens's novel, one can identify traces of at least five "non-synchronous" modes of social life, each competing with the others for cultural space: (1) the "feudal" freehold of Wemmick's castle; (2) the preindustrial capitalism of Joe's forge; (3) the "Victorian" middle-class values of Pip's mature years, with their clear connections to the fortunes of empire; (4) the "modern" alienation that splits Wemmick into twin selves; and (5) the "postmodern" world of simulacra and pastiche. … The discontinuity among these temporal layers contributes to some of the most enduring effects of Dickens's novel: the comedy of Wemmick, the narrator's retrospective tenderness toward Joe, the ethical growth of Pip, and the book's vision of the alienated condition of urban life. (162)

위 인용문이 설명하는 대로 핍의 깨달음과 발전은 이 모든 경험과 그것이 대표하는 '세계'와의 밀접한 접촉 속에서 이루어진 것이다. 또한 그는 환경의 영향을 수동적으로 받기만 하는 게 아니라 그 스스로 주위 환경에 능동적인 영향을 미쳐서, 매그위치이든 해비샴이든 원한의 감정에 일방적으로 지배 받던 처음의 모습을 어느 정도는 극복한 상태에서 최후를 맞이하도록 유도한다. "시골과 도회지, 전근대와 근대, 하층생활과 상층생활"(장남수 2004, 252)을 두루 거친 핍은 근대를 주도하는 유형—변호사 재거스가 대표하는 유형[5]—이라기보다 근대의 성취에 반응하면서도 근대의 폐해와 거리를 둘 줄 아는 인간형이며, 작품에 등장하는 여러 인물들과 비교해보면 서구 근대가 배출해낸 최선의 주체에 제일 가까운 존재인 것이다. 그러나 이러한 핍이라도 신사 이데올로기가 표상하는 "빅토리아조 신화에 대한 근본적인"(백낙청 156) 도전에 미달한다는 사실은 서구의 틀에 갇혀서는 근대 극복이 어렵다는 사실을 일깨운다고 하겠다.

3. 『막대한 유산』, 『잭 맥스』 그리고 『매그위치』

두쎌(Enrique Dussel)은 「유럽중심주의를 넘어서: 세계체제와 근대의 한계」("Beyond Eurocentrism: The World-System and the Limits of Modernity")라는 글에서 근대의 문제를 서구 중심적으로 보지 말고 전지구적 관점에서 볼 것을 제안하며, "탈근대"(postmodern)가 아니라 "근대 초월"(transmodern)이 필요하다는 사실을 강조한다(3-31). 두쎌의 논의에 따르면 주체의 자립성과 자율성을 내세우는 입장이든, 주체의 구성성과 환경의 결정성을 강조하는 입장이든 공히 서구중심주의에 함몰되어 있을 뿐인 것이다. 싸이드(Edward Said)가 강조하는 대로 시선을 메트로폴리스의 역사 안에 한정하기보다 "좀 더 포괄적이고 동적인 역사"(xv)에 주목할 필요성이 절실한바, 핵심은 서구의 근대가 배제하고 억압하였던 타자의 시선을 복원하는 일이 될 것이다.

『막대한 유산』의 매그위치는 신사로의 신분상승을 달성하기 위해 핍이 억압하고 배제하고자 하는 모든 것을 표상하는 존재이다. 범죄

5) 하톡(Hartog)은 재거스를 로렌스(D. H. Lawrence)의 제랄드 크라이치(Gerald Crich)와 관련하여 설명한다(153).

자 매그위치의 이야기는 또한 핍의 유족한 생활이 빅토리아조 영국 사회의 번영과 마찬가지로 식민지에 빚지고 있다는 엄중한 사실을 전달한다(Pykett 169). 18세기 영국은 자국의 죄수들을 보내는 유형지로 미국의 버지니아정착촌을 사용했는데, 미국 독립 이후에는 유배지를 호주로 바꿀 수밖에 없었으며, 1867년 국외추방이 법적으로 종식될 때까지 160,000명 이상의 죄수들을 호주로 보냈다고 한다(Moore 14). 호주로 간 죄수들의 대다수는 가혹한 날씨와 낯선 풍토 속에서 힘든 노역을 하며 목숨을 부지하였지만, 그들 중 일부는 각고의 노력과 절묘한 행운을 통해 매그위치와 마찬가지로 엄청난 부를 축적하는 데 성공하였고, 이들은 호주에 머무는 한 자유롭게 살 수 있다는 조건부 사면(conditional pardon)을 받아서 성공한 오스트레일리아인으로 새로운 삶을 열어갈 수 있었다. 그러나 "성공한 오스트레일리아인"이라 하더라도 영국 사회에 돌아오는 것은, 발각될 경우 사형에 처해질 정도로 법에 의해서 엄격하게 금지되는 사항이었다. 돌아온 죄수가 그토록 중형에 처해졌던 까닭은 그것이 "죄수들을 배제하지 못하는 영국 사회의 무능력뿐 아니라 최초의 위법행위로부터 사회를 안전하게 지키는 데 실패했다는 사실"(Moore 16)을 상기시키는 존재이기 때문이다.

작품의 39장에서 매그위치는 자신이 만들어낸 신사를 만나기 위해 폭풍우 치는 밤에 핍을 찾아오는데 돌아온 매그위치를 통해 '폭로'되는 영국 사회의 진실은 외모와 신분에 따른 차별이 제도화된 사회이며 사회적 부정의가 부조리한 형벌제도를 통해 유지되고 강화되는 사회이다. 42장에서 매그위치가 핍에게 들려주는 그의 이력은 영국 사회의 실상이란 것이 범죄자들을 모아놓은 땅인 오스트레일리아의 그것과 별반 다를 것 없다는 진실을 전달한다. 사회에 만연한 위선과 부정을 기준으로 볼 때, 신사들이 살아가는 식민모국이 죄수들을 모아놓은 식민지에 비해 못하면 못했지 나을 것이 없다는 것이다. 이처럼 매그위치의 귀환은 중심부와 주변부에 대한 일반적인 통념을 송두리째 흔들어놓기에 충분한바, 영국 사회가 억압하고 침묵에 붙이려 하는 타자의 문제를 살펴보는 것은 의미 있는 일이라 믿는다.

탈식민주의자들은 이제까지 고전으로 받아들여지던 작품들이 서구의 제국주의 팽창 기획에 어떤 식으로든 '동참'한 결과를 낳았다는 사실을 지적하는 한편으로 서양의 고전에 대해 피식민자의 입장에서 '되받아 쓰기'(writing back)를 해봄으로써 피식민자의 시선을 문학작품에 도입할 필요성을 강조한다. 본고에서 케어리의 『잭 맥스』를 『막대한 유산』과 함께 검토하는 취지도, 후자를 영국사회의 타자인 매그위치의 관점에서 또는 탈식민주의자인 싸이드의 관점에서 다시 쓴 작품이 전자라고 할 수 있기 때문이다. 디킨즈의 작품을 탈식민주의의 시각에서 다시 읽은 작품이 『잭 맥스』만은 아니다. 또 다른 예로 우리는 누넌의 작품 『매그위치』를 꼽을 수 있다.

누넌의 『매그위치』는 매그위치가 식민지에서 어떻게 지냈으며 어떻게 돈을 벌었는지를 기록하여 디킨즈가 『막대한 유산』에서 "남겨놓은 공백을 채우고자"(5)하는 의지를 보인다. 작가의 "의지"에 따라 『매그위치』의 서술자 핍은—주지하는 대로 『막대한 유산』의 서술자 역시 일인칭 화자인 핍이다—이집트에서 지낸 지 11년째 되는 해에 매그위치의 흔적을 찾아 오스트레일리아로 출발한다. 씨드니의 잭슨 항구에 도착한 핍은 매그위치를 좋아하던 루시 브루스터(Lucy Brewster)와 그녀의 양녀인 샬롯(Charlotte)—샬롯은 매그위치가 원주민 여성과의 사이에서 낳은 딸로서 에스텔라의 이복동생인 셈이다—을 만나고, 오스트레일리아의 내지로 들어가서는 엠마 러시모어(Emma Rushmore)라는 또다른 여성을 만나는 등 매그위치의 과거와 그가 한때 소유했던 재산의 전체 규모 및 그 위치를 알아보는 일에 전념한다. 작품에는 몰리를 살해한 사실이 새삼 발각되어서 식민지에 유배되어온 재거스가 등장하고 그를 통해 브루스터 부인이 컴피슨(Compeyson)과 해비샴 사이에서 태어난 딸이라는 사실이 밝혀지는 등, 『막대한 유산』을 접했던 독자라면 그 개연성을 부정할 수 없는 사건과 일화들이 가득하다. 그러나 작품 『매그위치』는 "탈식민주의적 관점에서 디킨즈 소설 전체를 다시 쓰려는 유일한 시도"(Jordan 239)에 해당한다는 평가에도 불구하고, 『막대한 유산』에 비해 식민모국과 식민지의 관계에 대해 새롭게 문제 제기를 하거나 19세기 영국 사회의 모습에 대해 새삼스런 진실을 밝혀 주는 것 같진 않다. 매그위치에 대한 핍의 평가만 해도, 자신을 신사로 만들기 위해 매그위치가 식민지에서 벌였던 일들을 접한 후 손에 피를 묻힌 기분이 들면서(102-03) 그의 계획과 실행을 "미친 몽환적 꿈"(118)에 불과한 것으로 폄하하는 몰이해를 보이다가, 카이로에 돌아오고 나서야 『막대한 유산』의 후반부에서 도달했던 매그위치에 대한 이해, 즉 애정과 감사와 관대함으로 자신을 대했던 죄수의 모습을 발견하고 그를 수용하는 모습을 보일 따름이다(각기 『막대한 유산』 456-57면 및 『매그위치』 205면 참조). 매그위치에 대한 이해와 평가에서 누넌의 서술자는 디킨즈의 핍이 이미 깨우쳤던 "그 모든 것을 다시 한 번 말할 뿐"(205)이지, 목숨을 건 식민지 여행을 통해 새롭게 깨친 내용은 거의 전무하다. 더 나아가 매그위치의 재산을 차지하기 위해 거짓과 폭력을 일삼는 오스트레일리아 사람들에 대한 누넌의 묘사는 식민지가 "배반과 음모"(187), 그리고 "위험"(203)으로 가득한 땅이라는 생각, 즉 서구인들이 식민지에 대해 지니고 있던 일반적 편견을 무비판적으로 답습하는 것으로 보이기도 한다.

탈식민주의의 시각에서 『매그위치』가 도달한 '수준'을 고려하면, 『막대한 유산』을 다시 쓴 작품 중에서 『잭 맥스』만한 성취를 달성한 경우가 드물다는 사실이 뚜렷해진다. 『잭 맥스』는 오스트레일리아로 유배된 죄수가 굶주린 자신에게 먹을 것을 가져다주었던 아이의 은혜를

갚기 위해, 아니 자신을 신사가 아니라는 이유로 부당하게 차별했던 영국 사회에 복수하기 위해 식민지에서 번 돈을 식민모국으로 보내서 아이를 신사로 만들고, 그 신사를 만나기 위해 목숨을 걸고 귀환한다는 『막대한 유산』의 기본 줄거리를 그대로 빌려오고 있다. 『막대한 유산』의 매그위치가 『잭 맥스』에서는 주인공 잭 맥스로, 『막대한 유산』의 핍이 『잭 맥스』에서는 헨리 핍스(Henry Phipps)로 변주되어 등장하며,6) 『잭 맥스』의 퍼씨 버클(Percy Buckle)은 식료품상을 하다가 1년 전에 유산을 물려받아 신사가 된 위인으로서 핍의 유산 상속에 대한 패러디가 분명하다. 이뿐만 아니라 『잭 맥스』의 전도유망한 신예작가 토바이어스 오츠(Tobias Oates)는 여러모로 찰스 디킨즈를 닮아 있다. 『잭 맥스』는 케어리가 디킨즈의 『막대한 유산』을 재해석해서 재구성한 작품인 것이다.

우리의 관심은 『매그위치』를 검토할 때와 마찬가지로 『잭 맥스』가 『막대한 유산』을 어떻게 해석하고 있으며, 식민지와 모국의 관계에 대해 무슨 질문을 새롭게 제기하는가 하는 데에 있다. 『잭 맥스』가 영국 사회와 제국의 역사에 대해 제기하는 문제는 『막대한 유산』과 비교할 때 본질적으로 새로운 것인가? 혹시 정도상의 차이에 그치는 것은 아닌가?

두 작품의 표면상의 차이를 간단히 짚어보면, 매그위치가 작품이 3분의 2 정도 진행된 후에 런던으로 귀환하는 데 비해 맥스는 『잭 맥스』의 첫 장에서 이미 런던에 도착한 것으로 설정된다. 또한 매그위치를 본 핍이 처음에는 혐오감에 시달리지만 얼마 지나지 않아 그의 안위를 진심으로 걱정하는 모습을 보이는 반면, 헨리 핍스는 맥스의 귀환에 대한 소식을 듣자마자 그를 피해 "구멍에 숨은 토끼"(291)처럼 종적을 감춘다. 맥스는 핍스의 행방을 수소문할 동안 거처를 마련하기 위해 핍

6) 핍은 『막대한 유산』에서 처음부터 주인공 겸 화자로 등장하지만 핍스는 『잭 맥스』가 절반 정도 진행된 후인 45장에 가서야 술에 잔뜩 취한 채 등장한다.

스의 이웃인 버클의 집에 하인으로 들어가는데, 이러한 설정은 맥스에게 매그위치와는 달리 여러 부류의 영국인들과 폭넓게 접촉할 기회를 부여한다. 『막대한 유산』은 핍이라는 일인칭 화자의 회상을 중심으로 서술되기 때문에 작품이 전체적으로 비교적 단일한 톤을 유지하며 등장하는 인물들의 숫자도 제한되어 있다. 이에 비할 때 『잭 맥스』는 삼인칭 화자의 자유자재한 서술을 기본으로 하면서 맥스가 핍스에게 보내는 편지 내용, 토바이어스(토비)가 출판을 목적으로 썼는데 맥스가 강물에 집어던지는 『잭 맥스』의 서두부 등이[7] 어우러져서 영국인들의 다양한 모습을 훨씬 폭넓게 담아내고 있다고 할 수 있다. 예컨대 맥스와 마찬가지로 버클에게 고용된 하인이면서 맥스에게 매료되어 그를 좋아하는 동성애자로 등장하는 콘스터블(Edward Constable)이나, 남편은 처제를 임신시키고 부인은 자기 동생을 낙태시키는 부부의 존재는 디킨즈의 소설에서 명시적으로 만나기는 어려운 유형인 것이다.

맥스가 만나는 영국인들의 속물성과 비열함을 잘 보여주는 인물 중의 한 명이, "새커리(William Thackeray)를 압도할 수 있는 소설가"(50)로 성공하기 위해 수단방법을 가리지 않는 토비이다. 그는 새로운 소재를 찾고 창작의 영감을 얻기 위해 다른 사람들의 이야기 듣는 것을 좋아하며 특히 "범죄자의 정신"(49)에 관심이 많다. 토비는 버클의 만찬에 참석했다가 맥스를 처음 만나고, 신경통(*tic douloureux*)으로 괴로워하는 맥스를 치료하고자 그에게 최면술을 '시술'한다. 이 일을 계기로 맥스의 기억 내면에 소설의 소재가 가득하다는 사실을 알게 된 토비는 그 이후 맥스의 정신에 '침입'할 기회를 자주 갖기 위해 노력하는데, 토비가 맥스를 대하는 태도는 식민가들이 피식민인을 대하는

---

7) 토비는 이때 없어진 앞부분을 포함하는 『맥스의 죽음』(*The Death of Maggs*)이라는 작품을 1859년이 되어서야 집필에 착수해서, 처음 몇 장을 실제의 맥스가 사망한 지 3년 후인 1860년에 출판하는 것으로 제시된다(본문 356면 참조).

태도와 정확히 일치하는 것으로 보인다. 즉 서구인들이 신대륙에 '문명'의 빛을 전파한다는 미명 하에 식민지의 자원을 착취하고 피식민인들의 노동의 과실을 전유했듯이, 토비는 맥스의 '악령'을 물리치고 고통을 치료한다는 구실로 그에게 최면을 걸어서 맥스의 기억 속에 있는 내용을 전유하고 맥스의 내면을 장악하는 것이다. 남의 집을 털다가 잡혀서 뉴 싸우스 웨일즈로 유배되었고 거기에서 온갖 고난을 겪고 나중에는 살인까지 저지른 맥스의 내면은 소설가 토비에게는 "보물의 집"(96)이고 "런던만큼이나 다채로운 세계"(99)이며, "맘대로 들어갔다 나올 수 있는 기억"(96)을 소유하게 된 자신은 "고대의 묘지 내부에 들어온 고고학자"(100)와 마찬가지라는 것이다. 뿐만 아니라 토비는 맥스의 내면을 담은 저널을 몰래 작성하고 맥스에게는 "그가 탐험한 내용의 본질을 감추기 위해 거짓으로 꾸며낸"(100) 가짜노트를 보여주어서 그를 안심시킬 정도로 거짓과 사기를 서슴지 않는 위인이며, 처제 엘리자베스(Elizabeth)를 임신시키고도 책임을 회피하는 비열한이다. 엘리자베스가 임신했다는 사실을 알게 된 후 그의 최대 고민은 처제의 건강이나 부인의 생각 등 가족의 안위에 대한 것이 아니다. "그가 부인을 배반하고 어린 처제를 망쳐놓았다는 사실이 널리 알려지면 등에 그의 이름이 박힌 책에 도대체 누가 손이라도 대려하겠는가"(215) 하는 문제를 고민하는 토비는 인간에 대한 기본적 예의조차 결여하고 있는 무례한일 따름인바, 성은애 교수의 지적대로 "오츠의 됨됨이가 맥스보다 그리 나을 것도 없다는 점에서 실제로 절도나 살인의 범죄를 저지르는 범죄자와 그것을 텍스트로 만들어 돈을 버는 작가 오츠와의 사이는 그렇게 멀지 않음이"(74) 드러난다.

이 작품에서 그 품성이나 됨됨이가 죄를 짓고 식민지로 유배된 죄수에 못지않은 것으로 드러나는 인물이 토비만은 아니다. 맥스의 주인인 퍼씨 버클은 머씨 라킨(Mercy Larkin)이라는 하녀를 정부(情婦)

로 두고 있는데, 머씨가 맥스의 탄탄한 가슴과 두꺼운 입술 등 원시적 에너지에 매료되어서 그에게 관심을 보이자 걷잡을 수 없는 질투심에 사로잡힌다. 질투에 눈이 먼 그는 맥스의 귀환과 출현을 현실로 받아들일 수 없는 핍스에게 변호사 메익피스(Makepeace)를 통해 판례 하나를 알려주는데, 그 판례에 의하면 맥스가 핍스의 집에 들어오는 경우, 핍스가 그를 강도로 알고 쏘아죽여도 "자신의 집을 지키는 데 합리적인 힘은 사용"(323) 가능한 것이므로 무죄라는 것이다. 문학예술을 후원하는 존경받는 신사 버클이 핍스에게 권총을 주면서 맥스를 쏘아죽이도록 '교사'하는 것이다.

메익피스의 설명을 통해 '자극'을 받은 핍스가 총을 발사하는 바로 "그 순간에"(353) 엘리자베스는 언니가 가져온 낙태약을 먹고 엄청난 하혈 끝에 사망한다. 토비는 처제의 시체를 침대보로 싸서 화장한 후, 이 모든 재앙이 맥스 탓이라며 "그에게 모든 비난을"(355) 퍼붓고 그를 저주한다. 영국 최고의 작가가 되려는 야망에 불타던 그가 인간으로서의 도리 및 가장으로서의 책임은 이행하기는커녕 영국인의 도덕적 타락을 보여주는 살아있는 징표가 되는 것이다. 토비의 부인 메어리(Mary Oates) 역시도 결과적으로 남편과 '공모'하여 동생을 죽음에 이르게 하는 장본인이지만 겉보기로는 '가정의 천사'이고 빅토리아조의 현모양처이다. 케어리의 『잭 맥스』는 도대체 누가 범죄자이고 누가 범죄자의 영혼을 갖고 있는가, 하는 물음을 제기한다.

전체적으로 보아서 『잭 맥스』는 영국 사회의 범죄성과 사기성, 영국인들의 속물성과 비열성에 대해 『막대한 유산』보다 훨씬 더 신랄하며 비판적이라고 할 수 있다. 토비와 버클의 됨됨이는 바로 앞에서 살펴본 대로이고, 이제 핍스의 경우를 검토해보자. 핍스는 맥스 소유의 런던 저택에 거주하면서 맥스가 식민지에서 보내주는 돈에 의지하여 술과 마약에 찌든 호화롭고 방탕한 생활을 이어간다. 런던에서 신사

수업을 받던 핍이 보여주는 방탕과 타락의 극치를 구현하는 핍스는, 핍이 매그위치의 귀환 이후 잠시 혐오의 감정에 시달리지만 곧바로 그를 수용하고 일체감을 느끼는 데 비해, 은인의 정체를 알게 된 후 조금의 동정이나 공감도 없이 심지어는 자신의 그간 생활에 대해 반성이나 가책도 없이 맥스를 피해 아예 숨어버린다. 식민지에서 흘러 들어온 돈으로 풍족한 일상을 살아가는 영국 중산층의 삶을 대표하는 핍스는 핍에 비할 때 형편없이 구제불능인 것이다.

> 『잭 맥스』는 핍스가 맥스를 이해하고 포용하도록 만드는 대신, 식민지에서 축적된 부가 영국으로 흘러들어와 어떤 결과를 낳는가에 초점을 맞춘다. 영국 사회는 암적인 존재였던 맥스를 오스트레일리아로 추방했지만, 그들이 추방한 범죄자는 식민지에서 돈을 벌어 본국으로 보내고, 그렇게 본국으로 보내진 돈은 방탕한 신사의 일상을 유지시키느라 소모된다. 식민지의 부를 착취한 영국 중산층을 대표하는 핍스의 일상이 그렇게 건전하거나 바람직하게 그려지지 않는 것은 물론이고, 핍의 경우보다 더욱더 구제불능으로 그려지는 것이다. (성은애 78-79)

버클의 사주를 받은 핍스가 맥스를 행해 총을 발사하면서 둘 사이의 그리고 식민지와 식민모국의 화해는 결정적으로 불가능하게 된다. 식민지와 식민모국의 관계에 대한 디킨즈와 케어리의 생각이 갈라지는 지점이 바로 둘 사이에 '화해'의 가능성이 존재하느냐에 대한 관점의 차이인바, 『잭 맥스』의 핍스가 맥스를 끝끝내 거부하는 반면 『막대한 유산』의 핍은 범죄자 매그위치와의 관계를 밝히는 데 꺼려함이 없다. 매그위치가 체포되어서 런던으로 압송되어 올 때, 그 옆에 앉아 있던 핍은 매그위치를 더 이상 "혐오감"(456)으로 대하지 않는다. 핍에게 매그위치는 "나의 은인이 되고자 했던 사람으로, 그리고 여러 해 동안 한결같이 내게 크고 너그러운 애정을 간직했던 사람으로 보일 뿐"(456-57)인 것이다.

맥스는 자신이 "그 종족" 즉 "오스트레일리아인"(340)이 아니며 자신은 "틀림없는 **영국인**"(140-41. 강조는 원저자)이라는 사실을 거듭 강조하지만 식민본국은 식민지로 추방했던 타자를 다시 받아들이지 않는다. 핍스의 '버림'을 받은 맥스는 이제 자살이나 오스트레일리아로의 역귀향, 둘 중의 하나를 택할 수밖에 없는 처지로 내몰리는데, 작품에서 맥스는 머씨와 함께 런던을 탈출하여 식민지에 돌아오는 것으로 그려진다. "영국으로부터 정서적으로 독립한 오스트레일리아인으로서의 정체성을 형성하는 것이 유일한 선택"(성은애 76)이 된 맥스는 머씨와의 사이에 자식을 다섯이나 낳고—그에게는 런던으로 귀환하기 전에 이미 딕(Dick)과 존(John)이라는 아이가 있었다—제재소, 철물점, 술집으로 사업 영역을 확장하며, 주지사를 두 차례나 역임하는 등 일가를 이루어 번성하는 모습을 보여준다.

케어리의 맥스가 오스트레일리아에 최종적으로 정착하고 그곳에서 누리는 번영과 행복은 디킨즈의 매그위치가 맞이하는 운명과는 분명 다른 것이다. 그러나 결말부의 서술이 두 페이지에도 못 미칠 정도로 소략하다는 점과 런던 묘사의 압도적인 비중을 동시에 고려하면, 마지막의 해피엔딩이 실은 불가능한 것이라는 사실, 즉 중심부를 떠나서 주변부에 새로운 '기원'을 만드는 것이 실제로는 불가능하다는 사실을 시사하는 것일지 모른다(Meinig 65). 전체적으로 『잭 맥스』는 메트로폴리스의 헤게모니에 의문을 제기하도록 만드는 요소들이 『막대한 유산』에 비해 풍부하고, 식민지 출신의 타자에 대한 본국인들의 편견과 차별을 구체적으로 짚어주고 있지만, 식민모국과 식민지의 관계, 그리고 19세기 영국 사회의 실상에 대해 『막대한 유산』과 비교해서 본질적으로 새로운 물음을 던지고 있다고 판단할 수는 없을 듯하다.

『잭 맥스』의 '한계'에 대한 우리의 판단은 케어리의 작품에 오스트레일리아 원주민의 시선이 끝내 보이지 않는다는 사실에 의해 결정적으로 뒷받침된다. 맥스가 영국의 타자로서 받는 억압과 설움은 절절히 표현되고 있지만 맥스가 식민지에서 부를 축적하는 과정에 그의 '도구'로 동원되어 소외되고 착취당하는 오스트레일리아 원주민의 시선은 작품에 끝끝내 부재하는 것이다. 이는 "뉴 싸우스 웨일즈의 빌어먹을 장미가 되느니 여기 영국에서 악취를 풍기며 살겠다"(250)고 고집하는 맥스가 영국에서 겪는 고난과 몰이해에 대한 작가의 동정이 오스트레일리아에서 맥스에 의해 억압받는 원주민의 존재에 눈 감도록 유도했기 때문일지 모른다. (영국의 "외적 타자"[8])에 대한 의식이 부족하기로는 누넌의 『매그위치』가 『잭 맥스』보다 더하면 더했지 덜하지는 않다. 이는 누넌의 작품이 매그위치가 오스트레일리아에서 겪은 바를 추적하는 내용이 주를 이룬다는 점에 비추어보면 각별한 약점이라고 할 수 있겠다. 실제 『매그위치』에는 헨리(Henry)라는 원주민이 등장하고 매그위치의 딸인 샬롯의 생모로 원주민 흑인여성의 존재가 암시되지만 이들의 시선이 작품에 도입되지 않을 뿐 아니라 이들의 존재가 작품 진행에 영향을 미치는 바도 전무하다). 『잭 맥스』와 『막대한 유산』에서 드러나는 타자의 문제를 중심으로 볼 때 " '백인'만의 정체성을 말하는 것이라는 점에서 케어리의 개작이 『막대한 유산』에 대한 완전한 탈식민주의적 극복으로는 부족한 점이 있음을 지적"(성은애 84) 할 수밖에 없다. 이는 타자의 시선을 제대로 수용하는 일의 지난함에서 비롯하는바, 타자를 배제하고 억압하는 방식을 통해 주체를 구성해온 서구 근대의 틀에 갇혀서는 해결하기 어려운 문제일지 모른다. 결국, 『잭 맥스』는 영국 사회의 누추함과 추악함에 대해 예민한 의식을 보여주고, 오스트레일리아로 유배된 죄수의 존재가 정면에서 다루어지

8) 영국 내의 소외계층을 "내적 타자"로, 영국 식민지의 원주민을 "외적 타자"로 구분하고 디킨즈의 작품에 "외적 타자"에 대한 이해가 부족하다는 사실을 지적한 글로는 박상기 549-69면 참조.

지만, 오스트레일리아에 살던 원주민의 시선이 부재하는 관계로 본질적으로 새로운 시각을 던지는 데 실패했다고 판단해야 할 것이다.

4. 마무리에 대신하여

지금까지 우리는 디킨즈의 『막대한 유산』이 근대적 주체의 형성을 둘러싼 대표적 논점을 검토하기에 적합하다는 생각에서 출발하여 핍의 성장과 성숙 여부 및 주체의 구성에 대한 대표적인 논점을 검토하고, 서구중심주의를 비판하며 나타난 탈식민주의 입장에서 『막대한 유산』을 다시 읽고 있는 케어리의 『잭 맥스』와 누넌의 『매그위치』를 디킨즈의 작품과 비교하여 살펴보았다. 주체의 자율성과 자립성을 강조하는 휴머니즘적 관점에 의하면 외부적 힘과의 상호작용 속에서 이루어지는 주체의 변화는 생각하기 어려우며, 주체의 구성성과 환경의 결정성을 강조하는 탈구조주의적 입장에 의하면 환경과 언어의 압력을 이겨내고 성장하는 주체는 존재할 수 없는바, 이는 『막대한 유산』에서 핍이 달성하는 개인적인 깨우침과 성장의 면면이 역사적이고 사회적인 의미를 지니면서 전달하는 생생한 감동을 포착하기에 부적합하다는 점을 알 수 있었다. 또한 탈근대적 주체 비판에 의하면 이제까지의 대세를 반복할 따름이지 새롭고 창의적인 주체는 성립할 수 없는 고로, 서구 근대를 극복할 수 있는 전지구적 주체가 필요하며 이를 위해서는 근대가 배제하고 억압했던 타자의 문제에 주목해야 한다는 점을 지적하였다. 그러나 전지구적 차원에서 의미를 지닐 수 있는 타자의 시선을 작품에 도입하는 것은 서구가 주도하는 근대의 역사가 지속하는 한 지난한 일로 보인다. 이는 서구의 타자로만 존재하던 오스트레일리아의 정체성 확립을 근대의 문제에 대한 '대안'이자 '결론'

으로 제시하는 『잭 맥스』가 정작 오스트레일리아 원주민은 작품에서 철저하게 억압하고 배제하고 있다는 점에서 단적으로 드러난다.

손쉬운 해답이 보이지 않는 상황이라면 오히려 문제의 '처음'으로 돌아가 핍의 성취에 주목할 필요가 있다. 『막대한 유산』의 핍은 빅토리아조의 신사 유형 중 이상적인 모습에 근접한 허버트에 비해도 여러모로 나은 측면을 지니고 있다. 그는 허버트가 지니지 못한 시골생활과 육체노동의 경험을 거쳤고, 인류역사의 다양한 세계를 포괄할 수 있는 "시골과 도회지, 전근대와 근대, 하층생활과 상층생활의 경험"(장남수 2004, 252)까지 소화하고 있는 인물로서,[9] 서구 근대가 산출할 수 있는 최상의 주체에 근접한 인물인 것이다. 식민지의 역사를 포함하는 전지구적 관점에서 보자면 이러한 핍도 타자의 고민과 고통을 수용하고 이해하는 데는 일정한 한계를 보이는 게 사실이지만, 근대세계에서 웨믹이 확보한 해결책이 고작 월워스의 사적인 세계로 도피하는 것임에 비추어 볼 때, 핍이 이질적인 여러 '세계'를 소화하고 도달한 지점은 희귀하다면 희귀한 성취에 해당한다고 할 수 있을 듯하다.

핍의 성취를 일부 급진적인 탈식민주의에서의 근대 비판과 역으로 비교해 보면 우리는 서구의 경험을 무조건적으로 비판하고 부정하는 것이 능사는 아니라는 '결론 아닌 결론'에 도달한다. 서구의 근대가 도달한 지점을 전면적으로 부정하기보다 근대의 소중한 성취는 그것대로 인정한 바탕 위에서 전지구적 시각을 갖추고 문제를 풀어나갈 필요가 절실하다는 점을 19세기 영국 작가 디킨즈는 오늘날의 우리에게 말하고 있는 것이다.

---

9) 핍은 『막대한 유산』에 등장하는 어느 누구보다도 타인의 처지를 이해하는 폭이 넓은 인물이다. 예컨대 28장에서 마차에 동행하게 된 죄수에 대해 허버트는 일방적인 혐오감만을 보이는 반면, 핍은 혐오와 동정이 뒤섞인 복합적인 시선을 던진다. 이해의 폭과 상상력에서 핍과 허버트의 차이에 대해서는 Q. D. Leavis 383면 참조.

인용문헌

박상기. 「타자의 역사성: 『위대한 유산』에 나타난 계급, 성, 인종의 담론」. 『영어영문학』 47-2(2001): 549-69.

백낙청. 「디킨즈 소설 속의 빅토리아조 신사」. 『19세기영국소설 연구』. 한국영어영문학회 편. 서울: 민음사, 1981.

변형택. 「찰스 디킨즈의 『위대한 유산』에 대한 두 편의 영화적 접근」. 『현대영미어문학』 24-2(2006): 55-68.

성은애. 「매그위치의 귀환: 『막대한 유산』과 『잭 맥스』」. 『안과밖』 16호(2004): 65-86.

윤효녕 외. 『주체 개념의 비판: 데리다, 라캉, 알튀세, 푸코』. 서울: 서울대학교출판부, 1999.

장남수. 「디킨즈 소설을 통해 본 근대적 주체의 분열과 복제」. 『현대영미어문학』 25-3(2007): 1-17.

___. 「디킨즈의 『막대한 유산』: 개인과 사회의 변증법」. 『안과밖』 16호(2004): 232-52.

Carey, Peter. *Jack Maggs*. New York: Vintage Books, 1997.

Clayton, Jay. *Charles Dickens in Cyberspace*. Oxford: Oxford UP, 2003.

Dickens, Charles. *Great Expectations*. Ed. and Intro. Angus Calder. Harmondsworth: Penguin, 1965.

Dussel, Enrique. "Beyond Eurocentrism: The World-System and the Limits of Modernity." *The Cultures of Globalization*. Ed. Fredric Jameson and Masao Miyoshi. Durham and London: Duke UP, 1998.

Hartog, Dirk den. *Dickens and Romantic Psychology*. Basingstoke: Macmillan, 1987.

Ho, Elizabeth. "Peter Carey's *Jack Maggs* and the Trauma of Convictism." *Antipodes* 17-2 (2003): 124-32.

Holt, Shari Hodges. "Dickens from a Postmodern Perspective." *Dickens Studies Annual* 38 (2007): 69-92.

Jordan, John O. "Dickens and Diaspora." *Dickens, Europe and the New Worlds*. Ed. Anny Sadrin. Basingstoke and London: Macmillan, 1999.

Leavis, Q. D. "How We Must Read *Great Expectations*." *Dickens the Novelist*. F. R. and Q. D. Leavis. Harmondsworth: Penguin, 1972.

Meinig, Sigrun. "An Australian Convict in the Great English City: Peter Carey's *Jack Maggs*." *Southerly* 60-3 (2000): 57-65.

Moore, Grace. *Dickens and Empire: Discourses of Class, Race and Colonialism in the Works of Charles Dickens*. London: Ashgate, 2004.

Mukherjee, Ankhi. "Missed Encounters: Repetition, Rewriting, and Contemporary Returns to Charles Dickens's *Great Expectations*." *Contemporary Literature* 46-1 (2005): 108-33.

Noonan, Michael. *Magwitch*. London and Sydney: Hodder and Stoughton, 1982.

Porter, Roy. "Introduction." *Rewriting the Self: Histories from the Renaissance to the Present*. Ed. Roy Porter. London and New York: Routledge, 1997.

Pykett, Lyn. *Charles Dickens*. London: Palgrave, 2002.

Said, Edward W. *Culture and Imperialism*. New York: Vintage Books, 1993.

Stange, G. Robert. "Expectations Well Lost: Dickens' Fable for His Time." *The Dickens Critics*. Ed. George H. Ford and Lauriat Lane, jr. Ithaca: Cornell UP, 1961.

Tambling, Jeremy. *Dickens, Violence and the Modern State*. Basingstoke and London: Macmillan, 1995.

Waters, Catherine. *Dickens and the Politics of the Family*. Cambridge: Cambridge UP, 1997.

❖

역사소설로서의 성취:
『두 도시 이야기』

—

1. 서론

디킨즈의 『두 도시 이야기』(*A Tale of Two Cities*, 1859)는[1] 1850, 60년대에 출판된 그의 다른 대표작들과 비교해서 독특한 면을 지니고 있다. 일차적으로 이는 작품의 성격이 프랑스혁명을 소재로 하는 역사소설이라는 사실에서 비롯하는바, 독자로서는 『두 도시』 전후로 발표된 『작은 도릿』(*Little Dorrit*, 1855-57) 『막대한 유산』(*Great Expectations*, 1860-61)과 같은 걸작에서 동시대 영국, 특히 런던에서의 삶을 기록하고 평가하였던 디킨즈가 갑자기 다른 나라의 수도인 빠리에, 그것도 혁명이 일어났던 이전 세기에 주목하게 된 작가적 관심의 변화에 어리둥절하기 십상인 것이다. 비평가들 역시 이러한 돌발성 내지 특이성이 '불편'하기는 마찬가지였고 이는 『두 도시』가 지닌 작품으로서의 약점과 합해져서,[2] 이 작품이 상대적인 의미에서 비평적 소외를 겪는 원인으로 작용하기

1) 이하 『두 도시』로 약칭함.
2) 예를 들면, 그로스(Gross)는 "사회적 밀도의 부족"(196)을, 골드(Gold)는 "비통일성과 인위성"(232)을, 그리고 엥겔(Engel)은 지나친 목적의식과 그로 인한 피상성(171)을 비판하였다.

도 하였다. 『두 도시』가 디킨즈의 다른 작품에 비해 작가 특유의 유머와 인물의 다양성이 부족하다는 점은 거의 모든 평자가 동의하는 사항인데, 1871년 올리펀트(Margaret Oliphant)는 『두 도시』가 디킨즈적인 특징이 거의 없어서 다른 사람이 쓴 것인지도 모른다고 했을 정도이다(Glancy 13). 비평가들의 소극적인 평가와는 달리 『두 도시』가 연재되던 빅토리아조 당대부터 오늘날에 이르기까지 많은 독자들이 이 작품을 즐겨 읽는다는 점은 특이하다면 특이한 현상이라고 하겠다.[3)]

작가로서의 창조력이 최고로 왕성하던 시기의 디킨즈가 시선을 당대의 영국에서 혁명기의 프랑스로 돌리게 된 까닭을 오늘날의 우리가 정확히 밝힐 수는 없을 것이다. 그러나 『두 도시』가 혁명을 소재로 삼고 있다는 점에 주목하면 동시대 영국의 갈등 상황이 혁명에 준하는 비상사태로 비등하고 있다는 우려, 그리고 프랑스의 예를 통해 빅토리아조의 영국에 경고를 하고자 하는 목적의식이 이 작품을 구상하는 데 일정 정도 작용했으리라는 점은 짐작하기 어렵지 않다. 1855년, 디킨즈는 대중이 의회개혁으로부터 소외된 결과로 생겨나는 불만이 혁명으로 폭발할 가능성에 대해 심각한 걱정을 표명한 바 있으며[4)] 그의 또 다른 대표작 『블리크 하우스』(*Bleak House*, 1852-53)에서는 대법관(Lord Chancellor)이라는 별명을 가진 크룩(Krook)이 자연소사(spontaneous

---

3) 디킨즈는 1850년부터 『매일 쓰는 말들』(*Household Words*)이라는 잡지를 책임 편집했는데 출판업자와의 불화 끝에 1859년 동 잡지를 폐간하고, 같은 해에 출판사를 챕먼 앤 홀(Chapman and Hall)로 바꾸어서 『일 년 내내』(*All the Year Round*)라는 잡지를 새로 발행하였다. 이때 디킨즈는 갓 시작한 잡지의 대중성을 높이기 위해 소설 『두 도시』를 『일 년 내내』의 첫 호가 발간된 1859년 4월 30일부터 11월 26일까지 매주 연재하였으며, 동 잡지가 10여만부 이상씩 판매되었던 데 비해 직전의 『매일 쓰는 말들』은 4만부 정도가 팔렸다(Schlicke 563-64).

4) 예컨대, 1855년 4월 10일 레이야드(Austen Henry Layard)에게 보낸 편지의 다음 대목 참조. "나는 불만이 공개적으로 타오르지 않고 속으로 내연하는 것이 더 위험하다고, 그것은 혁명이 발발하기 직전에 프랑스 대중의 마음상태와 대단히 유사하다고 생각합니다"(*Letters* 651-52).

combustion)해서 흔적도 없이 사라지는 예화를 통해 혁명의 폭발에 대한 암시를 작품에 풀어놓기도 하였다. 브라운(James M. Brown)은 빅토리아조 중기 사회에 대한 디킨즈의 상상적 분석은 "체제 전체에 걸친 전반적 부패의 필연적 결과로서 … 혁명이 발발할 위험성을 암시한다"(115-16)라고 지적하였다.

디킨즈가 『두 도시』에서 과거의 사건에 관심을 집중하고 있지만 사회를 바라보는 관점 자체가 빅토리아조의 영국사회를 관찰하는 1850, 60년대의 작품과 달라진 것은 아니다. 다른 후기작들과 마찬가지로 이 작품에도 사회를 감옥, 죽음, 범죄 등의 관점에서 바라보고 이를 통해 동시대의 문명에 대한 포괄적 검토를 행하는 차원이 실재하기 때문이다. 마네트(Manette) 의사를 포함하여 『두 도시』의 많은 인물이 실제의 또는 상상의 감옥에 갇혀 있는 것은 감옥이 중심주제로 등장하는 『작은 도릿』뿐 아니라 『막대한 유산』의 해비샴 여사(Miss Havisham)에서도 반복되는 모습이며, 『블리크 하우스』에서 빈부고하를 막론하고 사회에 퍼져나가는 전염병의 메타포는 이 작품에서도 계급을 가리지 않고 모두를 삼켜버리는 "육체의 질병"(376)과 "마음의 질병"(같은 면)으로 등장한다. 사업상의 임무를 수행할 때는 사무적이고 기계적인 모습을 보이다가도 개인적인 관계에서는 따스한 인간애를 발휘하는 식으로 공(公)과 사(私)가 '분열'된 인물 역시 『작은 도릿』의 팽스(Pancks), 이 작품의 로리(Lorry), 『막대한 유산』의 웨믹(Wemmick) 등으로 변주되면서, 디킨즈가 즐겨 다루는 현대인의 모습을 보여주게 된다. 앞으로 살펴보겠지만 카턴(Sydney Carton)이라는 등장인물 역시, 『데이빗 커퍼필드』(*David Copperfield*, 1849-50)의 스티어포스(Steerforth), 『어려운 시절』(*Hard Times*, 1854)의 하트하우스(Harthouse), 『작은 도릿』의 가원(Gowan), 『우리 둘 다 아는 친구』(*Our Mutual Friend*, 1864-65)의 레이번(Wrayburn) 등과 함께 디킨즈 작품에서 흔히 만날 수 있는 "교양 있는 부랑자"(Gross

189)의 계보를 잇고 있다. 독자로서는 『두 도시』가 디킨즈의 다른 작품과 본질적으로 상이한 사회관을 보여주는 것은 아니지만, 지배층이 각성하고 사회가 근본적으로 바뀌지 않으면 영국이 혁명기 프랑스와 같은 혼란과 어둠을 반복할 가능성을 우려하고, 이에 대해 경고하려는 의도로 이 작품을 구상하였다고 이해할 수 있을 듯하다.

『두 도시』가 혁명이라는 역사적 사건을 다루는 작품인 만큼 역사소설로서의 성취에 대한 평가가 이 작품 비평에서 우선적인 관심의 대상이 되는 것은 당연한 일이다. 본고에서는 마네트 부녀, 다네(Charles Darnay), 카턴을 비롯한 주인공들의 삶과 혁명이라는 시대적 격변 사이에 유기적 연관이 존재하는 것인지, 민중이 주도하는 혁명의 모습을 충실히 전달하기에는 중산층 작가로서 디킨즈의 한계가 작용하는 게 아닌지, 시대적 격변에 휩싸인 사람들의 삶에 대한 검토가 얼마나 구체적으로 이루어지고 있는지, 폭력을 수반한 혁명이라는 공적 사건과 자기희생적 사랑이라는 사적 이야기가 하나로 엮이는 것인지, 카턴의 자기희생을 어떻게 이해할 것인지 등의 몇 가지 비평적 쟁점을 검토하고, 이를 통해 『두 도시』의 성취에 대한 평가를 시도하고자 한다.

2. 혁명과 인간

『두 도시』를 시작하는 첫 문단은 특정 시대를 대하는 상반되는 관점을 연속적으로 제시한다.

> 그 시대는 모든 시대를 통틀어 가장 좋은 시대이자 가장 나쁜 시대였고, 지혜의 시대이자 어리석음의 시대였으며, 믿음의 시대이자 불신의 시대였고, 빛의 시기이자 어둠의 시기였으며, 희망의 봄이자 절망의 겨

울이었다. 모든 것을 갖고 있는가 하면 아무것도 갖고 있지 못했고, 천국을 향해 곧장 가는가 하면 반대 방향으로 곧장 가기도 했다. 요컨대 그 시대는 현재와 아주 흡사해서 당시의 가장 시끄러운 몇몇 권위자들은 그 시대가 좋은 뜻으로든 나쁜 뜻으로든 최상급으로 견주어야만 이해할 수 있는 시대라고 강조했다.

It was the best of times, it was the worst of times, it was the age of wisdom, it was the age of foolishness, it was the epoch of belief, it was the epoch of incredulity, it was the season of Light, it was the season of Darkness, it was the spring of hope, it was the winter of despair, we had everything before us, we had nothing before us, we were all going direct to Heaven, we were all going the other way—in short, the period was so far like the present period, that some of its noisiest authorities insisted on its being received, for good or for evil, in the superlative degree of comparison only. (35)

인용문에서 보이는 대립 쌍은 자신의 시대를 포함하여 어떤 시대이든 객관적으로 이해하는 것이 쉽지 않다는 작가의 의식을 반영한다(Marcus 25). 귀족의 입장에서는 혁명 전의 프랑스가 최선의 시대였겠지만 일반 대중에게는 최악의 시대였던 것이고, 혁명에 이념을 제공한 계몽사상가들의 입장에서 보자면 혁명은 시대의 어둠에 빛을 던지는 희망의 봄이었겠지만 기요띤에서 목숨을 잃은 루이 16세와 왕비의 입장에서는 절망의 겨울이었던 것이다. 작품 서두의 서술을 통해 프랑스 혁명기를 다루는 자신의 작품이 시대에 대한 객관적이고 투명한 인식을 제공하는 것인지에 대해 조심스러워하던 작가는 연이어서 빗속에 멀리 지나가는 수도승 행렬에게 무릎을 꿇고 경의를 표하지 않았다는 이유로 두 손이 잘리고 혀를 뽑히고 산 채로 화형에 처해진 프랑스 젊은이의 사정과 치안이 부재하여 강도가 들끓고 법정에서도 정의가 행해지지 않는 영국의 상황을 병치시킨다. 프랑스 쪽 사정에 의하면 지배질서에 대한 대중의 반란은 정당한 것인 반면, 영국 쪽 사정에 의하면 무정부상태의 혼란을 통제하기 위해 어떠한 형태이든 질서가 필요하지만 그 질서는 억압적이고 자의적인 것에 불과하다. 앞으로 살펴보겠지만, 대중의 반란을 정당화하는 태도와 그것을 불온시하면서 억압적이라도 질서를 요구하는 모순된 감정이 『두 도시』를 관류하면서 작품의 애매성을 배가시키는 것으로 보인다.

루카치(Georg Lukács)는 역사소설의 목표가 "서사형식을 통해 사회생활을 그것이 현재이든 과거이든 그 총체적 맥락을 제시하는 것"(290)이라고 설명한다. 이때는 묘사되는 사건뿐 아니라 그 사건을 겪어나가고 그 과정을 통해 자기 자신도 변화하면서 사건의 행로에 영향을 미치기도 하는 인물들의 삶을 온전히 제시하는 것이 중요한 일이 될 터인데, 루카치가 『두 도시』를 유보적으로 평가하는 것은 이 작품이 역사소설의 '목표'에 미달한다고 판단하기 때문이다. 디킨즈는 등장인물들이 겪는 삶의 문제와 프랑스혁명의 사건들 사이의 연관성을 약화시키고 후자를 "로맨스적 배경"(Lukács 292)으로 축소시킨다는 것이다.

> 시대의 격변은 인간적이고 도덕적인 자질을 드러내는 구실로 사용된다. 하지만 마네트 부녀의 운명이나 다네-에브레몽드의 운명, 특히 씨드니 카턴의 운명이 시대와 그 사회적 사건들로부터 유기적으로 생겨나는 것은 아니다.
>
> The turbulence of the times is used as a pretext for revealing human-moral qualities. But neither the fate of Manette and his daughter, nor of Darnay-Evrémonde, and least of all of Sidney Carton, grows organically out of the age and its social events. (같은 글, 같은 면)

그러나 『두 도시』의 모든 사건을 일으키는 한복판에 후작(Marquis)의 만행과 거기에서 비롯하는 사람들 삶의 굴곡이 위치하고 있다는 점을 생각하면 인물들의 삶과 혁명이 별개로 분리되어 있으며 후자는 단순한 배경으로 축소되고 있다고 생각할 수는 없을 듯하다. 작중 인물들을 혁명의 소용돌이에 빠뜨리는 시초의 사건은, (다네를 재판하는 혁명법정에 제출된) 마네트 의사의 "고소장"(348)에 나오는 에브레몽드(Evrémonde) 후작 형제의 잔인한 행위이다.5) 이 문서에 의하면 에브레몽드 후작은 미모의 소작여성에게 흑심을 품고, 그녀의 병약한 남편을 죽게 만든 후 그녀를 강간하였을 뿐 아니라 복수를 위해 덤벼든 남동생은 칼로 찔러 죽였다. 이들 소작인 가족이 몰살당하기 전에 시골에 숨겨둔 단 하나의 혈육이 복수심에 불타서 혁명을 지휘하고 있는 드파르주(Defarge) 부인인 것이다. 전후사를 알게 된 마네트 의사는 형제의 잔인한 행위를 고발하는 투서를 작성하였다가 바스띠유 감옥에 18년 동안 갇히게 되었고, (감옥에서 새로 작성한) 후작 형제와 그들 자손들의 '죄상'을 후세대에 고발하는 문서가 감옥이 함락되던 날에 드파르주에 의해 발견되어서, 에브레몽드 가문의 후예인 다네의 죄를 고발하는 증거로 법정에 제출된 것이다. 결국, 소작인 가족에 대한 후작의 잔인한 행위가 없었다면 마네트 의사의 수난도 없었을 것이고, 후작 가문의 죄상을 후대에 고발하는 마네트 의사의 "고발장"이 없었다면 다네가 사형을 선고 받는 일도 없었을 것이며(따라서 다네를 구하기 위한 카턴의 자기희생도 불필요했을 것이고), 더 나아가 드파르주 부부의 복수심도 그리고 이들 부부가 주도하는 혁명도 일어나지 않았을 것이라는 식의 사실관계가 성립할 수 있다.

5) 다네는 영국으로 망명한 프랑스인이고 에브레몽드 후작 형제는 그의 부친과 삼촌이다. 그는 부친 세대의 잔인성과 야만성에 반발해서 가문과 재산, 조국을 버리고 망명했는데, 혁명이 일어난 후 옛 하인을 구명하기 위해 귀국했다가 체포되어 재판정에 서게 된 것이다. 혁명법정에서 조국을 버린 '반역죄'에 대해서는, 장인인 마네트 의사 덕에 무죄가 선고되었으나 장인이 예전에 작성했던 "고소장"이 법정에 제출되면서, 석방되었던 날에 다시 체포되어 재판을 받고, "24시간 이내에"(362) 사형에 처하라는 선고를 받는다.

플롯을 통해 확인할 수 있는 혁명이라는 공적인 사건과 등장인물들의 사적인 삶의 연관성에 대한 의식은 후작의 생각과 언어에서도 잘 드러난다. 2권 9장에서 후작은 오랜만에 자신을 찾아온 조카 다네와 대화를 나눈다. 그는 귀족이 "주위의 아랫것들에게 행사하는 생사여탈권"(153)을 포함하여 "많은 특권"(같은 면)을 상실하였고 "프랑스가 모든 면에서 나빠지고 있다"(152)고 불만을 표하며, 모든 것이 "새로운 철학"(153) 때문이라는 의견을 피력한다. 다네가 귀족의 특권이란 "낭비와 실수, 착취와 부채, 저당과 억압, 굶주림과 결핍, 그리고 고통으로 이루어진 무너져가는 탑"(155)에 불과한 것이며, 자신은 모든 특권을 포기하고 영국에서 열심히 일을 하며 살겠다고 하자 후작은 다시 "새로운 철학"(같은 면)을 거론한다. 후작이 지목하는 "새로운 철학"이 프랑스혁명을 추동한 자유·평등·박애의 이념을 의미한다는 것은 자명한데, 둘의 대화는 후작이 저지른 강간과 살해, 마네트 부녀에 대한 언급으로 이어진다(154-56). 프랑스혁명을 불러온 새로운 사상과 봉건지배세력의 특권 및 그로 인한 평민들의 고통은 이 '대화' 속에서도 하나로 연결되어 존재하는 것이다.

허터(Albert D. Hutter)는 부자간의 상징적 갈등이라는 각도에서 『두 도시』를 읽는다. 그에 의하면 작품에는 "자식 살해와 부친 살해"(42)의 암시가 공존하는바, 전자는 후작이 다네와의 대화중에 인정한 대로 그가 예전에 조카의 죽음을 욕망하고 그것이 이루어지도록 하기 위해 모종의 조치를 취한 적이 있었다는 사실을, 후자는 좀 더 은밀하지만 다네가 삼촌의 갑작스런 죽음을 상상한다는 사실을 지칭한다. 후작이 소작인 남매를 강간하고 살해하는 행위나 귀족계급일반이 하층민에게 행사하는 잔인성이 '자식 살해'의 상징에 닿아 있다면, 강간당한 여성의 남동생이 칼을 들고 후작에게 도전했던 행위나 민중이 지배자에게 대항하여 봉기하고 결국 국왕을 시해한 사건은 '부친 살해'의 상징인 것이다. 아들이 후작의 마차에 치어죽은 가스파르(Gaspard)가 후작을 살해한 후 "부친 살해"(200)의 죄로 교수형에 처해지는 사건 진행은, 가족을 중심으로 이루어지는 사적인 사건과 최고의 '부친 살해'라고 할 국왕시해로 치닫는 공적인 사건이 부자간의 상징적 갈등이라는 주제를 통해 상호 연결되어 있는 것임을 보여준다고 하겠다.

디킨즈는『두 도시』전편에 걸쳐 혁명의 진행 과정에 나타나는 파괴와 유혈의 참상을 반복적으로 보여준다. 그렇다고 해서 그가 비극의 책임을 혁명을 일으키고 혁명에 참여한 사람들에게 묻고 있는 것은 아니다. 봉건귀족의 잘못된 통치가 혁명을 낳았고 유사한 잘못이 반복된다면 동일한 비극이 또다시 일어날 수밖에 없다는 생각이 분명하기 때문이다. 작가는 혁명을 낳은 원인 자체를 없애서 혁명을 예방해야한다는 생각인바 이는 그가 현재의 영국에서 과거의 프랑스로 시선을 돌린 이유와 맥이 닿아 있다고 할 수 있겠다. 오웰(George Orwell)은 귀족의 학정이라는 "원인이 주어진다면 결과는 피할 수 없는 것이라고 디킨즈가 파악하지만 그 원인을 회피할 수도 있었다고 생각한다"(90)라고 지적한다. 즉 사악한 귀족이 없었다면 혁명도 기요띤도 피할 수 있었다는 것인데, 혁명을 피할 수 있다는 디킨즈의 생각은 혁명이 역사발전의 계기로서 지니는 필연성을 부정하는 셈이라고 오웰은 비판한다(90-92).

상황을 대하는 디킨즈의 강조점이 혁명을 예방하는 데 주어진다면 그 진행과정이나 혁명에 참여한 사람들의 생각이 작가의 주된 관심사가 되지 못하는 것은 당연한 노릇이다. 그래서인지 혁명에 참여한 사람들의 내밀한 음성은 작품 어디서도 들리지 않으며, 그들의 얼굴은 "가장 거친 야만인이 가장 야만적인 분장을 하고 있는 얼굴보다도 더 무섭고 더 잔인"(291)한 얼굴을 한 것으로 제시된다. 드파르주 부부는 복수심에 사로잡혀서 그 한을 푸는 데 골몰하며, 방장스(Vengeance), 자크(Jacque) 1, 2, 3호, 도로 수리 인부 같이 알레고리로 제시된 인물들은 자신들이 구체제의 정치적·경제적 착취에 반대하여 일어선 이유를 설명할 기회를 부여받지 못한다. 대중을 피에 굶주린 "야수"(263)로, 폭도로 파악하는 디킨즈의 관점은 영국의 올드 베일리(Old Bailey) 법정과 로저 클라이(Roger Cly)의 가짜 장례식에 모여든 군중 묘사에서부터 바스띠유 감옥을 습격하고 까르마뇰(Carmagnole) 춤을 추며 회전 숫돌에 혁명의 병장기를 갈아대는 군중 묘사에 이르기까지 변함이 없는바, 이는 『두 도시』가 "군중에 대한 중산층의 전형적인 공포"(Eagleton 157)를 담고 있는 작품이라는 인식을 심어주기에 족하다.6) 드파르주 부인은 심각한 피해의식과 증오심, 그리고 개인적 복수심에 사로잡힌 "암호랑이"(391)로 등장할 뿐이며, 혁명의 살육을 어디에선가는 결국 멈춰야 하지 않겠느냐는 드파르주의 반성적 회의(369)는 상술될 여지가 없는 것이다. 찰스 다네의 두문자(C. D.)는 작가 찰스 디킨즈와 동일한데 그는 소설에서 디킨즈의 생각을 가장 잘 대표하는 인물이라고 할 수 있다(Gross 189). 다네가 파악하는 혁명의 진행은 "나쁜 동기"(272)에 의해 "나쁜 목적"(같은 면)이 행해지고 있다는 것인바, 이는 작가 자신이 혁명에 대해 생각하는 내용과 대동소이하다. 결국, 혁명의 와중에 이유도 없이 고발되어 처형되는 불쌍한 침모(seamstress)가 마지막으로 희망하는 내용, 즉 "혁명이 가난한 사람들에게 정말 도움이 되고 그들이 덜 굶주리며 모든 면에서 덜 고통 받게 된다면 그 아이[침모의 가난한 사촌동생—인용자]도 오랫동안 살 것이고 어쩌면 늙을 때까지 살 수 있을 것"(403)이라는 희망은 작품에 묘사된 혁명의 진행에 따르면 실현될 수 없는 백일몽일 따름인 것이다.

디킨즈의 생각은 억압과 착취가 혁명을 낳지만 그것이 억압받는 사

6) 디킨즈는 『두 도시』 집필에 착수하기 직전에 아일랜드를 방문하여 광신적 종교부흥운동을 목격했었는데 이 운동과 작품의 폭력적 군중 이미지의 관련성에 대해서는 Wynne 51-64 참조.

람의 인간성도 파괴시키기 때문에, 혁명은 더 큰 야만을 낳고 또 다른 억압과 폭정으로 이어질 뿐이라는 것이다. 카턴을 포함한 52명의 사형수를 실은 여섯 대의 호송마차가 빠리 시가를 통과하여 기요띤으로 가는 장면을 보여준 후, 서술자는 다음과 같은 일반적인 진술을 시도한다.

> 비슷한 망치로 한번 더 인간성을 일그러뜨려보면 그것은 똑같이 뒤틀린 모습으로 일그러질 것이다. 탐욕스런 방자와 압제의 씨앗을 똑같이 한번 더 뿌려보면 그것은 그 종자에 따라 분명히 똑같은 열매를 맺을 것이다.

> Crush humanity out of shape once more, under similar hammers, and it will twist itself into the same tortured forms. Sow the same seed of rapacious licence and oppression over again, and it will surely yield the same fruit according to its kind. (399)

위의 인용문은 봉건귀족의 "방자와 압제"에 대한 비판 못지않게 인간성의 왜곡이 반복되는 것을 경고한 측면이 있다고 할 것인바, 『두 도시』의 디킨즈에게 혁명은 "압제에 의해 생겨났으나 결국은 언제나 자신의 앞잡이들을 집어삼키는 괴물"(Orwell 90-91)에 불과한 것인지 모른다. 결국, 디킨즈가 카턴의 자기희생을 통한 재생과 부활의 암시로 작품을 마무리하는 것은 인간성의 근본적 변화의 필요성을 강조하려는 계산에 따른 것으로 보인다.

디킨즈가 재생과 부활의 주제에 부여하는 중요성의 정도는 이것이 작품 처음부터 주도면밀하게 준비되어온 주제라는 사실에서 잘 드러난다. 프랑스로 가는 로리에게 텔슨 은행(Tellson's Bank)의 심부름꾼인 제리(Jerry)가 도버에서 여성을 기다리라는 급전을 갖고 오자, 로리는 "소생했음"(41)이라는 답변을 은행에 전달하라고 말하며, 도버 행 마차 안에서 그가 꾸는 꿈의 내용 역시 누군가를 무덤에서 꺼내는 내용이다. 마네트 의사는 바스띠유에 갇혀서 죽음과 같은 나날을 살다가 루시(Lucie)의 사랑과 헌신에 힘입어 소생하는 인물이며, 로리도 어떻게 보면 은행이 부과하는 기계적이고 사무적인 절차에 매몰되었다가 마네트 부녀와의 교제를 통해 따스한 인간으로 다시 태어난다고 할 수 있다. 다네가 프랑스와 내통했다는 대역죄로 재판을 받을 때 검사 쪽 증인으로 출석했던 로저 클라이는 이후 사람들의 추격을 피해 가짜로 장례식을 치르며, 굶주린 민중에게 먹을 것이 없으면 풀을 먹으라고 해서 그들을 격분시켰던 프랑스의 봉건귀족 풀롱(Foulon) 역시 혁명이 일어나자 군중의 분노를 피하기 위해 가짜장례식을 치르는데, (죽음을 가장했던 것에 불과하지만) 장례식에서 살아난 이들은 '죽음'에서 생환한 인물인 셈이다. 주인공 격인 다네 역시 영국과 프랑스에서 각각 죽음 일보 전까지 갔다가 구사일생으로 살아난다.

삶에 대한 냉소와 사업 내지 사무(business)라는 것에 대한 혐오가 두드러지는 카턴은 삶에 대한 진지성이나 성공에의 야망과 의지를 결여한 채 술에 취해 허송세월을 한다. 삶 전반에 대한 "고뇌와 우울 그리고 자신의 능력을 낭비하고 있다는 의식"(John 189)에서 비롯하는 원한과 자기혐오에 사로잡혀 있는 인물이 카턴인 것이다. 그러나 다네가 프랑스에서 사형에 처해질 운명에 몰리자, 카턴은 다네를 대신해 죽을 결심을 하고, 그가 수감된 감방에 들어가 옷가지와 신발 등을 "놀라울 정도로 재빠르게"(380) 바꾸어 입는다. 바사드(Barsad)를 활용하여 감방에 들어가고 다네를 대신하여 사형장의 이슬로 사라지기까지, 카턴이 보여주는 "강인한 의지와 행동력"(같은 면)은 이제까지 그가 보여준 권태와 회의의 자세와 극명하게 대조된다. 카턴이 인생에 대해 이제까지 품었던 냉소를 거두고 다네를 대신해 희생하기로 결심하는 데에는 루시에 대한 사랑이 결정적이다.[7] 루시가 다네와 결혼하

7) 디킨즈는 『두 도시』의 단행본에 붙인 서문(Preface)에서 콜린즈(Wilkie

기 전에 그녀를 찾아가서 "당신을 위해 그리고 당신이 사랑하는 사람을 위해서라면 나는 어떤 일이든 하겠습니다. … 어떤 희생이든 기꺼이 하겠습니다"(183)라고 다짐했던 자신의 '약속'을 성실히 이행하는 것이다. 죽음을 앞에 둔 카턴이 마지막으로 빠리 시내를 걸을 때, 부친의 묘비에 새겨두었던 "나는 부활이요 생명이니"(342)로 시작하는 요한복음 11장의 성경구절이 뇌리에 떠오른다. "부활과 생명"에 대한 이 구절은 이후 카턴이 다네를 대신해 실제로 처형되는 작품의 마지막 대목에 이르기까지 자주 반복되면서(343, 403 등) 사랑과 희생, 부활과 재생의 주제를 강조하는 것으로 보인다. 카턴의 희생으로 마무리되는 작품의 결말부는 혁명을 통한 정치적, 구조적 변화보다는 사랑과 용서에 근거한 개인적 변화의 필요성을 강조하는 디킨즈의 생각을 요약한다.8) 드파르주 부인이 지니고 있는 "복수로서의 정의"(Sanders xi)보다는 자비와 희생의 마음이 사회를 근본적으로 바꿀 수 있다는 것이다.

결국, 디킨즈의 『두 도시』는 혁명이라는 국가적 사건과 개인들의 삶 사이의 연관성에 대한 의식을 놓치고 있는 것은 아니지만, 혁명 자체를 대하는 부정적인 시각 탓에 사회적 격변의 한복판에 휩싸인 사람들의 모습을 구체적으로 제시하고 혁명의 의미를 탐구하는 데는 일정한 한계를 노출하는 셈이다. 또한 혁명에 대한 '대안'으로 제시되는 개인적 변화 역시 작품 전체로는 온전히 지지하기 어려운 애매성을

Collins)의 『얼어붙은 심해』(*The Frozen Deep*)라는 극을 공연할 때 "이 작품의 주된 아이디어"(29)가 처음 떠올랐다고 기록하였는데, 콜린즈의 작품 역시 사랑하는 여성의 애인을 살리기 위해 자기 목숨을 버리는 남성의 이야기를 다루고 있다.

8) 굳이 덧붙이자면, 구조적 변화와 개인적 변화를 이분법으로 나누는 것은 『작은 도릿』이나 『막대한 유산』과 같은 디킨즈의 대표작에는 적절하지 않다는 것이 필자의 판단이다. 따라서 본문의 지적은 『두 도시』에 국한되는 것으로 이해하는 편이 좋겠다.

지니는바, 다음 장에서는 카턴의 자기희생 및 부르주아적 삶에 대한 거부, 현실을 대하는 작가의 추상적 태도가 지닌 문제점 등을 검토하기로 한다.

3. 개인주의와 집단주의

카턴의 마지막 모습을 어떻게 평가할 것인가. 인생과 사업에 대한 냉소와 환멸로 시종하던 카턴이 다네를 대신하여 사형장에 가는 결말은 그의 철저한 변화와 완전한 자기희생을 증명하기에 충분한 것인가. 카턴의 최후가 일종의 자살이고 "체념"의 결과라는 탬블링의 지적(Tambling 151)에 굳이 동의하지 않더라도, 처형장에서 카턴이 내다보는 미래의 모습과 그 '예언'에서 드러나는 문제점은 좀 더 따져볼 필요가 있는 듯하다. 서술자는 카턴이 세상에서 "제일 평화로운 사람의 얼굴"(403)을 하고 숭고하게 죽었다는 목격자들의 말을 전한 후, 혁명에 참여한 사람들 모두가 비참한 최후를 맞이하는 모습과 혁명의 폐허 속에서 "아름다운 도시와 훌륭한 국민"(404)이 다시 일어서는 미래를 그가 내다보았으리라고 서술한다. 카턴의 '예언'은 계속된다.

> 나는 내 이름을 지닌 아이를 그녀[루시–인용자]가 가슴에 안고 있는 모습을 내다본다. …
>
> 나는 그녀의 품에 안겨 있던, 나와 같은 이름을 지닌 그 아이가 장성하여 한때는 내가 걸어갔던 인생길에서 성공하는 모습을 내다본다. 그가 크게 성공하여 내 이름이 그의 광채에 의해 빛나게 되리라는 사실을, 그리고 내가 인생에 묻혔던 오점이 씻어지리라는 사실을 내다본다. 정의로운 판관들과 존경받는 사람들 중에서도 가장 뛰어난 그가 나와 이름이 같고, 내가 잘 알고 있는 이마와 금발을 지닌 소년을 이 장소로 –그때는 이곳도 오늘의 상처는 흔적도 없는, 보기에 아름다운 곳이 되

어 있으리라—데려 오리라는 것을 내다본다. 그리고 그가 부드럽고 떨리는 목소리로 그 아이에게 내 이야기를 해주는 소리를 듣는다.

> I see Her with a child upon her bosom, who bears my name. …
>
> I see that child who lay upon her bosom and who bore my name, a man winning his way up in that path of life which once was mine. I see him winning it so well, that my name is made illustrious there by the light of his. I see the blots I threw upon it, faded away. I see him, foremost of just judges and honoured men, bringing a boy of my name, with a forehead that I know and golden hair, to this place—then fair to look upon, with not a trace of this day's disfigurement—and I hear him tell the child my story, with a tender and a faltering voice. (404)

자신의 이름을 가진 아이가 세상에서 성공함으로써 자기 이름이 빛나게 되리라고 예견하는 카턴의 모습은 그가 작품에서 보여주는 성공에 대한 냉소와 대조를 이룬다. "사업이라는 것은 대단히 좋고 존경받을 만한 일"(113)이라고 주장하는 로리에게 "사업가의 마음이 친절한 마음씨와 사업상의 체면으로 분열되는 경우 그의 마음에 큰 혼란이 일어난다"(112-13)라는 사실을 알기나 하느냐는 카턴의 반뮤이나, 죽음 일보 전에서 가까스로 살아난 다네에게 "세상에 좋은 거는 아무것도 없다"(114)라고 내뱉는 카턴의 이야기는 실패와 회한으로 점철된 자신의 인생을 단순히 변명하는 차원에 그치는 게 아니다. 전체적으로 카턴은 개인적 성공을 공격적으로 추구하는 근대적 에토스—작품에서 스트라이버(Stryver)가 대표하는 에토스—에 반발하여 "아무 목적 없이 부유하는 삶"(Rignall 129)을 '선택'한 것으로 보인다. 그러나 카턴이 내다보는 미래의 모습은 그가 세속에서의 성공을 완전히 '포기'한 인물은 아니며, 그의 최후 역시 완전한 자기희생의 결과는 아니라는 사실을, 그리고 "루시에 대한 사심 없는 사랑 못지않게 자아에 대한 집착을 보여준다"(John 197)라는 핵심을 일깨워준다. 루시와 다네의 아이는 물론이고 그 아이의 아이까지도 자기의 이름인 씨드니라고 불리리라고 예견하는 모습은 자신을 희생하기보다는 자신을 내세우고 자아를 강조하는 모습에 가까운 것이다. 결국, 카턴의 자기희생을 통한 부활과 재생의 문제는 이 주제를 구체화하는 카턴의 희생이 절대적 이타주의를 담보하는 것이 아니기에 애매성을 지닌 채 매듭지어진다고 하겠다.

카턴이 세속적인 성공을 거두지 못하는 까닭이 재능이 부족해서는 아니다. 그는 재판정에서 다네의 무죄를 밝히는 데 결정적인 역할을 하며, 친구인 스트라이버에게 고용되어서 그가 아무리 어려운 소송건을 맡아오더라도 별 어려움 없이 그 난제를 정리하고 해결한다. 카턴이 원하기만 했다면 출세를 위한 경쟁에서 뒤처지지 않고 성공할 수 있었을 거라는 사실을 짐작하기는 어렵지 않은데 그는 스트라이버가 추구하는 부르주아적 삶의 불모성과 허무성에 대해 뿌리 깊은 반감으로 그것을 거부하는 것이다. 그러나 부르주아적 삶에 대한 카턴의 '거부'는 그가 자기희생을 통해 지키고 보존하는 것이 마네트 부녀와 다네의 부르주아 가정이라는 현실, 그의 희생 역시 어떻게 보면 명예, 약속, 의무, 가정 같은 부르주아의 가치관에 충실한 결과라는 사실과 상충한다. 이러한 '충돌' 속에서 죽음을 선택하는 카턴의 인생 자체가 어찌 보면 비극적인 것이지만 그가 비극의 주인공이 되기에는 "미적 기품"이 부족하며, 처형에 임하는 그의 당당한 자세가 그 비중에 어울리는 감동적인 언어로 제시되지 못했다는 지적(Bloom 7) 역시 무시할 수 없는 진실인 것이다. 작가를 대리하는 것으로 보이는 다네가 귀족의 삶을 포기하고 "엄청난 인내와 지치지 않는 노력으로"(160) 성공한 중산층의 삶을 사는 것은 빅토리아 시대의 중산층이 강조하는 자조(self-help)의 신화에 닿아 있다. 따라서 작품이 전체적으로는 "중산층의 가치관에 대해 긍정적인 반응"(Brown 123)을 보인다는 지적에 딱히 반대할 이유가 없는 것이다.

한 발 더 나아가자면, 카턴이 다네를 대신하여 사형장에 가는 자기희생은 자유주의적 주체의 절대성과 자율성을 강조하는 부르주아의 이념(Ermarth 405)과 충돌한다. 카턴과 다네의 맞바꾸기는 사실, 개인의 정체성을 부정하는 혁명가들의 행위와 유사한 것이며(Pionke 45) 이는 혁명을 그릇된 목적과 그릇된 수단이 지배하는 잘못된 것으로 보는 작가의 관점을 심문한다. 카턴과 다네의 바꿔치기를 통해, 작품은 혁명과 혁명가들이 파괴한 가정이라는 사적 영역을 지키지만, 바꿔치기라는 행위 자체는 부르주아 개인주의 및 이것과 밀접한 관계에 있는 가정의 가치를 부정하는 셈이고 더 나아가 이는 암묵적으로 혁명가들의 집단주의를 인정하는 셈이라는 역설에 직면한다. 문제의 요체는 카턴의 자기희생과 부르주아의 공격적 에토스에 대한 거부, 그리고 이와 반대되는 작품의 다른 움직임 사이의 괴리에서 비롯하는 역설이 작품에 혼란과 애매성을 더할 뿐이지 혁명과 삶을 둘러싼 복잡한 진실을 밝히는 데 기여하지 못한다는 점일 것이다.

거칠게 말해서 혁명운동은 집단주의를 지향하는바 이는 많은 혁명 참여자들이 자크, 시민(Citizen) 등의 익명으로 등장하며, 낮 동안 운동에 참여했다가 저녁이 되면 집에 돌아와서 공동취사를 하고 "인간적 동지애"(256)로 "빈약하고 불충분한 식사"(같은 면)를 보충한다는 묘사에 의해 간명하게 예시된다. 이들의 동지애는 개인의 절대성과 고립성, 그리고 무제한의 이익추구에 대한 반발이며 사람 간의 연대와 유대에 대한 갈망의 표현이기도 하다. 1권 2장에서 도버로 가는 우편마차에 탑승한 승객들은 몇 겹씩 몸을 감싼 채 서로가 서로를 불신하고 의심하는 고립상태에 빠져 있다. 따라서 3장 서두에 제시되는 개인의 고립성 내지 타자성에 대한 묘사는 갑작스런 것이라기보다 2장의 분위기를 이어받고 있는 셈인데, 그 첫 문단은 다음과 같이 이어진다.

> 모든 사람이 서로에 대해 아주 비밀스럽고 수수께끼 같은 존재로 만들어져 있다는 것은 생각할수록 놀라운 사실이다. 밤에 어느 대도시에 들어갈 때, 그 어둠 속에 밀집해 있는 수많은 집들 하나하나가 각각 비밀을 가지고 있고, 그 모든 집의 방마다 각각 비밀을 지니고 있으며, 거기 살고 있는 수십만의 사람들 마음이 각자의 어떤 상상에 있어서는 가장 가까운 사람의 마음에까지도 비밀로 남아 있다는 생각을 하면 숙연해지는 것이다! 어떠한 공포, 심지어는 죽음의 공포도 이 비밀 때문에 생겨난다. … 바다는 빛이 그 수면을 희롱하고 있는데도 영원한 추위에 얼어붙도록 되어 있었고, 나는 아무것도 모른 채 기슭에 서 있었다. 내 친구는 죽었고 내 이웃도 죽었으며 내 사랑, 즉 내 영혼의 애인도 죽었다. 죽음이야말로 모든 개인이 항상 간직하고 있으며, 나 자신도 죽을 때까지 간직하고 있을 비밀을 가차 없이 강화시키고 영속화시키는 것이다. 내가 지나가는 이 도시의 묘지에 잠들어 있는 사람이 불가사의한 존재이긴 하지만, 도시를 분주하게 돌아다니는 시민들이 그 내밀한 개성에 있어서 내게 불가사의이고 나는 또 그들에게 불가사의한 것보다는 덜하지 않은가?

> A wonderful fact to reflect upon, that every human creature is constituted to be that profound secret and mystery to every other. A solemn consideration, when I enter a great city by night, that every one of those darkly clustered houses encloses its own secret; that every beating heart in the hundreds of thousands of breasts there, is, in some of its imaginings, a secret to the heart nearest it! Something of the awfulness, even of Death itself, is referable to this. … It was appointed that the water should be locked in an eternal frost, when the light was playing on its surface, and I stood in ignorance on the shore. My friend is dead, my neighbour is dead, my love, the darling of my soul, is dead; it is the inexorable consolidation and perpetuation of the secret that was always in that individuality, and which I shall carry in mine to my life's end. In any of the burial-places of this city through which I pass, is there a sleeper more inscrutable than its busy inhabitants are, in their innermost personality, to me, or than I am to them? (44)

인용문이 일차적으로 전달하는 내용은 비밀과 수수께끼에 싸여 있는 개개인의 삶의 조건에 대한 슬픔과 절망감이다. 그리고 도시에서의 삶이 무덤에 묻혀 있는 죽은 인생 못지않게, 아니 그 이상으로 불가해한 것이라는 지적은 근대적 삶의 방식에 대한 비판을 함축한다고 할 수 있다. 그러나 여기서도 문제는 서술자가 표명하는 근대적 개인주의에 대한 절망이 혁명 장면에서 두드러지는 "반집단주의적 수사"(Baldridge 95)와 명백히 충돌한다는 사실이다. 예컨대, 혁명을 이끄는 드파르주 부인의 집단주의는—"죄 없는 사람이 조상의 죄 때문에 사형에 처해진다는 것이 그녀에게는 아무렇지도 않았다. 그녀는 그가 아니라 그들을 보는 것이다"(391)라는 서술자의 지적에서 드러나듯이—다네라는 개인에게 그의 조상과 계급이 저지른 죄에 대한 책임까지 묻는 집단주의이고, 군중들은 기요띤에서 참수당하는 사람들이 적은 날에는 슬픔에 싸일 정도이며, 혁명가들이 법정에 출두시키기 위해 호명하는 죄수들 중에는 이미 옥사한 사람도 있고 벌써 처형당한 사람도 있을 정도로 개인에 대한 무감각과 망각이 지배하는 것이다.

물론, 위의 인용문이 전달하는 개인의 고독과 타자성에 대한 지독한 슬픔은 그 반대 상황에 대한 간절한 소망을 함축하고 있다고 보아야 할 것이다. 볼드리지(Cates Baldridge)는 위의 인용문에서 슬픔과 좌절뿐 아니라 "사회가 강제하는바 서로 분리되어 있고 불투명한 상태에 있는 인간들을 뭉치게 해서, 공동의(communal) 인식과 심지어는 공동체적(communal) 존재의 상태로 들어서기를 염원하는 가망 없는 욕망"(94)을 읽어내는데, 이러한 독해가 턱없이 불가능한 것도 아닐 것이다.[9] 이 대목에서 디킨즈는 혁명의 극단적 집단주의를 배격하고 근

9) 피켓(Lyn Pykett) 역시 "'일종의 생매장'으로서의 근대 도회지에서의 삶"을 나타내는 1권 3장 앞부분의 서술은 그러한 삶에 대한 "불평 내지 한탄"이자 좀 더 공동체적인 삶의 형태에 대한 "갈망"을 보여준다고 지적한다 (163).

대도시생활의 유아론 또는 개인주의도 뛰어넘을 수 있는 제3의 양식을 꿈꾸고 있다고 할 수 있을 것이다(Pykett 164). 그러나 디킨즈는 개인주의와 집단주의를 지양하는 제3의 길에 대한 화두를 던지기만 할 뿐 이를 구체적으로 탐구하지는 않는다. 『두 도시』가 인생과 역사에 대해 생각할 거리를 제기하고도 중도에 방기하는 것이 개인주의와 집단주의의 관계를 둘러싼 과제만은 아니다. 루카치는 이 작품의 다네가 "계급적 중간 위치"(292)에 놓여 있는 인물이며, 봉건적 특권을 포기하고 부르주아의 근면한 삶을 택하는 그의 인생은 귀족에 대한 부르주아의 승리라는 역사의 행로와 무관하지 않을 터인데 이것이 작품에서 철저히 다루어지지 않았다는 아쉬움을 표한 바 있다(같은 면). 그로스도 "망명자라는 위치, 언어교사로서의 노력, 조지 워싱턴에 대한 존경"(189) 등, 다네가 제기하는 중요한 문제들이 작품에서 발전되지 않는 채 중간에 방기되어버린다는 사실을 지적한다.

그러나 프랑스의 역사적, 도덕적 교훈을 동시대의 영국인들에게 가르치려는 목적을 지닌 디킨즈에게 이러저러한 문제에 대한 구체적이고 끈질긴 탐구는 처음부터 핵심적 관심사항이 아니었을지 모른다. 작품에서 혁명이 일어날 거라는 암시가 처음 이루어지는 1권 5장을 보자. 작가는 카메라를 생땅뚜안(Saint Antoine) 거리의 높은 곳에 설치하고, 마차로 운반하던 "커다란 포도주 통"(59)이 길바닥에 떨어져서 깨어진 광경을 원경으로 잡는다. 안에 들어 있던 포도주가 쏟아져서 길 여기저기에 조그만 술 구덩이를 만들고, 근처에 있던 모든 가난한 사람들이 남녀노소를 가릴 것 없이 달려들어 그것을 먹어치운다. 높은 곳에 설치되었던 카메라가 길가로 내려와서 포도주를 게걸스레 먹는 사람들과 창문에서 그 광경을 내다보는 "구경꾼들"(60)을 두루 비추지만, 카메라가 집안으로 들어가거나 사람들의 의식을 비추는 법은 없다. 사람들의 입가는 물론이고 손발도 붉게 변했을 무렵 가스파르라는 사내가 "진흙이 묻은 포도주 찌꺼기를 손가락에 찍어서"(61) 벽에 '피'(BLOOD)라고 휘갈기는 모습을 보여준 후, 서술자는 다음과 같이 이야기를 추상화하고 일반화한다.

> 바야흐로 그 포도주[피라는 포도주—인용자]가 거리의 포석에 다시 흘러서, 거기 있는 많은 사람들을 붉게 물들일 때가 다가오고 있었다.
> … 추위와 불결과 질병과 무지와 결핍이 그 성스런 출현을 기다리고 있는 귀족들이었다. 모두 다 엄청난 권력을 지닌 귀족들이었지만 특히 맨 마지막 것이 가장 큰 권력을 지니고 있었다.

> The time was to come, when that wine too would be spilled on the street-stones, and when the stain of it would be red upon many there.
> … cold, dirt, sickness, ignorance, and want, were the lords in waiting on the saintly presence—nobles of great power all of them; but, most especially the last. (61)

피를 포도주에 비유하고 사람들이 그것에 탐닉하는 이미지는 이후 작품 전편에 걸쳐 반복되면서 작품의 통일성을 높이는 데 기여하는 것으로 보인다. 그러나 피를 부르는 혁명의 진행과 피에 탐닉하는 혁명가들에 대해, 대체적으로 비슷한 이미지가 반복될 따름이지 구체적 모습이 제시되는 것은 아니다. 예컨대 수많은 사람들이 처형장에 끌려가는 것은 그들이 라 기요띤(La Guillotine)이 마시는 "적포도주"(303-04)가 되어서 "그녀의 강렬한 갈증을 풀어주기 위해"(304) 가는 것으로 묘사되며, 혁명에 참여한 사람들이 걸어가는 발자국은 "한번 붉게 물들면 쉽게 씻어지지 않는"(250) 발자국이며 "누구의 삶이든 그 삶 속으로 침입해 들어가는, 무모하고 열광적이며 위험한 발자국"(243)인 것이다. 귀족과 반역자들을 처형한 칼과 도끼를 회전 숫돌에 벼리기 위해 모여든 사람들이 "흘리는 피와 흘리는 술"(291) 역시 생땅뚜안 거리에 포도주가 흐르고 가스파르가 그 포도주로 벽에다 '피'라고 썼던 처음 장면을 상기시킨다. 혁명에 참여하면서 사람들이 경험하는 희망과 좌절보다 혁명의 야만성과 파괴성에 대한 일반적인 진술이 반복되면서 작품은 전체적으로 구체보다 추상에 의존하는 경향을 보여준다. 위의 인용문에서 추위, 결핍 등을 귀족에 비유하는 서술자의 묘사는 이러한 고통들이—귀족이 혁명의 원인을 제공한 것과 마찬가지로—혁명을 일으킨 핵심원인이라는 생각을 전달한다. 그러나 추위, 불결, 질병, 무지, 결핍을 알레고리로 제시하기보다, 먹을 것과 땔감이 없어서 울부짖고 질병 때문에 고통 받는 사람들의 모습을 그 내부로부터 보여주었더라면(Craig 79-80) 『두 도시』가 추상적이고 일반적인 진술을 반복하면서 생겨나는 문제점은 훨씬 완화되었을 것이다.

4. 결론

루카치는 현실에 대해 추상적이고 도덕적인 태도를 취하는 디킨즈의 태도가 그의 사회소설에서보다 역사소설에서 핵심적인 약점이 된다는 사실을 지적한다. 사회소설에서는 추상화의 경향에서 비롯하는 약점이 현실의 무게에 의해 '교정'되지만 현재와 거리가 먼 과거의 사건을 다루는 역사소설에서는 '교정'의 정도가 약해지고 주관적 의도가 개입할 가능성이 그만큼 커진다는 것이다(292-93).

『두 도시』가 구체성에서 떨어지는 데에는 작가가 이 작품에서 시도한 새로운 작법도 작용하는 듯하다. 포스터(Forster)에 의하면 디킨즈는 이 작품에서 인물보다는 사건에 의존하고 행위자들도 대화보다는 플롯에 의해 스스로를 표현하도록 했다고 한다(282). 작품은 실제, 마네트 의사의 귀환, 다네의 재판, 후작의 죽음, 혁명의 발발과 진행, 카턴의 자기희생 등 일련의 사건들을 주간연재라는 짧은 호흡에 담아서 숨 가쁘게 연속적으로 기록한다. 그러나 인물보다 사건 위주로 작품을 전개한 『두 도시』의 작법은 사건의 전후관계를 세밀히 보여주기보다 사건을 먼 거리에서 스케치하는 데 그치고, 사건을 만들어가며 그 속에서 자신도 변화하는 인물의 모습을 놓침으로써 혁명 전후의 상황을 총체적으로 제시하는 데 미달한다. 포스터가 평가한 대로 디킨즈의 새로운 작법은 "모험적이고 … 완전히 성공하지는 못한 실험"(같은 면)에 그치고 만 것이다.

요약하자면, 『두 도시』의 디킨즈는, 혁명에 대한 애매한 관점과 군중에 대한 불신, 제도적 변화와 인간적 변화를 이분법으로 나누어서 접근하는 태도, 역사의 교훈을 설득하려는 목적의식과 거기서 연유하는 추상화의 경향 때문에, 그의 대표작이 이룩한 성취에는 한참 미달하는 작품을, 그의 최고 걸작인 『작은 도릿』과 『막대한 유산』을 발표한 중간에 내놓게 된 것이다.

인용문헌

Baldridge, Cates. "Alternatives to Bourgeois Individualism in *A Tale of Two Cities*." *Charles Dickens's A Tale of Two Cities: A Sourcebook*. Ed. Ruth Glancy. London and New York: Routledge, 2006.

Bloom, Harold. "Introduction." *Charles Dickens's A Tale of Two Cities*. Ed. Harold Bloom. New York: Chelsea House, 1987.

Brown, James M. *Dickens: Novelist in the Market-Place*. Basingstoke: Macmillan, 1982.

Craig, David. "The Crowd in Dickens." *The Changing World of Charles Dickens*. Ed. Robert Giddings. London: Vision, 1983.

Dickens, Charles. *A Tale of Two Cities*. Ed. and Intro. George Woodcock. Harmondsworth: Penguin, 1970.

___. *The Letters of Charles Dickens* vol. II. Ed. Walter Dexter. Bloomsbury: The Nonesuch P, 1938.

Eagleton, Terry. *The English Novel: An Introduction*. Malden: Blackwell, 2005.

Engel, Monroe. *The Maturity of Dickens*. Cambridge, Mass.: Harvard UP, 1959.

Ermarth, Elizabeth Deeds. "Beyond 'the Subject': Individuality in the Discursive Condition." *New Literary History* 31-3 (2000): 405-19.

Forster, John. *The Life of Charles Dickens* vol. II. London: Dent, 1966.

Glancy, Ruth. *A Tale of Two Cities: Dickens's Revolutionary Novel*. Boston: Twayne Publishers, 1991.

Gold, Joseph. *Charles Dickens: Radical Moralist*. Minneapolis: U of Minnesota P, 1972.

Gross, John. "*A Tale of Two Cities*." *Dickens and the Twentieth Century*. Ed. John Gross and Gabriel Pearson. London: Routledge and Kegan Paul, 1962.

Hutter, Albert D. "Nation and Generation in *A Tale of Two Cities*." *Charles Dickens's A Tale of Two Cities*. Ed. Harold Bloom. New York: Chelsea House, 1987.

John, Juliet. *Dickens's Villians: Melodrama, Character, Popular Culture*. Oxford: Oxford UP, 2001.

Lukács, Georg. *The Historical Novel*. Trans. Hannah and Stanley Mitchell. Harmondsworth: Penguin, 1969.

Marcus, David D. "The Carlylean Vision of *A Tale of Two Cities*." *Charles Dickens's A Tale of Two Cities*. Ed. Harold Bloom. New York: Chelsea House, 1987.

Orwell, George. "Charles Dickens." *Decline of the English Murder and Other Essays*. Harmondsworth: Penguin, 1965.

Pionke, Albert D. "Degrees of Secrecy in Dickens's Historical Novel." *Dickens Studies Annual* 37 (2007): 35-53.

Pykett, Lyn. *Charles Dickens*. London: Palgrave, 2002.

Rignall, J. M., "Dickens and the Catastrophic Continuum of History in *A Tale of Two Cities*." *Charles Dickens's A Tale of Two Cities*. Ed. Harold Bloom. New York: Chelsea House, 1987.

Sanders, Andrew. "Introduction." Charles Dickens. *A Tale of Two Cities*. Ed. Andrew Sanders. Oxford: Oxford UP, 1988.

Schlicke, Paul, ed. *Oxford Reader's Companion to Charles Dickens*. Oxford: Oxford UP, 2000.

Tambling, Jeremy. *Dickens, Violence and the Modern State*. Basingstoke and London: Macmillan, 1995.

Wynne, Deborah. "Scenes of 'Incredible Outrage': Dickens, Ireland and *A Tale of Two Cities*." *Dickens Studies Annual* 37 (2006): 51-64.

❖

재스퍼의 분열: 『에드윈 드루드의 비밀』

—

1. 머리말

『에드윈 드루드의 비밀』(*The Mystery of Edwin Drood*, 1870)은[1] 작가가 1870년 6월에 갑자기 사망하는 바람에 미완성으로 남게 된 디킨즈의 유작이다. 말년의 디킨즈를 지치고 힘들게 해서 죽음으로 몰고 간 주된 원인은 거듭되는 가정적 불행과 엄청난 에너지를 소진시켰던 대중 앞에서의 작품낭송(public reading)이었는바, 이러한 '요인'이 『우리 둘 다 아는 친구』(*Our Mutual Friend*, 1864-65)를 발표하고 4년 반이 지나서야, 『에드윈 드루드』라는 다음 작품의 집필에 착수할 수 있었던 소설 창작상의 공백—4년 반이라는 공백은 35년여에 걸친 디킨즈의 창작활동 중에서 "최고로 긴 간격"(Davis 253)에 해당한다—을 설명한다. 처녀작인 『피크윅 문서』(*Pickwick Papers*, 1836-37)와 그의 최고걸작인 『작은 도릿』(*Little Dorrit*, 1855-57)을 포함하여 대부분의 작품을 20회 분량으로 구상하여 총 19개월에 걸쳐 분할 출판하는 방식을 선호하였던 디킨즈가 이 작품을 전체 12회의 분량으로 '축소'하여 구상하였다

1) 이하 『에드윈 드루드』로 약칭함.

는 사실도 점차 쇠약해지는 건강에 대한 염려와 장기분할출판에 더 이상 호의적이지 않았던 시장의 압력을 보여주는 것이다(James 444).

작품이 미완성이라는 점뿐만 아니라 창작의 공백이 시사하는 창작 능력의 쇠퇴와 작품을 관류하는 폐허, 죽음, 쇠락의 이미지에 주목한 디킨즈 당대의 일부 평자들은 『에드윈 드루드』를 그다지 높게 평가하지 않았다. "디킨즈의 최후의 부자연스러운 작품이고 지친 두뇌가 만들어낸 우울한 작품"(Collins 588)이라는 윌키 콜린스(Wilkie Collins)의 악평은 이 작품에 대한 빅토리아 시대의 냉소를 반영한다. 이러한 혹평은 20세기 초반에도 지속되어서 쇼(Bernard Shaw)는 『에드윈 드루드』가 "이미 4분지 3은 죽어있는 자의 몸부림"(A. Wilson 11면에서 재인용)에 불과하다고 폄하하였다. 이에 반해 인물의 심리에 대한 흥미로운 탐구에 주목하는 최근의 비평에서는 『에드윈 드루드』가 "이전 작품에 비해 유례가 없을 정도로 구상과 성취의 통일"(Golding 211)을 보여주며, 처음 생각했던 것 이상으로 "한층 더 뛰어나고" "한층 더 완벽한" 작품(Hornback 80)이라고 평가한다. 디킨즈가 "이전에는 이처럼 함축적이고 강렬하게 쓴 적이 없었다"(Robson 54)고 평가하는 롭슨 역시 재스퍼(John Jasper)라는 인물이 전달하는 강력한 환기력에 주목하고 있다. 그러나 가만히 따져보면 미완성 상태의 작품에 대해[2] 그 전체적인 성취와 분위기를 평가하는 것은 간단한 일이 아닌 듯하다. 이 작품에 대한 많은 비평이 완성되지 않은 작품의 줄거리를 추측해서 마저 완성해보거나 특정 장면이나 대목의 장단점을 따진 후 그것

2) 디킨즈가 사망했을 때 그는 예정했던 12회 중 6회분 정도에 해당하는 원고를 완성해 놓은 상태였다. 따라서 『에드윈 드루드』는 이중의 의미에서 탐정소설(mystery novel)이라고 할 수 있다. 이는 에드윈의 살인범이 작품에 뚜렷이 밝혀져 있지 않기 때문에 독자가 살인범을 추적하는 탐정이 되어야 한다는 의미에서, 그리고 미완성 상태인 작품의 결말을 추론하고 나머지를 완성시키는 탐정의 역할 역시 독자가 수행해야 한다는 의미에서 그러하다.

을 이전 작품의 유사한 부분과 견주어보는 데 치중하는 것도 이러한 사정을 반영하는 것으로 보인다(A. Wilson 11). 본고에서는 작품의 전체적 성취에 대한 평가는 유보하되, 디킨즈가 『에드윈 드루드』에서 검토하고 탐구하는 내용이 그의 작품세계의 본령에 속하는 것임을 자아의 분열 문제를 중심으로 살펴보고자 한다.

분열의 문제를 중심으로 작품에 접근할 때 단연 돋보이는 인물은 재스퍼이다. 그는 표면적으로는 "성가대 지휘자이자 음악교사"(49)로서 존경을 받으며 살아가지만 무미건조한 현실에 대한 불만을 아편으로 달래고 조카의 약혼자에 대한 불온한 사랑으로 불타오르는 위인이다. 작품 서두에서 재스퍼가 찾아간 아편굴과 저녁미사에 참석하기 위해 돌아온 클로이스터엄(Cloisterham) 대성당은—에드윈의 표현을 빌리자면—"내적 자아"(inner self 49)와 "일상적 자아"(usual self 같은 면)로 나뉘어 있는 그의 분열을 상징한다고 하겠다. 재스퍼가 보여주는 분열은 『우리 둘 다 아는 친구』에서 헤드스톤(Bradley Headstone)이 사회의 규범을 준수하는 점잖은 학교선생과 규범이나 법규에 아랑곳 않는 열정적인 구혼자로 분열되어 있는 모습에 닿아 있는바, 재스퍼는 헤드스톤의 후예라고 할 수도 있겠다. 둘 다 사회에서 인정받는 신분의 소유자이지만, 그 지위 때문에 욕망을 추구하는 데 제한을 받으며, 좌절된 사랑 때문에 범죄의 길에 빠지는 "원한으로 가득 찬 인물"(Tambling 166)인 것이다. 또한 재스퍼는 (앞으로 살펴보겠지만) 헤드스톤에 비해 분열의 폭과 깊이가 더 넓고 깊기 때문에, 그의 어두운 내면을 두 개의 자아 중 한쪽의 자아가 아니라 악마적 본질로 이해할 수 있을 정도이며, 이는 인간과 사회에 대한 디킨즈의 탐구가 새로운 차원으로 향하고 있다는 징표로 읽을 수도 있을 것이다.

2. 분열의 주제

『에드윈 드루드』의 제1장 "새벽"(the Dawn)은 이전 작품과 비교해서 이 작품이 지니고 있는 새로움을 한껏 보여준다. 디킨즈의 많은 작품들이 대개의 19세기소설이 그러하듯이 시간과 장소를 특정하고 상대적으로 명료한 주제를 제시하면서 시작하는 데 반해, 『에드윈 드루드』의 첫 부분은 단일한 의식과 단일한 시공간, 단일한 주제를 묘사하는 것과는 거리가 멀다. 의문부호와 감탄부호가 반복되고 시간과 장소가 중첩되며 현실과 환영이 뒤섞이는 작품의 첫 문단을 인용해보면 다음과 같다.

> 오래된 대성당이 있는 영국도시인가? 오래된 대성당이 있는 영국도시가 어째서 여기 있는 걸까! 오래된 대성당의 유명하고 거대한 회색의 사각형 탑인가? 그것이 어째서 여기 있는 걸까! 어떤 각도에서 조망하든 녹슨 대못이 공중에 보이지는 않았다. 그렇다면 보이는 대못은 무엇이고 누가 세운 것인가? 그것은 아마 술탄의 지시에 따라 한 무리의 터키 도둑들을 한 명씩 한 명씩 찌르기 위해 세워졌을 것이다. 심벌즈가 울리고 술탄이 긴 행렬을 이루어 궁전으로 돌아가는 것을 보면 실제가 그리하다. 만 개의 언월도가 햇빛 속에서 번쩍이고 삼만 명의 무희들이 꽃을 뿌린다. 그 다음에 온갖 화려한 색깔로 치장을 한 흰 코끼리가 따라가는데 그 숫자와 시종들을 셀 수 없을 정도이다. 그러나 대성당의 탑은 원경에, 그것이 있을 리 없는 곳에 솟아있으며 그 무시무시한 대못에 찔려서 괴로워하는 죄인은 여전히 한 명도 없다. 잠깐! 그 대못이란 것이 엉망이 되어서 무너지려고 하는 낡은 침대의 기둥 끄트머리에 박혀 있는 녹슨 못같이 낮게 있는 것인가? 이런 가능성을 검토하기 위해서는 졸음과 웃음이 섞인 애매한 시간을 바쳐야만 할 것이다.

> An ancient English Cathedral town? How can the ancient English Cathedral town be here! The well-known massive grey square tower of its old Cathedral? How can that be here! There is no spike of rusty iron in the air, between the eye and it, from any point of the real prospect. What is the

> spike that intervenes, and who has set it up? Maybe, it is set up by the Sultan's orders for the impaling of a horde of Turkish robbers, one by one. It is so, for cymbals clash, and the Sultan goes by to his palace in long procession. Ten thousand scimitars flash in the sunlight, and thrice ten thousand dancing-girls strew flowers. Then, follow white elephants caparisoned in countless gorgeous colors, and infinite in number and attendants. Still, the Cathedral tower rises in the background, where it cannot be, and still no writhing figure is on the grim spike. Stay! Is the spike so low a thing as the rusty spike on the top of a post of an old bedstead that has tumbled all awry? Some vague period of drowsy laughter must be devoted to the consideration of this possibility. (37)

다소 긴 인용이지만 일차적으로 두드러지는 사항은 인용문이 누군가의—재스퍼의—의식을 그리고 있으며, 그것이 데이빗 커퍼필드(David Copperfield)나 핍(Pip)의 경우와 같이 단일하고 명료한 의식이 아니라 혼란스럽고 비합리적이며 꿈속의 상태와 같이 종잡을 수 없는 의식이라는 점이다. 아무런 단서도 없이 갑자기 등장하는 "여기"라는 장소부사 역시 어디를 의미하는 것인지 독자의 혼란을 부추긴다. 작가는 익숙한 세계에 머물러 있는 독자를 의도적으로 뒤흔들어서 새로운 눈으로 대상을 바라보도록 요구하는 것이다. 인용문을 관통하는 내용은 『아라비안 나이쯔』(*Arabian Nights*)에 나올 법한 이미지—술탄, 터키 도둑, 만 개의 언월도, 삼만 명의 무희, 흰 코끼리 등—로 가득한 동양적 분위기와 "오래된 대성당이 있는 영국도시"라는 낯익은 풍경—그러나 디킨즈의 작품세계에서는 새로운 풍경—의 충돌이다. 따지고 보면 대조되고 충돌하는 것은 동양과 서양, 육중한 사각형 탑과 뾰족한 대못만이 아니다. 아편에 취해 현실을 벗어나 있는 자아와 그 '자아'를 낯선 눈으로 바라보는 또 다른 자아, 과거와 현재, 대성당이 전달하는 평화로움과 동방의 과거가 전달하는 폭력성 및 선정성의 문제, 그리고 그 저변에 흐르는 애매성의 문제 또한 놓칠 수 없는 것이다. 몽롱한 의식을 지배하는 묘한 죄의식 또는 처벌에 대한 두려움은 도대체 어디에서 기인하는 것인가.

아편에 취한 몽환적인 분위기 속에서 복수(複數)의 의식과 공간이 공존하며 시간과 장소가 파편적으로 분절되어 있는 도입부는 확실히 이제까지의 디킨즈 작품과는 다른 차원에 속하는 것으로 보인다. 특히 19세기 전반기 내내 "국내 개혁 대신에 가속화한 해외 이민"(Moore 7)이라는 현실을 반영하여 디킨즈가 『데이빗 커퍼필드』(*David Copperfield*, 1849-50) 등의 작품에서 혼란스럽고 무질서한 인물이나 요소를 국외로, 즉 작품 외부로 추방했던 것에 비하면, 『에드윈 드루드』가 "식민지에서 유래하는 무질서한 요소들의 유입을 묘사하면서 시작한다"(Plummer 275)라는 사실은 각별히 주목할 만하다. 이는 단순히 새로운 소재의 도입을 의미하는 데 그치는 것이 아니라 세상을 바라보는 작가의 시선이 확장되고 폭넓어졌다는 의미를 지니는 것이기 때문이다. 작품 서두부가 전달하는 동양과 서양, 꿈과 현실의 대조는 일차적으로 아편을 흡입한 후의 분열된 의식에서 비롯하는 것이지만, 작품이 진행됨에 따라—랜들리스(Landless) 남매가 등장하는 장면을 거치면서—제국, 인종, 젠더의 문제까지 포괄하는 방향으로 진행된다.

골딩(Golding 202)은 『에드윈 드루드』의 앞부분 묘사가 "최상의 상태에 도달한 언어의 구조적 사용"을 보여준다고 평가하였으며, 콕셔트(A. O. J. Cockshut 230)는 서두부가 전달하는 일련의 대조는 "분열된 정신"이라는 작품의 주제를 탁월하게 환기한다고 지적하였다. 1장에서 도입된 분열의 주제는 2장에서 작품의 실질적인 주인공인[3] 재스퍼의 복잡하게 분열된 내면을 비추는 식으로 본격화하고, 3장에 오면

3) 이 작품의 '실질적인 주인공'이 제목에 등장하는 에드윈 드루드가 아니라 재스퍼라는 지적에 대해서는 Kathleen Wales 763면, W. W. Robson 54면 등 참조.

로자(Rosa Bud)가 다니는 여학교의 교장인 미스 트윈클턴(Miss Twinkleton)의 "두 가지 의식"(53)에 대한 지적이 이어진다. 그녀의 "전혀 다른 두 가지 존재"(같은 면)란 낮과 밤이 전혀 다른 생활과 의식을 지칭하는바, 학생들을 감독하고 가르치는 낮에는 사교계나 남녀의 스캔들에 대해 관심도 없고 알지도 못하는 "교육자적 존재"(같은 면)로 지내다가, 학생들이 기숙사로 돌아간 밤이 되면 멋을 부리고 사교계의 소식에 흥미를 보이는 "활달한"(같은 면) 존재가 된다는 것이다. 11장에서 일은 안 하고 폼만 잡으며 "꿈쩍 않는 웨이터"(immoveable waiter 139)와 일은 혼자 다하면서도 욕만 듣고 보상도 못 받는 "날랜 웨이터"(flying waiter 같은 면)의 대조 역시 단지 희극적인 요소를 배가시키는 데 그치는 게 아니고 "모든 인간의식에 내재하는 이중적 요소를 재연"(Beer 742)한다고 할 수 있다. 미스 트윈클턴과 두 웨이터에 대한 묘사는 그 자체가 작품에서 지속적으로 추적되는 관심사는 아니지만 분열의 주제가 『에드윈 드루드』의 핵심에 위치한다는 사실을 보여주는 강력한 증거라 하겠다.

이제 재스퍼의 분열 내지 두 개의 자아에 대해 좀 더 살펴보자. 그는 성가대지휘자이자 아편중독자이며, 조카인 에드윈을 헌신적으로 돌보지만 조카의 약혼자인 로자를 사랑하고 질투심 때문에 조카를 살해하는 위인이며,[4)] 로자의 음악교사이면서도 "로자를 무섭게 만드는 괴물"(93)이기도 하다. 재스퍼의 분열을 이해하는 데 있어 일차적인

4) 앞서 지적한 대로 작품이 미완성인 탓에 에드윈의 살인범이 누구인지, 그리고 에드윈이 정말로 죽기나 한 것인지 명시적으로 밝혀져 있지는 않다. 그러나 『에드윈 드루드』에 대해 토론하고자 하는 사람은 미완성 플롯을 토대로 작품의 나머지 줄거리에 대해 선택을 해야 한다는 세즈윅의 견해(Sedgwick 787면 주4)에 필자는 동감하며, 에드윈이 스스로 자취를 감춘 것이 아니라 재스퍼에 의해 살해된 것이라고 판단한다. 재스퍼의 에드윈 살해라는 플롯을 의심하는 것은 "불필요"한 일이라는 견해에 대해서는 Tracy 2006, 32면 참조.

문제는 클로이스터엄의 존경받는 시민인 그가 아편에 탐닉하는 까닭에 대한 것이다. "때때로 나를 사로잡는 고통과 고민 때문에 아편을 하고 있다"(47)고 에드윈에게 고백하는 서두의 발언이나 "내 삶을 견딜 수 없을 때 위로를 얻게 되었고 그래서 아편을 했다"(270)고 노파에게 털어놓는 뒷부분에서의 고백을 종합해 보면, 재스퍼를 아편으로 유도한 것은 현실의 무미건조하고 단조로운 삶에 대한 불만 내지 회의와 무관하지 않다. 삼촌이 털어놓은 뜻밖의 이야기를 듣고 깜짝 놀란 에드윈이, 대성당에서 존경을 받고 있다는 사실과 경제적으로 독립한 생활 등을 언급하며 위로를 하자, 재스퍼는 "삶의 답답한 단조로움이 나를 조금씩 마멸시킨다"(48)라고 현실에 대한 불만을 감추지 않는다. 재스퍼는 사회적 기대와 규범을 준수하기 위해 자신이 억압해야 했던 "야심과 야망, 불안과 불만"(49)에 대해 에드윈에게 다음과 같이 털어놓는다.

> "불쌍하고 단조로운 삶을 사는 성가대 지휘자이고 음악교사이지만 그 사람조차도 한 구석에서는 길을 잃은 모종의 야심과 야망, 불안과 불만으로, 그걸 뭐라고 표현하지, 괴로워할지 모른다는 사실을 이제 알게 된 거야, 그렇지?"
>
> "You know now, don't you, that even a poor monotonous chorister and grinder of music—in his niche—may be troubled with some stray sort of ambition, aspiration, restlessness, dissatisfaction, what shall we call it?" (49)

결국, 성가대 지휘자요 음악교사로서 클로이스터엄에서 존경을 누리는 재스퍼의 "일상적 자아"(같은 면)는 그와 상반되는 것—아편 중독이나 조카의 약혼자에 대한 불온한 사랑이 상징하는 어두운 "내적 자아"(같은 면)—을 억압하고 구성된 주체이며, 자신이 억압하고 배제한 것에 어쩌면 오히려 더욱 강렬하게 이끌리는 주체라고 할 수 있다. 스톨리브라스(Stallybrass)와 화이트(White)가 지적하듯이 배제를 통해 구성된 주체는 자신에게 결여된 것에 대한 역설적 욕망에 시달리는 법이다(4-6). 앞에서 살펴본 1장 첫 문단의 몽환은 그가 의식적으로 억압하고 있는 내면의 "비밀, 열정, 그리고 제한 없음을 상징"(Wales 761)할 뿐 아니라 내면의 욕망을 따를 경우 뒤따르게 될 결과—조카인 에드윈 살해를 낳는 결과—에 대한 죄책감과 처벌의 가능성에 대한 암시를 전달한다. 로자는 재스퍼가 "나를 차지하고자 하는 동기"(232. 강조는 원저자)에 따라 에드윈을 살해했을 가능성을 두려워하는바, "로자 버드를 향한 **재스퍼의** 질투심어린 열정"(Joseph 68. 강조는 원저자)이 끔찍한 살인으로 이어진 것이다.[5)]

"감동적인 일과 흥미가 있는 삶, 변화와 흥분이 있는 삶, 가정의 평안과 사랑이 있는 삶"(101)에서 배제된 자신의 처지에 대한 재스퍼의 불만은 로자와의 결혼이 당사자의 자유의지가 아니라 양가의 부친에 의해 정해졌다는 사실을 불편하게 받아들이는 에드윈의 불만과 통하는 바가 있다. 에드윈은 결혼을 포함한 자신의 인생이 "측량기사의 도면같이 줄이 그어지고 점으로 표시되어"(47) 있어서 "선택권이 차단된 것"(46)이 불만이다. 미리 정해져 있는 삶에 대한 에드윈의 불만은 "이집트를 조금 깨우기 위해 갈까한다"(96)라는 그의 치기어린 다짐에서 엿보이는 대로 삶과 인생에 대한 미성숙한 관점에서 연유하는 것일 수 있다. 그러나 물질적, 정서적으로 안정된 삶을 "견딜 수 없는 질곡"(Thurley 696)으로 받아들이는 에드윈의 심리는 클로이스터엄 대성당을 중심에 두고 이어지는 안정적 삶을 "답답한 단조로움"(48)으로

---

5) 아편에 취한 재스퍼의 몽환은 22장에서 한 차례 더 제시되는데 재스퍼가 늘어놓는 이야기는 "로자를 갖기 위해 드루드를 죽이는 꿈"(Tracy 2006, 29)에 대한 내용을 포함한다.

받아들이는 재스퍼의 심리와 상통하는 것이며, 이는 크게 보아서-성당이 "서구 문화를 상징"(Golding 202)하는 것이므로-서구 문명에 대한 불만을 전달하는 것이라고 할 수 있다. 두 가지 자아로 분열된 채 아편에 탐닉하고 살인까지 저지르는 재스퍼는 성당이 대표하는 사회의 위선과 부정의를 대표하면서 그것에 대한 불만과 반감은 또 그것대로 전달하는 인물인 것이다.

『에드윈 드루드』가 독자에게 전달하는 재미는 재스퍼의 두 가지 자아가 완전히 분리되어서 한쪽 자아가 또 다른 자아를 거의 의식하지 못한다는 사실에서 비롯한다. 포스터(Forster)가 디킨즈에게서 직접 들었다며 그의 전기에서 밝히고 있는 내용은 다음과 같다.

> 나는 1869년 8월 6일 금요일 자의 편지에서 후반부에 대한 계획을 처음 들었다. 그 편지에서 … 디킨즈는 자신의 새로운 작품에 일어난 변화를 이렇게 말한바 있다. "나는 자네에게 말했던 생각을 접었고 새 작품에 대해 매우 복잡하고 새로운 생각을 갖게 되었네. 말로 전달할 수 있는 생각은 아니네만(그렇지 않다면 이야기의 흥미는 사라지는 거겠지) 아주 강력한 생각이야, 실행하기가 어렵겠지만 말이지,"라고. 조금 있다가 내가 알게 된 사실은 그 이야기가 삼촌의 조카 살해에 대한 내용이며, 그 독창성은 살인자가 자신의 과거를, **유혹을 받은 사람이 범죄자인 그가 아니라 마치 어떤 다른 사람인 것처럼** 그 유혹에 대해 되짚어 보면서 말미에 회고한다는 점에 있다는 것이다. 마지막 몇 장(章)은 사형수가 자신의 감방에서 쓸 예정인바, **마치 다른 사람에 대해 이야기하는 것처럼** 그에게서 아주 정교하게 이끌어낸 사악함이 그를 그 감방으로 이끌어갔다는 것이다. (강조는 인용자)

> I first heard of the later design in a letter dated "Friday the 6h of August 1869," in which … he spoke of the change that had occurred to him for the new tale by himself. "I laid aside the fancy I told you of, and have a very curious and new idea for my new story. Not a communicable idea (or the interest of the book would be gone), but a very strong one, though

difficult to work." The story, I learnt immediately afterward, was to be that of the murder of a nephew by his uncle; the originality of which was to consist in the review of the murderer's career by himself at the close, when its temptations were to be dwelt upon as if, not he the culprit, but some other man, were the tempted. The last chapters were to be written in the condemned cell, to which his wickedness, all elaborately elicited from him as if told of another, had brought him. (Forster 366)

인용문의 말로 전달하기 어려운 생각, "매우 복잡하고 새로운 생각"이란 윌슨(A. Wilson)에 의하면 "재스퍼의 인격에 분열을 만들어낸 심리상태, 아편 흡입 아니면 최면술의 힘, 또는 둘 다와 연결된 심리상태"(18)를 지칭한다. 에드윈과 로자가 파혼을 하고 친구로, 남매로 지내기로 합의했다는 소식을 들은 재스퍼는 (그 자신이 에드윈을 살해했기 때문에[6] 에드윈이 살아 있을 리 없다는 사실을 누구보다 잘 알면서도) "에드윈이 자발적으로 우리로부터 사라졌을 수 있으며 그가 아직 살아서 잘 지내고 있을 수 있다는 생각을 하게 되었다"(194)라고 말하기도 하고, 에드윈의 시계와 셔츠 핀이 강둑에서 발견된 후에는 자신의 일기에 "조카 살인의 죄를 살인자에게 분명히 물을 것과 그 살인자를 파멸시키는 데 나 자신을 바칠 것을 … 맹세한다"(201)라고 적어 넣기도 한다. 위의 발언이나 일기에 기입한 내용은 재스퍼가 자신이 조카 살인범으로 의심받거나 체포되는 것을 피하기 위해 잔꾀를 부리는 것이 아니다. 조카 살해범에 대해 복수의 맹세를 하는 재스퍼는 살인자가 자신이 아니라 "어떤 다른 사람"이라고 진심으로 생각하는 것이며 살인자가 또 다른 자신이라는 진실을 정말로 알지 못하는

6) 작품이 미완인 관계로 재스퍼가 에드윈을 살해한 방법은 구체적으로 서술되지 않는다. 그러나 많은 비평가들은 그가 "질기고 촘촘하게 짠 커다란 검정색 실크 스카프"(180)로 조카를 교살했으리라고 추정한다. 대표적인 예로는 Edmund Wilson 69-72면 참조.

것이다(Wales 762). 조카를 사랑하는 자아가 조카를 살해한 자아를 알아채지 못하듯이, 살인한 자아는 "에드윈을 사랑하고 나중에는 조카의 살인자를 알아내기 위해 적극적으로 노력하는"(Davis 254) 또 다른 자아와 철저히 분리되어 있는 것이다.

조카 살해로 드러나는 재스퍼의 광기어린 질투는 그의 영혼 깊숙한 곳에 있는 복합적인 분열을 단적으로 보여준다. 분열은 자아의 안정성에 대한 회의와 정체성의 혼돈을 동반하기 마련인바, 1장의 아편굴에서 "흐트러진 의식"(37)을 먼저 수습한 재스퍼가 보기에 그 집의 주인에 해당하는 "마른 여인"(같은 면)은 "중국인과 묘하게 닮은 꼴"(38)로 변모해서 "중국인의 뺨과 눈과 관자놀이의 모양, 그리고 얼굴색이 그녀에게 그대로 옮겨 가 있다"(같은 면)는 느낌을 줄 정도이며, 에드윈은 자신과 있으면 재스퍼가 "거의 여성과 같아진다"(168)라는 지적을 하기도 한다. 작품이 전달하는 자아의 안정성에 대한 회의는 랜들리스 남매에 대한 묘사에서 보다 다양하게 탐색된다.

쌍둥이인 이들 남매는 런던에서 출발한 승합마차를 타고 작품에 그리고 클로이스터엄에 처음 등장한다. 오빠인 네빌(Neville) 랜들리스는 성당 참사회 부의원인 크리스파클(Crisparkle) 밑에서 공부를 할 예정이고, 여동생인 헬레나(Helena) 랜들리스는 미스 트윈클턴이 운영하는 기숙학교에 입학할 예정이다. 정거장으로 남매를 마중 나갔던 크리스파클이 남매에게서 받은 첫인상은 다음과 같다.

> 드물게 잘생기고 유쾌한 청년이며 드물게 매력적이고 유쾌한 아가씨군. 둘이 아주 비슷해. 둘 다 피부가 아주 검고 진한 걸. 여자는 집시 같기도 해. 둘 다에게 길들여지지 않은 뭔가가 있어. 사냥꾼 남녀 같은 기미 말이야. 하지만 쫓는 사람이라기보다 쫓기는 대상이라는 기미도 있는 걸. 호리호리하고 유연하며 눈이 밝고 동작이 날래겠어. 수줍어하면서도 반항적이군. 표정이 사나워. 얼굴과 몸에서 드러나는 표정 전체에 뭐라 꼭 집

어서 말하기 어렵게 주저하는 빛이 어려 있는 것이, 웅크리거나 뛰어오르기 전에 멈칫하는 것에 비유할 수 있겠는 걸. 크리스파클 씨가 처음 5분 사이에 대충 받은 인상을 문자 그대로 옮겨 놓으면 이와 같을 것이다.

> An unusually handsome lithe young fellow, and an unusually handsome lithe girl; much alike; both very dark, and very rich in color; she, of almost the gipsy type; something untamed about them both; a certain air upon them of hunter and huntress; yet withal a certain air of being the objects of the chase, rather than the followers. Slender, supple, quick of eye and limb; half shy, half defiant; fierce of look; an indefinable kind of pause coming and going on their whole expression, both of face and form, which might be equally likened to the pause before a crouch, or a bound. The rough mental notes made in the first five minutes by Mr Crisparkle would have read thus, verbatim. (84-85)

랜들리스 남매의 복합성, 혼종성은 기본적으로 실론(Ceylon) 출신의 영국인이라는 이들의 혈통과 무관하지 않다. "사냥꾼" 이미지와 "쫓기는 대상"이라는 이미지의 혼재 역시 이들의 안정된 정체성을 위협한다. 헬레나는 계부의 학대를 견디다 못한 남매가 탈주를 시도했을 때 "항상 그녀가 계획하고 주도"(90)했을 만큼 고정된 젠더의 경계를 벗어나 있는 인물이기도 하다.[7] 클로이스터엄에 도착한 날 밤에 네빌은 재스퍼의 권유를 받고 그의 집에서 에드윈과 한 잔을 더한다(8장 참조). 에드윈이 네빌의 검은 피부를 거론하며, "자네가 검은색 피부를 한 평민이나 허풍선이를 만나면, 틀림없이 그쪽으론 경험이 많을 테니, 상대에 대해 판단할 수 있겠지만, 백인에 대해선 판단할 수 없는 거야"(102)라는 식으로 모욕을 가하자, "호랑이 같은 피"(104)가 달

---

7) 헬레나가 자웅동체의 양성적 인물이라는 지적에 대해서는 Plummer 278면, Ingham 129면 등 참조. 플러머나 잉검이 지적하듯이 헬레나의 참신성은 그녀가 양성적 인물이면서도 작품에서 긍정적으로 제시되는 인물이라는 사실에서 비롯한다.

아오른 네빌은 상대에게 술을 끼얹고 술잔을 바닥에 내리친다. 식민지 출신이고 피부가 검은색이라는 사실이 강조되는 데서 드러나는 오리엔탈리즘이 안정된 자아의 경계를 복잡하고 불안정하게 만드는바, 고정된 장소의 부재를 뜻하는 랜들리스라는 이들 남매의 성(姓)부터가 고정된 인종이나 젠더의 경계를 부정하고 인간의 경계마저 넘나드는 복합적인 정체성을 예시한다고 하겠다(Plummer 279).

작품을 읽어보면 분열된 자아의 문제가 인종, 젠더의 문제뿐 아니라 제국의 문제와도 얽혀 있다는 사실을 알 수 있다. 네빌과 헬레나를 데리고 런던에서 클로이스터엄에 온 허니선더(Honeythunder)는 식사를 하기 위해 크리스파클의 집으로 향한다. 마차를 타고 올 때부터 마부를 한쪽 구석으로 밀쳐낸 채 좌석을 독차지할 정도로 몰인정하고 자기중심적인 인물로 제시되는 허니선더는 크리스파클의 집에 갈 때도 "원주민들을 어깨로 밀쳐내며 길 한가운데로 걸어간다"(85). 영국인을 "원주민"이라고 묘사하는 서술자의 어휘 선택은 원주민을 대상으로 하는 허니선더의 자선사업을 풍자하고자 하는 계산에 따른 것이지만, 실론 출신의 랜들리스 남매에 대한 크리스파클의 첫인상과 합해져서 제국 내지 식민의 문제를 작품에 도입하는 역할을 하기도 한다. 제국 내지 식민의 문제는 사실, 1장 첫머리에 등장하는 술탄 등의 동양적 이미저리나 "미개발국의 모든 상황"(59)을 개선시키겠다는 의욕을 갖고 이집트로 가려는 에드윈의 계획을 통해 도입되는 문제이기도 하다.

한편, 허니선더가 런던으로 돌아간 후 로자는 남은 사람들 앞에서 재스퍼의 피아노 반주에 맞춰 "이별에 대한 애처로운 곡조"(92)를 노래한다. 로자의 목소리가 떨리더니 갑자기 울음을 터뜨리고 두 손으로 얼굴을 감싸며 방으로 데려다 달라고 소리친다. 헬레나의 간호에 힘 입어 평상심을 회복한 로자는 친구가 된 헬레나에게 자기의 속마음을 다음과 같이 털어놓는다.

> "그가 표정으로 나를 노예로 만들었어. 그는 한마디 말도 하지 않고 내가 그의 마음을 이해하도록 만들었고, 한 마디 위협도 하지 않고 내가 침묵을 지키도록 만들었어."
>
> "He has made a slave of me with his looks. He has forced me to understand him, without his saying a word; and he has forced me to keep silence, without his uttering a threat." (95)

로자가 재스퍼에 대해 느끼는 공포의 핵심에는 그가 자신을 맘대로 좌우할 수 있다는 사실이 자리하고 있다. "재스퍼는 … 젊은 여자의 마음을 식민화하고 그녀에 대해 제국적 지배력을 행사"(Pykett 186)하는 것이다. 로자에 대한 재스퍼의 욕망이 발현되는 방식에서 드러나듯, 식민의 문제가 재스퍼의 분열의 문제와 별개로 존재하는 것은 아니다. 에드윈이 사라지고 6개월이 지난 후에 로자를 찾아온 재스퍼는 로자에게 열렬한 사랑의 고백을 한다. "폭력적인 표정과 말투, 그리고 침착한 태도의 대조"(228)는 로자에게 한층 더한 공포로 다가오는데, 견디다 못한 로자는 "당신은 에드윈에게 매일 매시간 거짓으로 대했다"(같은 면)라고 반발하지만, 재스퍼에게는 화를 내는 로자의 모습이 오히려 아름답다. "당신은 침착하게 있을 때보다 화를 낼 때가 더 아름다워. 당신에게 사랑을 요구하는 것은 아니야. 당신과 당신의 분노를 달라는 거지. 당신 자신과 그 아름다운 분노를 줘"(229). 로자에 대한 재스퍼의 사랑은 끝까지 불온하고 병적인 내용으로 가득한 것이다.

클로이스터엄의 존경 받는 시민인 재스퍼가 속에 품고 있는 어두운 자아는 철저한 악마성을 핵심으로 한다. 로자를 차지하기 위해서는 그녀의 약혼자 에드윈을 해치워야한다는 생각에 사로잡힌 재스퍼는, 시체를 처리할 곳으로 성당 지하실을 떠올리고 그곳을 미리 답사하는 등의 치밀한 계획을 진행해나가는 한편, 살인의 책임을 네빌에게 씌

워서 로자의 사랑을 다툴 잠재적 라이벌마저 한꺼번에 제거하고자 한다. 작품에서 플롯(음모)을 꾸미고 살인 사건을 다룬 책(그의 일기)을 저술하는 재스퍼는 마치 작가와 같은 위치에 있는 셈인데(Tracy 2006, 29-38) 그의 '저술'에서 핵심을 차지하는 부분 중의 하나가—앞서 잠깐 언급했던—제8장의 내용이다. 서로에 대한 감정이 이미 격앙되어 있는 에드윈과 네빌을 집으로 초대한 재스퍼는 둘에게 큰 잔으로 술을 권한다. 이후 재스퍼는 둘의 갈등과 반목을 고조시켜서 분노에 찬 네빌이 재스퍼에게 폭력적 행동을 하도록 유도한다. 재스퍼가 늦은 밤중에 크리스파클을 찾아와서 하는 이야기나, 다음날 아침 클로이스터엄 전체에 퍼뜨리는 이야기는 "네빌에 대한 편견"(125)으로 가득하다. 네빌은 "복수심에 불타는 난폭한 성정"(198)의 소유자로서 그에게 유일하게 영향을 미칠 수 있는 존재인 "누이만 없다면 매일이라도 살인을 할"(같은 면) 위인이라는 것이다. 마을사람들이 이해하는 네빌은 재스퍼에 의해 그의 음모를 완성시킬 수 있는 악마로 '재창조'된 네빌인바, 옛날 수노사가 도서실과 책상에서부터 악마를 조각해내었듯이 재스퍼는 "그의 마음에서부터 악마를 조각해낸"(48) 것이다.

디킨즈의 인물 중에서 재스퍼와 비슷하게 분열되어 있는 인물로 『우리 둘 다 아는 친구』의 헤드스톤을 꼽을 수 있다. 하층 출신의 헤드스톤은 비상한 노력을 통해 교사로 성공해서 그가 소망하던 신분상승을 달성하지만, 성공을 위해 억눌러두었던 내면의 에너지가 리지(Lizzie)를 만나면서부터 "낭만적 사랑으로, 사랑이 좌절된 후에는 폭력성의 형태로 귀환하면서 결국에는 무섭도록 파괴적인 인간형으로"(장남수 2005, 12) 굳어진 인물이다. 질서를 가르치고 수호하는 낮의 자아와 복수심과 증오에 몸부림치는 밤의 자아로 분열된 헤드스톤이지만, 그 "복수심과 증오"가 출세의 욕구와 환경적 압력에 의해 억눌려 있던 내면의 에너지가 묘하게 뒤틀린 형태로 표출되는 것이므로, 독자로서는 그의 삶이 중언하는 비극성에 무감할 수 없는 것이다. 성공의 요인이 곧바로 좌절의 요인으로 이어지는 비극성을 지닌 헤드스톤이 독자의 공감과 연민을 받는 반면,[8] 철저한 악마로 드러나는 재스퍼는 독자의 공감에서 완전히 배제된 인물이라는 점이 둘 사이에 결정적인 차이를 구성한다.

> 재스퍼는 그저 드루드가 죽기를 바라는 게 아니다. 그는 그를 특정한 방식으로 죽이기를 원한다. … 드루드가 네빌 랜들리스에 의해 살해된 것으로 보이게끔 사건을 조작해서 랜들리스를 두 번째 희생자로 삼고 그래서 로자의 사랑을 다투는 경쟁자를 둘 다 제거하는 쪽으로 자신의 범죄를 완성시키고자 하는 것이다. 이것은 정말로 멋진 예술로서의 살인인 것이다.
>
> Jasper doesn't just want Drood dead. He wants to kill him in a certain way, … By arranging events in such a way that Drood seems to have been murdered by Neville Landless, Jasper would perfect his crime by making Landless a second victim, thus eliminating both of his rivals for Rosa. It is indeed murder as a fine art. (Tracy 2009, 213)

헤드스톤이 복수심에 불타는 파괴적 인간형으로 드러나는 것은 "억압된 것의 귀환"(return of the repressed)으로 설명할 수 있는 내면의 에너지 때문이다. 재스퍼 역시 조카에게 헌신하는 삼촌으로, 성가대 지휘자로 지내기 위해 억압해두었던 "야심과 야망, 불안과 불만"(49)이 예의 '귀환'을 통해 돌아와서 조카를 살해하고 로자를 탐하는 것으로 설명할 수 있다. 둘의 차이는 헤드스톤이 그 '귀환' 때문에 내내 괴로워하는 모습을 보이는 데 반해 재스퍼는 별로 괴로워하는 기색이 없이 능동적으로 악을 행한다는 점으로도 설명할 수 있다. 재스퍼의 분열은 한쪽이 다른 한쪽을 알아보지 못할 정도로 너무나 깊고 완벽하게 진행된 것이다. 그는 네빌에게 자신의 악마성을 투사하여 악마로 재창조해

8) 헤드스톤이 받는 독자의 공감과 연민에 대해서는 장남수 2005, 12-13면 참조.

낼 만큼 어두운 내면이 본질로 굳어진 인물이며, 그루저스(Grewgious)의 지적대로 "악한과 야생짐승이 결합되어 있는 존재"(250)로서 자신의 행동에 대한 회한이나 반성과는 동떨어진 삶을 사는 위인인 것이다.

3. 마무리에 대신하여

"두 가지 극단적 상태"(49)로 나뉘어있는 재스퍼의 분열은 디킨즈가 후기작에서 수행하는 분열된 인물에 대한 탐구에서 새로운 면모를 보여주는 듯하다. 예컨대 재스퍼를 『작은 도릿』의 팽스(Pancks), 『막대한 유산』(*Great Expectations*, 1860-61)의 웨믹(Wemmick), 그리고 바로 앞에서 거론했던 『우리 둘 다 아는 친구』의 헤드스톤과 비교해 보면, 공과 사, 겉과 속으로 분열된 정도가 더하면 더하지 덜하지 않은 인물이지만, 조카를 살해하고 현실을 왜곡하면서까지 그가 로자에게 병적으로 집착하는 이유가 무엇인지는 분명하게 드러나지 않는다. 팽스, 웨믹, 헤드스톤의 경우 이들의 분열은 사회적 신분차이를 포함하여 몇 가지 현실적 사정에서 기인하는 것으로 짐작할 수 있는 소지가 충분하다. 이에 비해 재스퍼의 경우는, 작품 자체가 미완성이라는 사실에서 비롯하는 것일 수도 있지만 분열의 원인이 다분히 '공백'으로 남아 있는 것이다. 재스퍼와 다른 인물들의 '차이'는 이들이 등장하는 작품의 차이를 반영하는 것일 수도 있다. 즉 『블리크 하우스』(*Bleak House*, 1852-53), 『작은 도릿』, 『우리 둘 다 아는 친구』 등 디킨즈의 대표작들은 여러 계층의 얽히고설킨 관계를 통해 사회의 파노라마를 제시하면서 당대 사회의 핵심적 문제를 검토하고 비판하는 데 비해, 『에드윈 드루드』는 사회적 총체를 제시하는 것과는 거리가 멀다고 할 수 있다. 등장하는 인물이나 사건이 펼쳐지는 배경이 좁게 한정되어 있으면서 사회에 대한 탐구보다는 병적 심리의 탐구가 두드러지는 것이다.

『에드윈 드루드』가 보여주는 사회적 내용의 부재와 병적 심리에 대한 천착은 재스퍼의 분열과 악마성을 집중적으로 부각시키는 역할을 한다. 작품에 사회적 내용이 전무한 것은 물론 아니다. 예컨대, 성당이 대표하는 문명의 공허성에 대한 비판의식은 재스퍼나 에드윈을 비롯한 인물들의 행동에서 분명히 드러나며 클로이스터엄의 피상성에 대조되는 동방의 에너지와 활력은 랜들리스 남매를 통해 전달된다. 작품을 관통하는 제국, 인종, 젠더의 주제 역시 분열된 자아에 대한 탐구를 풍부하게 하는 한편 논의가 추상성에 빠지는 것을 방지하는 데 기여한다. 하지만 사회학적 설명이 포괄하지 못하는 재스퍼의 불만과 분열은 이제까지 팽스, 웨믹, 헤드스톤이 보여주었던 불만, 분열과는 다른 차원에 속하는 걸로 보인다. 오히려 '인간조건'을 보여준다고 할 수 있을 것 같은 그의 분열은 사회학적 요인보다 더 깊숙한 곳, 즉 철학적으로나 경제적으로나 자본주의적 근대의 깊숙한 뿌리에서 비롯하는 것이라는 느낌을 준다. 재스퍼의 분열이 "근대사회의 철학 및 운영원리가 지니고 있는 이중성 내지 본원적 분열성"(장남수 2007, 4) 그리고 "내부화되지 않은 외부에 대한 요구와 외부를 끝없이 내부화하는 경향, 둘 사이의 이율배반이 표상하는 자본주의경제의 분열적 모순"(같은 글, 5)에 닿아있는 것이라면, 이는 후기작에서 심화되는 작가의 비관적 태도를 설명할 수 있는 한 가지 방법일 것이다.

인용문헌

장남수. 「교사 헤드스톤의 성공과 좌절」. 『현대영미어문학』 23-4(2005): 1-16.

___. 「디킨즈 소설을 통해 본 근대적 주체의 분열과 복제」. 『현대영미어문학』 25-3(2007): 1-17.

Beer, John. "*Edwin Drood* and the Mystery of Apartness." *Charles Dickens: Critical Assessments* vol. III. Ed. Michael Hollington. Mountfield: Helm Information, 1995.

Cockshut, A. O. J. "*Edwin Drood*: Early and Late Dickens Reconciled." *Dickens and the Twentieth Century*. Ed. John Gross and Gabriel Pearson. 1962; London: Routledge and Kegan Paul, 1966.

Collins, Philip, ed. *Dickens: The Critical Heritage*. New York: Barnes & Noble, 1971.

Davis, Paul. *Charles Dickens A to Z*. New York: Checkmark Books, 1999.

Dickens, Charles. *The Mystery of Edwin Drood*. Ed. Arthur J. Cox. Intro. Angus Wilson. Harmondsworth: Penguin, 1974.

Forster, John. *The Life of Charles Dickens* vol. II. London. Dent, 1966.

Golding, Robert. *Idiolects in Dickens*. Basingstoke: Macmillan, 1985.

Hornback, Bert. "The Book of Jasper." *Dickens Quarterly* 24-2 (2007): 78-85.

Ingham, Patricia. *Dickens, Women and Language*. Toronto: U of Toronto P, 1992.

James, Simon J. "*The Mystery of Edwin Drood*." *A Companion to Charles Dickens*. Ed. David Paroissien. Malden: Blackwell, 2008.

Joseph, Gerhard. "Who Cares Who Killed Edwin Drood? Or, On the Whole, I'd Rather be in Philadelphia." *Nineteenth-Century Literature* 51-2 (1996): 161-75.

Moore, Grace. *Dickens and Empire: Discourses of Class, Race and Colonialism in the Works of Charles Dickens*. London: Ashgate, 2004.

Plummer, Patricia. "From Agnes Fleming to Helena Landless: Dickens, Women and (Post-) Colonialism." *Dickens, Europe and the New Worlds*. Ed. Anny Sadrin. Basingstoke: Macmillan, 1999.

Pykett, Lyn. *Charles Dickens*. London: Palgrave, 2002.

Robson, W. W. "The Choir-master and the Single Buffer: an Essay on *The Mystery of Edwin Drood*." *Art and Society in the Victorian England*. Ed. Clin Gibson. New York: St. Martin's P, 1989.

Sedgwick, Eve Kosofsky. "Up the Postern Stair: *Edwin Drood* and the Homophobia of Empire." *Charles Dickens: Critical Assessments* vol. III. Ed. Michael Hollington. Mountfield: Helm Information, 1995.

Stallybrass, Peter and Allon White. *The Politics and Poetics of Transgression*. Ithaca: Cornell UP, 1986.

Tambling, Jeremy. *Dickens, Violence and the Modern State*. Basingstoke and London: Macmillan, 1995.

Thurley, Geoffrey. "*Edwin Drood*." *Charles Dickens: Critical Assessments* vol. III. Ed. Michael Hollington. Mountfield: Helm Information, 1995.

Tracy, Robert. "Jasper's Plot: Inventing *The Mystery of Edwin Drood*." *Dickens Quarterly* 23-1 (2006): 29-38.

___. " 'Opium is the True Hero of the Tale': De Quincey, Dickens, and *The Mystery of Edwin Drood*." *Dickens Studies Annual* 40 (2009): 199-214.

Wales, Kathleen. "Dickens and Interior Monologue: The Opening of *The Mystery of Edwin Drood* Reconsidered." *Charles Dickens: Critical Assessments* vol. III. Ed. Michael Hollington. Mountfield: Helm Information, 1995.

Wilson, Angus. "Introduction." Charles Dickens. *The Mystery of Edwin Drood.* Ed. Arthur J. Cox. Intro. Angus Wilson. Harmondsworth: Penguin, 1974.

Wilson, Edmund. "Dickens: The Two Scrooges." *The Wound and the Bow*. New York: Farrar Straus Giroux, 1978.

제2부

부 록

❖

『어려운 시절』 개설(槪說)

—

1. 문제의 제기

토마스 그래드그라인드는 학교이사장이고 코크타운을 대표하는 국회의원이다. 그는 '상상'을 배제하는 '사실' 교육을 통해, 자기 아이들과 학생들을 논리적으로 사고하고 합리적으로 판단하는 인간으로 키우고자 한다. 그러나 그래드그라인드의 자식으로서 철두철미하게 교육받은 루이자와 톰의 인생이 원만하고 만족스러운 것은 아니다. 코크타운의 은행가·상인·공장주로서 그래드그라인드의 원칙을 실천하고 실행하는 인물인 바운더비와 완벽한 교육의 수혜자인 루이자의 결혼이 행복한 결말로 끝나는 것도 아니다. 그래드그라인드 학교의 모범생인 빗쩌 역시 무섭도록 이기적이고 파괴적인 인간으로 굳어진다. 도대체 무엇이 잘못되었는가.

2. 주요 등장인물

토마스 그래드그라인드: 코크타운의 학교이사장이자 국회의원으로 공리주의의 철저한 신봉자이다.

조사이어 바운더비: 코크타운을 대표하는 자본가이자 그래드그라인드의 친구인데 나중에는 그의 딸 루이자와 결혼하여 그의 사위가 된다.

루이자 그래드그라인드: 공리주의 교육을 완벽하게 받았지만 결코 만족스런 삶을 살지는 못한다.

톰 그래드그라인드: 루이자의 남동생으로 자기밖에 모르는 이기적인 인물이다.

씨씨 주프: 냉혹하고 계산적인 공리주의 세력에 맞서서 인간적 따스함과 공감적 상상력을 대표하는 인물. 그녀는 비인간적인 그래드그라인드 집안을 인간적 환경으로 재창조하는 데 핵심적인 역할을 한다.

슬리어리: "슬리어리 곡마단"이라는 곡마단의 단장으로 천식을 앓고 있어서 발음이 분명하지 않다.

빗쩌: 공리주의의 모범생으로 모든 일에는 대가가 따라야 한다는 정치경제학을 신봉하는 인물이다.

스티븐 블랙풀: 주정뱅이 부인과 이혼하고 레이챌과 재혼하기를 원하는 인물. 코크타운의 노동자인 그는 노동조합과 고용주 양자의 편견에 의해 희생되는 '순교자'이다.

제임스 하트하우스: 귀족 출신의 한량으로 극히 냉소적이고 무책임한 인물이다.

3. 줄거리

1권. 파종(Sowing)

장식이 전혀 없는 수수하고 단조로운 교실에서 학교이사장인 그래드그라인드는 선생과 학생들에게 '사실'에 입각한 교육의 중요성과 효용성을 강조한다. 인간성마저도 숫자와 산술로 규정하고 설명할 수 있다고 믿는 그의 사고방식이 지닌 문제점은 학생들에게 말에 대해 정의해보라고 요구하는 대목에서 단적으로 드러난다. 그래드그라인드는 공리주의의 모범생이자 우등생인 빗쩌를 통해 "네발짐승. 초식동물. 40개의 이빨 중 어금니 24개, 송곳니 4개, 그리고 앞니 12개"라는 식의 사전적 정의를 제시한 후, 곡마단에서 말과 함께 살아가지만 사전적인 정의에는 무지한 씨씨에게 다음과 같이 말한다.

"자, 20번 여학생. 이제 말이 어떤 동물인지 알겠지."

그래드그라인드에겐 말이라는 동물의 유기체적 특성이나 습관보다도 자신이 강조하는 '사실'만이 절대적이고 중요한 것이다. 감정이나 정서 말고 이성만을 교육시킬 것, 덧셈·뺄셈·곱셈·나눗셈을 통해 문제를 해결한 이후에는 절대 궁금해하지 말 것, 이것이 그래드그라인드의 기본원칙이다.

학교에서 학생을 한바탕 닦달한 후 의기양양해서 스톤 로지로 돌아오던 그래드그라인드는 뜻밖의 광경을 목도한다. 아주 어릴 때부터 철저하게 교육을 시켰던 루이자와 톰이, 슬리어리 곡마단이 들어앉은 가건물의 '뚫어진 구멍'을 통해 곡마단의 묘기를 엿보고 있는 모습을 목격하게 된 것이다. 곡마단이야말로 공리주의 교육이 금지하는 '상상'을 대표하는 집단 아닌가. 놀라서 말문이 막힌 그래드그라인드는 소리친다.

"놀랍고 한심하고 바보 같구나! 도대체 여기에서 무엇을 하는 거니?"

그래드그라인드가 자식들의 뜻밖의 행동에 절망하여 소리쳤던 바로 그 순간, 그의 친구이자 코크타운의 대표적 자본가인 바운더비는 스톤 로지에서 그래드그라인드 부인에게 자신의 옛날 불행을 과장하여 떠벌리며 친구가 돌아오기를 기다리고 있었다. 친구가 돌아와서 루이자와 톰이 곡마단에 대해 천박한 호기심을 느끼고 안을 엿보더란 얘기를 해주자, 그래드그라인드와 바운더비는 그 탓을 "뜨내기 놀이패"의 자식인 씨씨가 아이들에게 불러일으킨 쓸데없는 상상력 때문이라고 단정하고 씨씨를 학교에서 쫓아내기로 작정한다. 둘은 씨씨의 부친인 주프 씨를 만나러 '페가수스의 문장'이라는 술집으로 가는데, 술집이 위치해 있는 코크타운은 다음과 같은 도시이다.

> 그것은 붉은 벽돌의 도시, 만약 공장 연기와 재가 허락했다면 붉은 색이었을 벽돌로 이루어진 도시였다. 그러나 사실은 야만인의 물감 칠한 얼굴처럼 부자연스런 붉음과 검정의 도시였다. 그것은 기계와 높은 굴뚝의 도시였는데 그 높다란 굴뚝으로부터 연기의 뱀이 끊임없이 영원히 영원히 기어나와서 결코 풀어지지 않았다. 도시 안에는 검은 운하가 하나 있고 고약한 악취를 풍기는 염료 때문에 자줏빛으로 흐르는 강이 하나 있었다. 창으로 꽉찬 거대한 건물더미가 있는데 거기서는 하루 종일 덜컹거리고 덜덜 떠는 소리가 들렸고, 우울한 광증에 사로잡힌 코끼리의 머리 같은 증기기관의 피스톤이 단조롭게 상하운동을 했다. 서로 똑같이 닮은 큰 길이 몇 개 있었고 한층 더 닮은 작은 거리가 많이 있었다. 그 거리에는 마찬가지로 꼭 닮은 사람들이 같은 시간에 같은 포도에서 같은 소리를 내며 같은 일을 하기 위해 출퇴근하면서 살고 있었다. 그들에게 매일은 어제나 내일과 꼭 같았고 매해는 작년이나 내년과 꼭 같았다.

그래드그라인드와 바운더비가 술집에 가보니 씨씨의 부친인 주프 씨는 이미 어디론가 사라진 후이다. 이제 어찌할 것인가. 씨씨를 애초의 결심대로 학교에서 퇴학시키고 나 몰라라 할 것인가, 아니면 그 아이를 책임지고 모범생으로 양육할 것인가. 공리주의의 효용성을 추호도 의심하지 않는 그래드그라인드는 친구의 만류에도 불구하고 씨씨를 스톤 로지로 데려다가 키울 생각을 한다. 그래드그라인드 씨는 "충분히 엄격했지만 바운더비 씨만큼 거친 사람"은 아니었으며 "그의 성격에 균형을 잡아준 산술에서 오래 전에 상당한 실수를 범하기만 했다면 정말로 친절한 사람이 되었을 수"도 있는 인물인 것이다.

아버지가 자기 몰래 곡마단을 떠났다는 믿기 어려운 사실을 확인한 이후, 씨씨는 그래드그라인드를 따라서 스톤 로지로 갈 것인지, 아버지를 기다리며 곡마단에 계속 있을 것인지 망설인다. 이때 부친의 희망을 대신 전해주며 스톤 로지로 따라나설 것을 권면하는 인물이 그래드그라인드이다.

> "주프야, 너의 결정에 영향을 미친다는 측면에서 너에게 해줄 유일한 얘기는 건전한 실제적 교육을 받는 것이 몹시 바람직한 일이라는 사실과 너의 아버지조차도 (내가 이해하는 바로는) 너를 위해 그 정도는 뼈저리게 알고 느꼈던 듯하다는 거다."

슬리어리를 포함한 모든 곡마단원들은 씨씨와 헤어져야 한다는 슬픔과 그래드그라인드의 '친절' 둘 다를 가슴속 깊이 간직한다.

아빠의 손에 잡혀서 집으로 끌려온 루이자와 톰은 또다시 이전과 같은 판에 박은 삶을 살아간다. 차이가 있다면 루이자가 난롯불을 보며 뭔가에 대해 궁금해 하는 횟수가 늘었다는 점인데, 공리주의 교육이 강화될수록 루이자의 공허감과 허전함은 깊어만 간다. 그래드그라인드의 선의(善意) 덕택에 스톤 로지에서 살며 학교교육을 받게 된 씨씨는 부친의 희망대로 학교 공부에 최선을 다하지만 숫자에 대한 이해나 경제학의 기초에서 지진아이고 평균 이하에 그친다. 공리주의의 기계적이고 반생명적인 사고틀을 수용하기에는 씨씨가 너무나 감정이 풍부하고 활력이 가득한 인물인 것이다. 루이자와 씨씨 사이에 계속되는 대화는 어느덧 이 집에서 금지하는 선을 넘어 곡마단 생활과 가족 간의 사랑과 위로에 대한 이야기로 바뀌고, 씨씨의 존재가 루이자의 갈망과 허기를 채워주는 만큼 둘 사이의 정서적 유대와 정신적 믿음은 깊어간다. 씨씨가 그래드그라인드 집안에서 발휘하는 영향력이 루이자에게 국한되는 것은 아니다. 그녀가 가족들에게 베푸는 도움과 친절은 그래드그라인드가 보기에도 뚜렷한 것인바, 그는 씨씨의 학업결과를 불만으로 여기면서도 "도표로 표시할 수 없는 무엇인가가 이 아이에게 존재한다는 생각"을 부정할 수 없게 되고 그걸로 족하다는 생각을 가질 정도가 된다. 애초에 그래드그라인드는 씨씨를 자기 틀에 맞추어 변화시킬 수 있으리라는 확신을 가졌었지만 정작 변화하기 시작하는 인물은 씨씨가 아니라 그래드그라인드 자신인 것이다. 하지만 그래드그라인드가 공리주의의 문제점을 온몸으로 실감하고 근본적으로 바뀌기까지 그가 가야 할 길은 아직도 멀다.

코크타운 같은 공장도시에 어찌 노동자가 없겠는가. 이 도시의 노동자들은 가혹한 작업환경과 살인적인 저임금 탓에 사용주에 대한 불만을 억누를 길이 없으며 직접적인 행동을 통해 자신들의 요구를 관철시키고자 한다. 그러나 이들 노동자 중의 한 명인 스티븐은 다른 노동자들과 조금은 다른 처지에 있다. 그의 일차적 관심사는 주정뱅이인 현부인과 이혼하고 레이첼과 재혼하는 것이지, 다른 노동자들처럼 작업환경이나 저임금에 대한 것이 아니다. 스티븐은 바운더비를 찾아가서 이혼이 가능한지 알아보고 우호적인 충고를 구하지만 돌아오는 답변은 결혼은 신성한 것이므로 어떠한 일이 있어도 유지해야 한다는 판에 박힌 대답일 뿐이다.

스티븐에게 결혼의 신성함을 강조했던 바운더비는 코크타운을 대표하는 명가(名家)와 사돈을 맺어서 자신의 자수성가 신화를 멋지게 장식하고 싶은 마음이 간절하다. 공리주의적 계산법에 따라서 바운더비야말로 최고의 사윗감이라고 생각하는 그래드그라인드는 어느 날 루이자에게 바운더비를 신랑감으로 천거한다. 바운더비의 청혼 사실을 전달하며 그가 딸에게 하는 첫마디는 결혼 문제를 "이성과 계산이라는 튼튼하고 공정한 토대 위에서 판단"하라는 주문이다. 그러나 청혼에 대한 얘기를 들으면서도, 루이자가 '주문'에 충실하게 냉정한 태도를 유지하자, 막상 당황하는 측은 그래드그라인드이다. 루이자는 결국, "살아 있는 동안 제가 할 수 있는 작은 일이나마 제게 적합한 일을 하고 싶어요. 그게 무엇이든 상관없어요,"라고 말하며 자포자기에 가까운 심정으로 청혼을 수락한다.

루이자와 바운더비가 결혼할 거라는 소식을 듣고 이 결합이 파국으로 끝날 수밖에 없으리라는 점을 직관적으로 알아차리는 인물은 씨씨이다. 비록 씨씨가 공리주의 원칙에 근거한 수업은 따라가지 못하지만 상상적 공감에서 비롯하는 직관적이고 본능적인 예지나 판단력에서는 어느 누구보다도 뛰어난 인물인 것이다.

2권. 수확(Reaping)

바운더비가 루이자와 결혼한 지 어느덧 일 년이 흘렀고, 바운더비의 집안일을 봐주던 스파지트 부인이 바운더비 은행으로 자리를 옮긴 지도 일 년이 지났다. 이 은행에서 밀정 겸 밀고자로서 상당한 역할을 하여 입지를 굳힌 빗쩌는, 무더운 여름 어느 날 스파지트 부인에게 노동자들이 생활의 향상을 원한다고 하면서도 자기처럼 열심히 노력하지 않는 이유를 모르겠다고 떠벌린다. 빗쩌의 얘기는, "내가 한 일은 너희들도 할 수 있다. 어째서 하지 못하느냐?" 하는 논리를 통해 빈곤을 당사자의 게으름 탓으로 환원시키는 코크타운 유력자들의 생각과 궤를 같이 한다.

스파지트 부인과 빗쩌가 대화하는 도중에 하트하우스가 은행으로 찾아온다. 귀족 출신의 하트하우스는 형의 추천을 받아 코크타운에서의 일자리를 얻자 심심풀이 삼아 그 일을 한번 해보기로 작정한 것이다. 그러나 "될 대로 되라"라는 좌우명이 유일한 진리라고 생각하는 하트하우스는 코크타운에 도착하자마자 다른 곳에나 가볼까, 하고 생각할 정도로 무책임하고 만사에 금방 싫증을 느끼는 위인이다. 런던에서부터 대단한 여성이라고 얘기를 들은 바운더비 부인이 예상보다 너무 어리다는 사실을 알고 그녀에 대한 관심이 동하지 않았다면, 그는 실제로 코크타운을 곧바로 떠났을 것이다.

자포자기의 심정으로 바운더비와 결혼하여 쓸쓸하고 의미 없는 나날을 살아가는 루이자에게 "모든 일이 공허하고 무가치한 것"이라는 하트하우스식 철학은 "일종의 위안 겸 변병의 구실"로 여겨진다. 그의 철학을 따르자면 루이자가 바운더비와 결혼하기 위해 새삼 잃은 것도 새삼 희생한 것도 없기 때문이다. 이상이나 미덕을 노골적으로 강조하는 주위 사람들에 비해 그런 것은 무의미한 것이라고 공언하는 하트하우스는 루이자가 보기에 분명 새로운 인간유형이며 또한 그런 만큼 관심의 대상이 되기에 족하다. 모든 것을 포기한 채 살아가는 루이자에게 한가지 불만이 남아 있다면 그것은 동생인 톰에 대한 것이다. 루이자가 바운더비와의 결혼을 결심하기까지 그녀가 유일하게 사랑하는 톰의 희망과 부추김은 결정적인 것이었는데도 톰은 바깥으로 나돌기만 하고 자기에게는 너무나 무관심하지 않는가. 루이자의 가려운 데를 알아차린 하트하우스는 그녀가 보는 가운데 톰을 '훈계'하여 톰이 누나에게 사과하도록 만드는 장면을 연출하고, 그 이후 둘의 관계는 급진전된다.

한편, 코크타운에서 전개되는 적대적인 노자관계는 스티븐의 처지가 아무리 절박하다 해도 그가 이혼이라는 가정적이고 개인적인 문제에만 전념하는 것을 허용하지 않는다. 그는 노동조합에 가입하여 함께 투쟁하든지, 자본가 편에 서서 동료들을 배반하고 그들에 대해 밀고하든지 양자택일을 해야 하는 것이다. 스티븐이 끝까지 '노동자총연맹'에 가담하기를 거부하자 노동자들은 그와의 관계를 단절한다. 이제, 그가 코크타운에서 계속 지내려면 자본가 편에 서는 길밖에 없지만 명예심이 강한 스티븐으로서는 노동자의 대의를 저버리고 밀고자로 전락할 수도 없는 노릇이다. 스티븐은 결국, "자기가 속한 계급의 편견과 다른 계급의 편견, 둘 다에 의해 희생"된 채 코크타운을 떠날 수밖에 없게 된다. 코크타운에서 노동자는 "사용자나 노동자 한쪽 편으로 길을 들어야만 하는" 것이다.

속으로는 문제가 곪아가도 겉으론 별 탈이 없던 코크타운에 하루는 믿기 어려운 일이 벌어진다. 바운더비 은행에 밤사이 도둑이 들어서 150파운드 남짓한 돈을 훔쳐간 것이다. 이 도시를 떠나기 전 며칠 동안 은행 주위를 서성이던 스티븐과 가끔씩 은행 주위에 나타나곤 하던 이상한 노파가 유력한 용의자로 지목된다. 그러나 노동자들 사이에서 "훌륭한 평판"을 누리던 스티븐이 정말 범인일 수 있을까. 또한 은행에 도둑이 들었다는 소식을 듣자마자 루이자가 기절한 까닭은 무엇인가. 루이자는 혹시 은행을 턴 범인이 톰이라고 직감하는 것이 아닌가.

루이자와 하트하우스의 관계가 진전되는 모습을 쾌재를 부르며 지켜보는 인물이 있는데 그 인물은 바로 스파지트 부인이다. 예전부터 바운더비와의 결혼을 희망했던 이 부인은 이제라도 루이자를 밀어내고 그 자리를 차지하고 싶은 것이다. 바운더비가 집을 비운 어느 날 스파지트 부인은 결정적인 장면을 목격한다. 하트하우스가 루이자를 껴안고 열정적으로 사랑을 고백하는 것이 아닌가. 조금씩 내리던 빗방울이 점점 굵어지다가 마침내는 호우가 돼서 쏟아지는 가운데 루이자는 외투를 입고 얼굴을 싼 채 어디론가 급히 떠난다. 둘이 눈이 맞아 달아나는 거라고 생각한 스파지트 부인은 결정적인 장면을 놓치지 않기 위해 루이자의 뒤를 밟는다. 천둥소리가 요란하게 울리고, 번개는 철로 위에 지그재그로 떨어지고, 상황의 긴박성에 비례하여 스파지트 부인의 호흡도 가빠진다. 길가의 파이프가 터져서 하수구는 넘쳐흘렀으며 거리는 온통 물바다였다. 온몸은 비에 완전히 젖었고 움직일 때마다 신발 안에서는 절벅이는 소리가 난다. 그러나 스파지트 부인은 루이자의 자취를 놓치고 만다. 루이자는 대체 어디로 사라진 것인가.

루이자는 사랑의 도피여행을 떠난 게 아니었다. 스파지트 부인의 예상과는 달리 아버지에게로 달려갔던 것이다. 루이자가 하트하우스 때문에 마음의 갈등이 없었던 것은 아니지만, 배를 난파시키는 유빙(遊氷)에 비유되는 하트하우스의 본질을—그래드그라인드 체제에서 악성인 부분만 증폭시킨 본질을—알아보지 못할 정도로 분별없는 여성은 아닌 것이다. 비에 흠뻑 젖은 채 나타난 루이자를 보고 그래드그라인드는 깜짝 놀라며 뭔가가 잘못되었음을 감지한다. 그러나 루이자가 털어놓는 이야기는 바운더비와의 애당초 잘못된 결혼에 대한 것만이 아니다. 이제까지의 성장과정 전체와 아버지의 교육철학 자체에 대한 것이다.

"아버지, 한편으로는 잠시도 충족된 적이 없는 굶주림이나 갈증과, 다른 한편으로는 자와 숫자와 정의가 절대적으로 통하진 않는 영역에 대한 열렬한 갈망과 매순간 싸우며 저는 자랐어요."

"네가 불행한 줄은 꿈에도 몰랐구나, 아가."

"아버지, 저는 항상 불행했어요. … 제가 배운 지식은 모르는 것을 의심하고 불신하고 경멸하고 한심하게 여기도록 만드는 것이었어요. 인생은 곧 끝날 것이고 다투는 수고와 노력을 들일 가치가 조금도 없다고 생각하는 것이 저의 쓸쓸한 마지막 수단이었으니까요." …

"제가 아는 바는 그저 아버지의 철학과 교육이 저를 구하지는 못할 거라는 거죠. 자, 아버지, 저를 이 지경으로 끌고 왔으니 다른 방법으로 절 구해주세요!"

그는 딸이 마룻바닥에 쓰러지는 것을 막기 위해 때맞춰 루이자를 꽉 붙잡았지만 그녀는 무서운 소리로 외쳤다. "절 붙잡으면 죽어버리겠어요! 바닥에 꼬꾸라지게 내버려두세요!" 그래서 그는 루이자를 마룻바닥에 내버려두었고 자기 마음의 자부심과 체계의 승리가 무감각한 덩어리로 변해서 발치에 푹 쓰러져 있는 것을 보았다.

그래드그라인드는 이제까지 디디고 서 있던 땅과 의지하고 있던 버팀목이 한순간에 무너져 내리는 느낌이다. 공리주의의 중요성과 효용성을 추호도 의심하지 않던 그에게 루이자의 비난은 너무나 뜻밖이었던 것이다.

3권. 저장(Garnering)

기절했다가 아침에 깨어난 루이자에게 그래드그라인드가 찾아오지만 그는 말투부터가 평상시와 달리 떨려나온다. 자기도 "잘하려고 그랬다는 점을 믿어달라"라고 간정하면서도 전날 밤에 루이자가 요구했던 대로 그녀를 도와주고 바로잡아줄 방도가 자기에게 있는 것인지조차 믿을 수 없다는 고백을 한다. 이제까지는 "머리의 지혜"만으로 충분하다고 생각했지만 "가슴의 지혜"도 그에 못지않게 필요한 듯하다는 고백, 오랜만에 막내 제인을 보았는데 그 아이가 씨씨 덕에 긍정적으로 바뀐 걸 보면 "머리가 하지 않았고 할 수도 없었던 일을 가슴이 소리 없이 해내고 있었는지도 모르겠다"라는 고백 등과 함께.

한편 루이자를 기다리다 지친 하트하우스는 하루 종일 초조하게 소식을 기다린다. 그러나 기다리던 소식은 안 오고, 젊은 부인이 자기를 찾아왔다는 소식을 웨이터가 전달한다. 처음 보는 남자 앞에서 씨씨는 자기 자신보다도 방문한 목적에만 마음을 쏟으며, 앞으로 루이자를 만날 순 없을 거라는 점을 분명히 하고 즉시 코크타운을 떠나서 다시는 돌아오지 말 것을 요구한다. "자신이 요구하는 것을 그가 하게끔 되어 있다는 소박한 확신"을 지니고 부드럽지만 단호하게 이야기하는 씨씨 앞에서 하트하우스는 저항할 수단을 찾지 못한다. 자신을 꼼짝 못하게 만든 여성이 고작 곡마단원의 딸이라는 사실을 알게 된 하트하우스는 "이거야말로 패배를 마무리 짓는 것이로군,"이라고 중얼거리며 코크타운을 떠난다.

루이자가 하트하우스와 함께 어디론가 도망갔다고 생각한 스파지트 부인은 런던까지 바운더비를 찾아가서 그 소식을 전한다. 불같이 화가 난 바운더비는 당장 스톤 로지로 장인을 찾아오는데 뜻밖에도 루이자가 이 집에 있다는 소식을 듣는다. 그렇다고 해서 바운더비가 사과하고 얌전히 물러날 위인은 아니다. 더군다나 그래드그라인드가 미안해하며 변명하는 게 아니라, 그 동안 루이자를 키워온 방식이나 바운더비 자신과 결혼시킨 과정이 잘못된 듯하다고 후회하듯이 이야기하는 참에야. 바운더비의 결정은 단호하다. 다음날 정오까지 루이자를 돌려보낼 것, 그렇지 않으면 루이자의 옷가지 등속을 싸서 스톤 로지로 돌려보내겠다는 것이다. 정해진 시간이 지나도 루이자가 돌아오지 않자 바운더비는 지체 없이 짐을 싸서 보낸다.

루이자의 일을 잊기 위해서인지, 사소한 가정일이 사업적 열정을 약화시키진 않는다는 사실을 증명하기 위해서인지는 모르겠으나 바운더비는 은행을 턴 범인을 잡는 일에 더욱 더 매달린다. 현상금에 플래카드를 내걸고, 포스터를 붙이고, 전단을 뿌리는 등, 이제 누가 보아도 스티븐은 분명한 범인이다. 하루는 스티븐의 여자 친구인 레이첼이 바운더비에게 이끌려 루이자를 찾아오고, 레이첼은 전에 루이자와 톰이 스티븐을 방문했던 얘기, 스티븐에게 편지를 보냈으니 늦어도

이틀 안에 그가 돌아와서 자신의 무죄를 입증하리라는 얘기 등을 한다. 그러나 약속했던 이틀이 지나고 사흘, 나흘이 지나도 스티븐은 나타나지 않는다. 이제, 톰은 스티븐이 도망쳤을 거라고 공개적으로 단언하고 코크타운 사람들도 레이첼이 그에게 도망가라는 내용의 서신을 보낸 게 아닌지, 하고 의심한다. 시간이 더 흘러 일주일이 지나도 스티븐은 나타나지 않고 사람들의 의심은 더욱 굳어진다. 레이첼과 루이자, 씨씨만이 스티븐의 무죄를 믿는 가운데 레이첼은 스티븐의 무죄가 밝혀지면 곤란을 겪을 누군가가 스티븐을 중간에 살짝 해치운 게 아닐까, 하는 불길한 예감을 씨씨에게 털어놓는다.

한편, 바운더비의 환심을 사기 위해 범인을 잡는 일에 누구보다도 열심인 스파지트 부인이 하루는 이 사건의 또 다른 용의자인 노파를 찾아내서 바운더비 집에 끌고 온다. 구경꾼이 구름처럼 몰려든 가운데 노파를 본 바운더비는 흥분해서 외친다.

"아니, 어쩌자는 거야? 어쩌자는 거냐고 내가 묻잖소, 스파지트 부인?"

페글러 노파라는 이 할머니는 바로 바운더비의 모친이었던 것이나. 페글러 노파의 얘기를 통해 바운더비가 그 동안 떠벌렸던 자수성가에 대한 신화는 말 그대로 '허구'이고 '거짓말'이었음이 만천하에 폭로되지만, 그렇다고 해서 바운더비가 굳이 변명을 늘어놓거나 회개하거나 기가 죽을 위인은 아니다.

바운더비 집에서 이러한 소동이 있고 또 며칠이 흘렀는데도 스티븐은 여전히 감감 무소식이다. 스티븐은 어디에 있으며 어째서 돌아오지 않는 것인가. 레이첼과 씨씨는 스티븐을 찾아 코크타운 근처 들판을 수색해보기로 한다. 중간에 잠시 쉬며 무심코 근처를 살피던 이들의 눈에 폐광과 부서진 울타리 쪼가리, 그리고 검은 협곡의 아가리가 눈에 띈다.

좀 더 살펴보던 레이첼과 씨씨는 근처에서 스티븐의 모자를 발견한다.

"오, 맙소사! 그가 저 밑에 있어! 저 밑에 있는 거야!"

레이첼은 놀라서 비명을 지른다. 그러나 비명만 지른다고 사태가 수습되겠는가. 씨씨는 레이첼을 진정시킨 후 냉정하고 침착하게 구조를 청한다. 인근의 사람들과 소식을 들은 바운더비, 그래드그라인드 등이 급히 달려오고 "지옥의 갱"에서 스티븐을 꺼내는 데 사용할 밧줄, 권양기, 장대 등등의 장비도 도착한다. 모여든 사람들이 헌신적인 노력을 다해서 마침내 스티븐을 구조하지만 스티븐은 이미 가능성이 없다. 레이첼에게 이해와 화해의 중요성을 유언처럼 말한 후, 스티븐은 그래드그라인드를 불러달라고 청한다.

> "선생님, 저의 누명을 벗겨주고 제 이름을 다른 노동자들에게 명예롭게 만들어주십시오. 그 일을 선생님에게 부탁드리겠습니다."
>
> 그래드그라인드 씨는 당황해서 어떻게?, 하고 물었다.
>
> "선생님, 아드님이 방법을 말해줄 겁니다. 그에게 물어보세요."

순교자이자 희생자로 부각되는 스티븐은 결국, "구세주의 집으로 안내하는 별"을 보며 죽는다.

스티븐의 부탁을 받고 집에 돌아온 이후, 그래드그라인드는 하루 종일 아무것도 먹지 않고 촛불조차 켜지 않은 채 밤늦게까지 방안을 서성인다. 처음부터 계획적으로 은행의 돈을 훔쳐간 범인이 누구인지, 코크타운으로 돌아오는 스티븐을 중간에 해치운 사람이 누구인지가 이제는 명백해진 것이다. 아들을 차마 경찰에 넘길 순 없고 처벌을 피하도록 해야겠는데, 하며 고민하는 그에게 씨씨가 톰을 슬리어리 곡마단으로 벌써 도피시켰다는 사실을 루이자가 말해준다. 남의 눈에 띄지 않게 톰을 만나서 그를 외국으로 피신시키기만 하면, 급한 불은 끄는 셈이다. 그래드그라인드는 루이자, 씨씨와는 다른 길로 해서 곡마단에 가기로 의논한다.

씨씨가 루이자와 함께 슬리어리 곡마단에 도착했을 때 곡마단원들은 한 식구처럼 그들을 반긴다. 곡마단원들이 다음 공연 때문에 물러나고 슬리어리만이 남자, 루이자는 서둘러 "동생은 안전한가요?" 하며 묻는다. 슬리어리는 안전하고 건강하다고 답한 후, 흑인으로 분장해 있는 톰을 널빤지에 나 있는 틈새를 통해 보도록 한다. "나는 나 나름의 생각이 있는 것이고 아가씨의 부친인 선생님은 또 그 나름의 생각이 있는 것이죠. 아가씨의 동생이 무슨 잘못을 저질렀는지 나로선 알고 싶지도 않습니다. 모르는 편이 더 낫겠죠. 내가 할 얘기는 선생님이 씨씰리아를 도와주었으니 이번에는 내가 선생님을 도와드리겠다는 것뿐입니다. 저기 있는 흑인 하인 중의 한 명이 아가씨의 동생입니다." 한 시간 후에 그래드그라인드가 도착하고, 톰을 리버풀 항구를 통해 외국으로 도피시킬 계획이 완성된다. 바로 그 순간, 달려왔기 때문에 얼굴이 "너욱 하얘진" 빗쩌가 나타나더니, 톰을 체포해야겠다고 곡마단원과 도망치게 그냥 둘 수는 없다고 떠든다. 예상하지 못했던 빗쩌의 출현에 놀란 일행은 모두들 서둘러 곡마단의 가건물 안으로 다시 들어간다.

옛날 인정에 호소하는 그래드그라인드와 학교에서 배운 대로 "합리적" 근거에 따라 생각하고 결정할 따름이라는 빗쩌 사이에 엇갈리는 대화가 계속 이어진다.

> "빗쩌." 그래드그라인드 씨는 자기가 얼마나 불행한지 보라는 듯 양손을 뻗으며 말했다. "빗쩌, 자네의 결심을 누그러뜨릴 방법은 하나밖에 남지 않았군. 자네는 내 학교에서 오랜 기간 배웠지. 그때 자네에게 들인 수고를 기억해서, 자네가 지금의 이익을 버리고 내 자식을 놔주기로 작정할 수만 있다면, 그런 기억의 혜택을 톰에게 베풀도록, 내 부탁하

고 간청하겠네."

"선생님이 이토록 근거 없는 생각을 가지고 계시다니 정말 놀랐습니다." 옛날의 학생이 논쟁하는 투로 대꾸했다. "돈을 내고 배웠으니 그건 거래였고 졸업을 했으니 거래는 끝난 셈입니다."

모든 일에 대가를 지불해야 한다는 게 그래드그라인드 철학의 기본 원칙이었다. 아무에게나 무엇이든 공짜로 주거나 공짜로 도움을 제공해서는 절대로 안 되었다. 감사하는 마음은 제거되어야 했고 감사하는 마음에서 생겨나는 미덕은 존재해선 안 되는 것이었다. 태어나서 죽을 때까지 사람살이의 모든 면면이 계산대 위를 오가는 거래여야 했다. 그리고 그런 식으로 해서 천당에 갈 수 없다면 그곳은 정치경제학적인 장소가 아니므로 아무 상관도 없는 장소였다.

"학비가 쌌다는 건 부정하지 않습니다." 빗쩌가 덧붙여 말했다. "그러나 그것도 제대로 된 것입니다, 선생님. 가장 싼 시장에서 만들어서 가장 비싼 시장에서 처분해야 하니까요."

그러나 톰을 잡아가서 출세도 하고 돈도 벌겠다는 빗쩌의 희망은 그가 짐승에 대한 사전적인 정의에는 능통하지만 말이나 개와 같은 각각의 짐승이 생명체로서 지니고 있는 특성이나 습성에는 무지한 탓에 좌절되고 만다. 톰을 코크타운으로 '압송'하기 위해 마차에는 태웠지만, 따라오던 말이 폴카 춤을 추고 무시무시한 개가 옆에서 지키고 있는데, '죄인'이 다른 곳으로 도망간다고 빗쩌가 꼼짝이나 할 수 있었겠는가. 톰은 곡마단원의 재치와 용기 덕에 리버풀로 가서 외국행 선박에 무사히 오른다. 감사의 마음으로 사례하겠다는 그래드그라인드에게 슬리어리는 조용히 말한다.

"두 가지 생각이 동시에 드는 것 같지 않습니까, 선생님?" 슬리어리 씨가 물을 탄 브랜디 잔을 들여다보며 생각에 잠겼다가 말했다. "하나는 이 세상에 이기심이 아니고 그것과는 전혀 다른 무엇인 사랑이 존재한다는 것이고, 다른 하나는 최소한 개들의 습성만큼이나 이름 붙이기가 어렵지만 그 사랑도 그 나름대로 계산하거나 계산하지 않는 방식을 지니고 있다는 점 말입니다."

그래드그라인드가 공리주의 원칙에 따라 "그 자신과 인간성의 모든 미묘한 본질 사이에 오랫동안 세워놓았던 인위적 장벽들"은 결국, 루이자와 톰의 경험을 거치면서 그리고 씨씨와 곡마단원들의 가치와 역할을 인정하게 되면서 완전히 녹아 없어지게 되는 것이다.

4. 작품 해설

『어려운 시절』은 디킨즈의 창작세계에서 예외적이라고 할 수 있을지 모르겠다. 다른 작품에 비할 때 상대적으로 길이가 짧고 그래서 그런지 압축미가 확연히 두드러질 뿐 아니라 그의 대부분의 장편이 독자에게 전달하는 일견 산만하면서도 풍성한 느낌이 상대적으로 덜하기 때문이다. 그러나 이 소설이 보여주는 주제의식의 강렬함과 현재성, 그리고 문제를 풀어가고 그것을 구체화하는 작품의 '시적' 경지는 『어려운 시절』을 디킨즈 작품세계의 중심에 놓기에 손색이 없도록 한다.

빅토리아 시대의 영국사회에 대한 디킨즈의 문제의식은 오늘날의 시대에 어떠한 현재성을 지니는가. 우선은 이 작품에서 핵심적으로 비판하는 공리주의 문제에 주목할 필요가 있다. 공리주의의 실증적 과학방법을 인문·사회분야에 새롭게 적용하여 체계화시킨 사람은 주지하는 대로 벤삼이다. 벤삼의 방법은 '공동체를 구성하는 개개 성원의 이익의 총계'가 바로 공동체의 이익이며 따라서 각 개인의 이익을 최대화할 수 있으면 사회 전체의 이익은 저절로 극대화된다는 생각에서 드러나듯, 개인과 사회를 최소단위로 분해해서 철저히 원자화시키는 원리에 근거하고 있다. 그러나 『어려운 시절』에서 드러나는 디킨즈의 생각은, 대상의 총체적 연결이나 수치로 계량화될 수 없는 가치에 적대적이기 마련인 이런 식의 계산법으로는—그것이 그 나름의 관찰과 계산에 근거해서 각 부분체계의 합리성을 아무리 달성하더라도—실질적인 행복을 보장할 수 없다는 것이다. "영국과 웨일즈에서 이제까지 모은 결혼통계자료"와 "생명보험회사나 연금회사의 계산" 수치를 이용하여 "합리적"으로 따져본 다음에 적극 추천한 루이자의 결혼이 결국엔 파국으로 끝나는 결말이나, 말에 대한 사전적 정의가 그 생명체의 습성을 가르치는 일과는 무관하다는 사실이 극적으로 밝혀지는 방식 등은 모두가 공리주의의 기본원칙이 지닌 문제점을 극명하게 보여주는 예들이다. 추상과 계산의 정신에 따라 움직이는 그래드그라인드의 원칙은 크게 볼 때 근대적 산업기술과 자본제 생산양식의 핵심원리에 닿아 있다고 할 수 있다. 그렇지 않다면 온갖 개혁이 이루어진 지금에까지 그래드그라인드 무리가 겉만 달리한 채 여전히 번창하는 현실을 어떻게 설명할 것인가. 난롯불이나 코크타운의 굴뚝을 보며 인생에 대해 공허감과 허전함을 곱씹는 루이자의 모습은, 어찌 생각하면 그래드그라인드의 세계에서 반복되는 일상에 지쳐 있는 우리들의 모습이 아니겠는가.

인물을 제시하는 디킨즈의 솜씨에 주목해 보는 것도 재미있을 듯하다. 등장인물에 부여한 이름부터가 시사적인데 그래드그라인드(Gradgrind)는 뭔가를 항상 '간다'는 의미이며, 그의 학교에서 학생들에게 기계적 사실을 주입하여 아이들의 생기와 상상력을 죽여 없애는 맥초우컴차일드(M'Choakumchild) 선생은 이름부터가 '아이를 질식시킨다'라는 뜻이다. 뿐만 아니라 사용자와 노동자 양자에 의해 희생되는 스티븐(Stephen)은 기독교 최초의 순교자와 이름이 같다. 그러나 디킨즈가 인물을 제시할 때 누가 보아도 뻔한 알레고리적 방법에만 의존하는 것은 결코 아니다. 오히려 언어 하나하나가 쓰이는 방식이나 전달하는 감각에 주목해야 디킨즈의 천재성의 본령을 제대로 이해할 수 있는데 사소하다면 사소한 부분이지만 예컨대, 바운더비와 그래드그라인드의 머리숱에 대한 묘사를 보자. 둘 다 공리주의자이고 막역한 친구 사이여서 그런지 똑같이 숱이 적다. 그러나 바운더비의 경우 숱이 적은 그의 머리카락조차도 보는 사람에게는 "떠벌리는 입김에 머리숱이 빠졌고 남아 있는 머리카락도 허풍에 끊임없이 흩날려 무질서하게 엉켜 있다는 추측을 낳음 직했다"라고 묘사되는 반면에, 그래드그라인드의 경우는 "대머리의 가장자리에 빳빳하게 나서 번쩍이는 두피에 바람이 닿지 못하도록 막고 있는 전나무의 숲 같은 머리카락"을 지니고 있는 것으로 묘사된다. 전자는 항상 허풍선이 사기꾼의 이미지로 제시되지만 후자는 확신범이고 그래서 그런지 머리카락조차도 빳빳한 것이다. 이외에도 '사실'의 세력이 지닌 문제점을 상상적이고 비유적인 언어로써 설득해내는 솜씨, 코크타운의 세계에서 설자리가 전혀 없는 곡마단이 가건물의 널빤지에 난 "뚫어진 구멍"의 이중적 의미를 통해 그 의미를 처음 확보하고 이후 그 의미가 차츰 확대되는 방식 등은 모두다 디킨즈 예술의 시적이고 극적인 성격을 보여주는 예들이라고 할 수 있다.

말이 나온 김에 얘기하자면 곡마단의 의미나 비중을 따져보는 작업도 소홀히 할 수 없는 일이다. 곡마단은 일차적으로 공리주의 세력과 대립하면서 그 세력이 부정하는 생명력과 창조력을 대표하는 씨씨의 존재에 현실적 근거를 제공한다. 이러한 '근거'가 없다면 씨씨라는 인물은 지나치게 가공적인 인물로 비칠지도 모르고 그녀의 활약 역시 공허한 것으로 비치기 쉽다. 뿐만 아니라 곡마단은 그래드그라인드의 자식들과 코크타운 노동자들의 삶에서 체계적으로 억눌려지고 있는 것이 무엇인지를 역으로 두드러지게 하는 역할을 한다. 작품에서 곡마단이 이러한 비중을 지닐 수 있는 것은, 직접 등장하는 부분은 많지 않아도—총 37장 중 고작 4장에 불과하다—곡마단과 관계된 이미지가 작품 도처에 편재해 있어서 독자들은 이들의 가치를 항상 의식하는 가운데 코크타운의 세계를 곡마단의 의미에 견주면서 평가하기 때문이다. 바운더비는 자신이 "뜨내기"였을 때 "줄타기 곡예"조차 할 수가 없어서 "맨땅에서 춤을 추곤" 했지만 굳은 의지로 노력해서 성공의 "사다리를 올라갔다"라고 성장기를 자랑할 뿐 아니라, 나이 50대가 되어서도 모자를 탬버린같이 "두드리고" 급기야는 "동방의 댄서같이 탬버린을 머리 위에 썼다"라고 묘사된다. 곡마단에서 유래하는 비유는 이외에도 교실 장면에 등장하는 제3의 신사나 하트하우스 같은 인물을 묘사할 때, 그리고 심지어는 코크타운 도시 자체를 묘사할 때도 빈번하게 사용된다. '사실의 세력'이 예의 이분법에 근거해서 '상상의 세계'를 아무리 억눌러도 상상의 힘은 결코 멸절될 수 없고 어떻게든 자기의 존재를 입증한다는 듯이.

이 작품의 제목부터가 산업화의 충격을 노래하던 대중들의 민요에 많이 등장하는 표현이었다는 사실에 주목하면 동화나 동요, 대중극 속에서 그 원형을 찾을 수 있는 인물이나 사건에 대한 언급이 수없이 많은 것도 우연한 일은 아니다. 예를 들면 바운더비는 '성채의 거인'으로 그의 공장은 '요정의 궁궐'로, 그래드그라인드의 자식들이 어릴 때 배우던 선생은 '귀신'으로 비유된다. 씨씨에게는 신데렐라 주제가, 스파지트 부인에게는 매부리코를 한 마녀의 주제가 담겨 있다. 모기아나, 뒤틀린 뿔을 지닌 소, 피터 파이퍼 동요, 빗자루를 타고 날아오는 노파 등은 모두 동화나 동요에 나오는 예이고 슬리어리 곡마단의 공연물인 "숲의 아이들"이나 "거인 살인자 잭"도 마찬가지 예이다. 이러한 민중문화적 요소들은 곡마단의 의미가 부각될 수 있는 분위기 내지 공간을 작품 속에 마련하는 역할을 할 뿐 아니라 공리주의를 비판하는 작가의 생각이 민중적 가치관에 바탕한 것이라고 이해할 수 있는 중요한 근거가 되기도 한다.

『어려운 시절』을 페미니즘적인 각도에서 접근해 보는 것도 의미 있을 듯하다. 그래드그라인드 부인은 그와 결혼하기 전부터 돈도 있었고 "실없는 생각을 하지 않았다"라는 지적 역시 공연한 빈말이 아닐 만큼 '사실'에 충실한 여자였지만 즉, 그래드그라인드 체제에서 행복하게 살 수 있는 온갖 조건들을 갖추었지만 행복과는 거리가 먼 나날을 살다가 끝내 죽는다. 이 부인은 제대로 살아 있었던 적이 한번도 없다고 할 수 있는데, 그것은 그래드그라인드 체제가 유달리 가부장적인 체제이기 때문이다. 루이자와 톰이 곡마단을 엿보다가 부친에게 들켰을 때도, 난롯불을 보며 뭔가에 대해 궁금해하다가 모친에게 잔소리를 들을 때도 체제가 금지하는 행위를 먼저 제안하고 실행한 쪽은 루이자이다. 사실이 이러함에도 불구하고 돌아오는 꾸지람은 여자가 먼저 그랬을 리는 없고 남자인 톰이 먼저 부추겼을 거라는 한결같은 질책이다. 코크타운은 여성을 '가정의 천사'로 묶어두려는 이념이 보편적으로 작용하는 사회이고 이런 사회에서 만족스런 삶이란 남성에게든 여성에게든 불가능한 것이다.

이외에도 독자가 『어려운 시절』에 다가갈 수 있는 통로는 무수히 많다. 노동운동에 대한 디킨즈의 태도나 공리주의 세력이 구축하려고 하는 "사실의 천년왕국", 그리고 이와 연결된 관료제의 문제에 주목할 수도 있겠고 결혼이나 인생에서 사랑의 의미에 주목할 수도 있겠다. 요사이 자주 거론되는 환경문제 역시 코크타운의 오염 현상과 그것을 구조적으로 확대재생산하는 근대세계의 문제와 관련해서 생각해볼 수도 있을 듯하다. 이처럼 소설을 읽는 방법은 다양할 수 있다. 무릇 독서행위란 독자의 현재적 관심과 작품 사이의 끊임없는 대화행위이고, 작품의 의미 역시 그 작품을 읽는 무수한 사람들의 끊임없는 토론과 비평 그리고 쇄신을 통해 확립되는 것이지 텍스트 속에 또는 소수 비평가들의 비평문 속에 그도 아니면 진공 중에 동그마니 있는 것은 아니기 때문이다.

❖

『막대한 유산』 몇 장면

—

1. 작가에 대해

찰스 디킨즈(Charles Dickens, 1812-1870)는 영국남부의 군항인 포츠머스에서 8남매의 둘째로 태어났다. 1822년에 런던으로 이사 온 디킨즈의 가족은 가장인 존의 낭비벽 때문에 어려운 생활을 이어갔으며, 그로부터 2년 후인 1824년에 부친은 채무 관계로 마샬씨에 투옥되고 디킨즈는 구두약 공장에서 6실링의 주급을 받고 일을 하였는데, 이때의 수치심은 디킨즈에게 평생 지워지지 않는 심리적 상처로 남았다. 그러나 역경 속에서도 독학을 통해 자수성가하는 꿈을 간직하고 이를 위해 노력한 디킨즈는 15세 때 변호사 사무실의 서기로 일하며 속기를 배우기 시작하였고 이후 의회를 출입하는 기자로 활동하기도 하였다. 작가로서 디킨즈의 본격적인 삶은 1836년에 『피크윅 문서』(*Pickwick Papers*)를 당시로서는 혁신적인 방법이었던 월간 분할 출판 방식으로 세상에 선을 보이면서 시작한다. 1850년대와 60년대에 『블리크 하우스』(*Bleak House*, 1852-53), 『어려운 시절』(*Hard Times*, 1854), 『작은 도릿』(*Little Dorrit*, 1855-57), 『막대한 유산』(*Great Expectations*, 1860-61) 등의 대표작을 연이어서 발표한 디킨즈는 1870년에 『에드윈 드루드의 비밀』(*The Mystery of Edwin Drood*)을 집필하다가 사망하기까지 35년에 걸쳐 14편의 장편소설을 발표하는 외에도 여러 잡지의 편집자로, 아마추어 극단의 배우로, 사회운동가로 다방면에 걸쳐 정력적이고 활발한 삶을 살았다. 『막대한 유산』은 『데이빗 카퍼필드』(*David Copperfield*, 1849-50)와 함께 주인공이 소년에서 성인으로 성장하는 과정을 일인칭시점으로 다룬 작품인데, 전자가 주인공의 정신적 성장에 초점을 맞추고 있다면 후자는 상대적으로 작가의 직접적 체험을 많이 다루고 있으며 또한 그런 만큼 자서전적 요소가 더 많이 들어 있다고 할 수 있다.

2. 줄거리 요약

부모 없이 누이 밑에서 살고 있는 핍은 어느 추운 겨울날 교회묘지에 갔다가 탈옥한 죄수를 만나고, 그로부터 음식과 줄칼을 가져오라는 협박조의 명령을 받는다. 다음날 아침, 핍은 죄수가 요구했던 것을 식구들 몰래 갖다 주면서도 자기의 행동이 발각될까 봐 불안해한다. 이 사건이 있은 직후 핍은 쌔티스 하우스를 방문하게 되는데, 그 집에서 에스텔라라는 매력적이면서도 아주 거만한 소녀를 만난다. 집 주인인 해비샴 여사의 은근한 부추김을 받으면서 에스텔라와 자주 어울리게 된 핍은 점차 에스텔라를 사랑하게 되지만 에스텔라는 핍을 천하다는 이유로 노골적으로 멸시한다. 에스텔러와의 접촉이 잦아지면서 핍은 처음으로 주변을 돌아보고, 자기 자신과 주위 환경을 수치스럽게 여긴다. 이런 생활을 하는 가운데 하루는 런던의 변호사인 재거스가 핍을 찾아와서, 정체를 밝혀서는 안 되는 숨은 은인이 그에게 "막대한 유산"을 물려주고자 하며, 그가 신사로 성장하기를 바란다는 소식을 전한다.

이 소식을 들은 핍은 수치스런 환경에서 비로소 벗어날 수 있게 되었다는 생각에 들뜨게 되고 런던으로 출발할 날을 고대한다.

런던에 도착한 핍은 재거스 사무실의 음침한 분위기에 실망하기도 하지만 재거스의 서기인 웨믹, 해비샴의 친척인 허버트 포킷과는 인간적인 교제를 나누기도 한다. 런던에서 핍의 대체적인 삶은 내용 없이 표면만을 가다듬는 공허한 것인데, 이런 일상 속에서 그는 돌이킬 수 없게 타락해간다. 이제 완전히 속물로 변한 핍은 "숲의 방울새들"이라는 모임의 회원들과 어울려서 무위도식하며 돈을 낭비하고, 매형 조우가 자신을 찾아오자 그의 '촌스러운' 행동을 어색하고 수치스럽게 여길 정도이다. 그러나 신사가 되어서 에스텔라의 사랑을 차지하고자 하였던 핍의 기대는, 유산을 제공한 숨은 은인이 전에 묘지에서 자기에게 줄칼과 음식을 가져오라고 협박하였던 탈옥수, 즉 매그위치임이 밝혀지면서 뿌리째 흔들린다. 식민지로 유배되었던 중죄인이 허락 없이 고국에 돌아오면 처형되기 때문에, 핍은 매그위치를 혐오하면서도 그를 외국으로 돌려보낼 계획을 꾸민다.

매그위치를 배에 태워서 외국으로 보내려던 핍의 계획은 마지막 순간에 좌절되고 매그위치는 중상을 입은 채 체포된다. 매그위치는 사형을 언도받지만, 혐오감과 증오심 대신 이제는 감사함과 존경심을 품게 된 핍이 곁을 지키는 가운데, 형이 집행되기 전에 감옥에서 죽음을 맞이한다. 매그위치의 죽음 이후 핍도 심하게 아팠다가 조우의 지극한 간호를 받아 회복되며 조우야말로 "신사다운 기독교인"임을 깨닫고 자신의 과거를 진심으로 반성하게 된다. 이후 핍은 카이로로 가서 허버트의 사업체에 합류했다가 11년 만에 성공한 사업가로 고국에 돌아온다. 작품은 폐허가 된 쌔티스 하우스의 정원 자리에서 핍이 에스텔라를 다시 만나고 둘의 결합을 암시하는 듯한 서술로 끝을 맺는다.

3. 생각할 거리

1. 시골의 대장간에서만 지냈던 아이가 상류사회의 화려함을 처음 접하게 되었을 때 그 아이는 자신에 대해 그리고 자신의 주변 환경에 대해 어떤 의식을 가지겠는가? 쌔티스 하우스에서 핍은 자신의 신분과 외모에 대해 처음으로 자의식을 갖게 되고, 그 동안 무반성적으로 받아들였던 생활을 촌스럽고 비천한 것으로 의식한다. 이러한 변화는 그 나이의 아이에게 일어날 법한 '자연스러운' 변화인가?
2. 과거를 잊고자 하는 사람에게 과거를 상기시키는 인물이 나타났을 때 그 사람이 보일 수 있는 반응은 무엇인가? 믿고 찾아간 사람이 부담스럽다는 반응을 보일 경우 두말없이 돌아서는 인물이라면 어떤 품성의 소유자이겠는가?
3. 겉으로는 멀쩡하지만 실은 속물에 다름없는 사람과 겉은 흉악한 중죄인이지만 그 나름으로는 괜찮은 인격을 지닌 사람, 둘이 있을 경우에 우리는 각각에 대해 어떻게 평가하는가? 체포되는 경우에 사형에 처해질 것임을 알면서도 체포될 '위험'을 무릅쓰고 어떤 행동을 하는 사람이 있다면, 그 사람이 그렇게 행동할 만한 동기 내지 이유는 무엇이겠는가?

4. 작품 발췌문

Chapter 8

[…] For such reasons I was very glad when ten o'clock came and we started for Miss Havisham's; though I was not at all at my ease regarding the manner in which I should acquit myself[1] under that lady's roof. Within a quarter of an hour we came to Miss Havisham's house, which was of old brick, and dismal, and had a great many iron bars to it. Some of the windows had been walled up; of those that remained, all the lower were rustily barred. There was a court-yard in front, and that was barred; so, we had to wait, after ringing the bell, until some one should come to open it.⋯

A window was raised, and a clear voice demanded 'What name?' To which my conductor replied, 'Pumblechook.' The voice returned, 'Quite right,' and the window was shut again, and a young lady came across the court-yard, with keys in her hand.

'This,' said Mr Pumblechook, 'is Pip.'

'This is Pip, is it?' returned the young lady, who was very pretty and seemed very proud; 'come in, Pip.'

[⋯] My young conductress[Estella] locked the gate, and we went across the court-yard. It was paved and clean, but grass was growing in every crevice.[2] The brewery buildings had a little lane of communication with it, and the wooden gates of that lane stood open, and all the brewery beyond, stood open, away to the high enclosing wall; and all was empty and disused. The cold wind seemed to blow colder there, than outside the gate; and it made a shrill noise in howling in and out at the open sides of the brewery, like the noise of wind in the rigging[3] of a ship at sea.

She saw me looking at it, and she said, 'You could drink without hurt all the strong beer that's brewed there now, boy.'

---

1) acquit oneself: 행동하다, 처신하다.
2) crevice: (갈라진) 틈, 균열.
3) rigging: 삭구

'I should think I could, miss' said I, in a shy way.

'Better not try to brew beer there now, or it would turn out sour, boy; don't you think so?'

'It looks like it, miss.'

'Not that anybody means to try,' she added, 'for that's all done with,[4] and the place will stand as idle as it is, till it falls. As to strong beer, there's enough of it in the cellars already, to drown the Manor House.'

'Is that the name of this house, miss?'

'One of its names, boy.'

'It has more than one, then, miss?'

'One more. Its other name was Satis; which is Greek, or Latin, or Hebrew, or all three—or all one to me—for enough.'

'Enough House,' said I; 'that's a curious name, miss.'

'Yes,' she replied; 'but it meant more than it said. It meant, when it was given, that whoever had this house, could want nothing else. They must have been easily satisfied in those days, I should think. But don't loiter, boy.'

Though she called me 'boy' so often, and with a carelessness that was far from complimentary, she was of about my own age.[5] She seemed much older than I, of course, being a girl, and beautiful and self-possessed; and she was an scornful of me as if she had been one-and-twenty, and a queen.

[…] To stand in the dark in a mysterious passage of an unknown house, bawling Estella to a scornful young lady neither visible nor responsive, and feeling it a dreadful liberty so to roar out her name, was almost as bad as playing to order.[6] But, she answered at last, and her light came along the

4) is done with: (일 따위를) 끝내다, 마치다, 그만두다. have done with도 같은 뜻임.
5) she was of about my own age: 그녀는 거의 내 나이 또래였다.

dark passage like a star.

Miss Havisham beckoned her to come close, and took up a jewel from the table, and tried its effect upon her fair young bosom and against her pretty brown hair. 'Your own, one day, my dear, and you will use it well. Let me see you play cards with this boy.'

'With this boy? Why, he is a common labouring-boy!'

I thought I overheard Miss Havisham answer—only it seemed so unlikely—'Well? You can break his heart.'

'What do you play, boy?' asked Estella of myself, with the greatest disdain.

'Nothing but beggar my neighbour,[7] miss.'

'Beggar him,' said Miss Havisham to Estella. So we sat down to cards.

It was then I began to understand that everything in the room had stopped, like the watch and the clock, a long time ago. I noticed that Miss Havisham put down the jewel exactly on the spot from which she had taken it up. As Estella dealt the cards, I glanced at the dressing-table again, and saw that the shoe upon it, once white, now yellow, had never been worn. I glanced down at the foot from which the shoe was absent, and saw that the silk stocking on it, once white, now yellow, had been trodden ragged.[8] Without this arrest of everything, this standing still of all the pale decayed objects, not even the withered bridal dress on the collapsed form could have looked so like grave-clothes, or the long veil so like a shroud.

So she sat, corpse-like, as we played at cards; the frillings and trimmings[9]

---

6) playing to order: 주문에 따라 노는 것.
7) beggar my neighbour: 카드놀이의 일종.
8) ragged: 누덕누덕 해어진.
9) frillings, trimmings: 둘 다 옷에 하는 장식의 일종임.

on her bridal dress, looking like earthy paper. I knew nothing then, of the discoveries that are occasionally made of bodies buried in ancient times,[10] which fall to powder[11] in the moment of being distinctly seen; but, I have often thought since, that she must have looked as if the admission of the natural light of day would have struck her to dust.

'He calls the knaves, Jacks,[12] this boy!' said Estella with disdain, before our first game was out. 'And what coarse hands he has! And what thick boots!'

I had never thought of being ashamed of my hands before; but I began to consider them a very indifferent pair. Her contempt for me was so strong, that it became infectious, and I caught it.

She won the game, and I dealt. I misdealt, as was only natural, when I knew she was lying in wait for me to do wrong; and she denounced me for a stupid, clumsy labouring-boy.

'You say nothing of her,' remarked Miss Havisham to me, as she looked on. 'She says many hard things of you, but you say nothing of her. What do you think of her?'

'I don't like to say,' I stammered.

'Tell me in my ear,' said Miss Havisham, bending down.

'I think she is very proud,' I replied, in a whisper.

'Anything else?'

'I think she is very pretty.'

'Anything else?'

---

10) of the discoveries that are occasionally made of bodies buried in ancient times: 옛날에 묻힌 시체들이 가끔씩 발견되는 것에 대해서.

11) fall to powder: 가루로 되다.

12) knave, Jack: knave나 Jack이나 같은 카드지만 Jack은 천한 인상을 주는 명칭임.

'I think she is very insulting.' (She was looking at me then with a look of supreme aversion.)

'Anything else?'

'I think I should like to go home.'

'And never see her again, though she is so pretty?'

'I am not sure that I shouldn't like to see her again, but I should like to go home now.'

'You shall go soon,' said Miss Havisham, aloud. 'Play the game out.'

[…] I took the opportunity of being alone in the court-yard, to look at my coarse hands and my common boots. My opinion of those accessories was not favourable. They had never troubled me before, but they troubled me now, as vulgar appendages. I determined to ask Joe why he had ever taught me to call those picture-cards, Jacks, which ought to be called knaves. I wished Joe had been rather more genteelly brought up, and then I should have been so too.

She came back, with some bread and meat and a little mug of beer. She put the mug down on the stones of the yard, and gave me the bread and meat without looking at me, as insolently[13)] as if I were a dog in disgrace. I was so humiliated, hurt, spurned, offended, angry, sorry—I cannot hit upon the right name for the smart[14)]—God knows what its name was—that tears started to my eyes. The moment they[15)] sprang there, the girl looked at me with a quick delight in having been the cause of them. This gave me power to keep them back and to look at her: so, she gave a

---

13) insolently: 오만하게
14) for the smart: 비통함, 상심 때문에.
15) they: 앞의 tears를 지칭.

contemptuous toss[16]—but with a sense, I thought, of having made too sure that I was so wounded—and left me.

But, when she was gone, I looked about me for a place to hide my face in, and got behind one of the gates in the brewery-lane, and leaned my sleeve against the wall there, and leaned my forehead on it and cried. As I cried, I kicked the wall, and took a hard twist at my hair; so bitter were my feelings, and so sharp was the smart without a name, that needed counteraction. [⋯]

Chapter 27

[⋯] Let me confess exactly, with what feelings I looked forward to Joe's coming.

Not with pleasure, though I was bound to him by so many ties; no; with considerable disturbance, some mortification, and a keen sense of incongruity.[17] If I could have kept him away by paying money, I certainly would have paid money. My greatest reassurance was, that he was coming to Barnard's Inn, not to Hammersmith, and consequently would not fall in Bentley Drummle's way.[18] I had little objection to his being seen by Herbert or his father, for both of whom I had a respect; but I had the sharpest sensitiveness as to his being seen by Drummle, whom I held in contempt. So, throughout life, our worst weaknesses and meannesses are usually committed for the sake of the people whom we most despise.[19]

---

16) gave a contemptuous toss: 경멸하듯이 머리를 젖혔다.
17) mortification, incongruity: 각각 굴욕 또는 수치, 부조화 또는 불일치.
18) fall in Bentley Drummle's way: 벤틀리 드러믈과 만나다.
19) ⋯ our worst weaknesses and meannesses are usually committed for the sake

[⋯] As to his shirt-collar, and his coat-collar, they were perplexing to reflect upon—insoluble mysteries both. Why should a man scrape himself to that extent, before he could consider himself full dressed? Why should he suppose it necessary to be purified by suffering for his holiday clothes? Then he fell into such unaccountable fits of meditation,[20] with his fork midway between his plate and his mouth; had his eyes attracted in such strange directions; was afflicted with such remarkable coughs; sat so far from the table, and dropped so much more than he ate, and pretended that he hadn't dropped it; that I was heartily glad when Herbert left us for the city.

I had neither the good sense nor the good feeling to know that this was all my fault, and that if I had been easier with Joe,[21] Joe would have been easier with me. I felt impatient of him and out of temper[22] with him; in which condition he heaped coals of fire on my head.[23]

'Us two being now alone, Sir,'—began Joe.

'Joe,' I interrupted, pettishly, 'how can you call me, Sir?'

Joe looked at me for a single instant with something faintly like reproach. Utterly preposterous as his cravat was,[24] and as his collars were, I was conscious of a sort of dignity in the look.

'Us two being now alone,' resumed Joe, 'and me having the intentions and abilities to stay not many minutes more, I will now conclude—leastways

---

of the people whom we most despise: 이 작품은 성인이 된 주인공이 자신의 과거를 회상하며 서술하는 형태를 지니고 있다. 따라서 이 부분의 현재시제는 서술되는 과거가 아니라 서술하는 시점을 나타내고 있다.

20) unaccountable fits of meditation: 순간순간 생각에 잠기는 이상한 변덕.

21) if I had been easier with Joe: 내가 조우에 대해 좀 더 마음 편하게 대했다면.

22) out of temper: 화를 내어

23) he heaped coals of fire on my head: 그는 나를 매우 부끄럽게 했다.

24) Utterly preposterous as his cravat was: Though his cravat was utterly preposterous

begin—to mention what have led to my having had the present honour. For was it not,' said Joe, with his old air of lucid exposition, 'that my only wish were to be useful to you, I should not have had the honour of breaking wittles[25] in the company and abode of gentlemen.'

I was so unwilling to see the look again, that I made no remonstrance against this tone.

'Well, Sir,' pursued Joe, 'this is how it were. I were at the Bargemen t'other night, Pip;' whenever he subsided into affection, he called me Pip, and whenever he relapsed into politeness he called me Sir; 'when there come up in his shay-cart, Pumblechook. Which that same identical,' said Joe, going down a new track, 'do comb my' air the wrong way sometimes, awful, by giving out up and down town as it were him which ever had your infant companionation and were looked upon as a playfellow by yourself.'

'Nonsense. It was you, Joe.'

'Which I fully believed it were, Pip,' said Joe, slightly tossing his head, 'though it signify little now, Sir.…' […]

Chapter 39

I WAS three-and-twenty years of age. Not another word had I heard to enlighten me on the subject of my expectations,[26] and my twenty-third birthday was a week gone. We had left Barnard's Inn more than a year, and lived in the Temple. Our chambers were in Garden-court, down by the river.

[…] 'You're a game one,' he[Magwitch] returned, shaking his head at

25) wittles: 음식
26) expectations: 유산 상속의 기대

me with a deliberate affection, at once most[27] unintelligible and most exasperating; 'I'm glad you've grow'd up, a game one! But don't catch hold of me. You'd be sorry arterwards to have done it.'

I relinquished the intention he had detected, for I knew him! Even yet, I could not recall a single feature, but I knew him! If[28] the wind and the rain had driven away the intervening years, had scattered all the intervening objects, had swept us to the churchyard where we first stood face to face on such different levels, I could not have known my convict more distinctly than I knew him now as he sat in the chair before the fire. No need to take a file[29] from his pocket and show it to me; no need to take the handkerchief from his neck and twist it round his head; no need to hug himself with both his arms, and take a shivering turn across the room, looking back at me for recognition. I knew him before he gave me one of those aids, though, a moment before, I had not been conscious of remotely suspecting his identity.

He came back to where I stood, and again held out both his hands. Not knowing what to do—for, in my astonishment I had lost my self-possession[30]—I reluctantly gave him my hands. He grasped them heartily, raised them to his lips, kissed them, and still held them.

'You acted noble, my boy,' said he. 'Noble, Pip! And I have never forgot it!'

At a change in his manner as if he were even going to embrace me, I laid a hand upon his breast and put him away.

'Stay!' said I. 'Keep off! If you are grateful to me for what I did when I was a little child, I hope you have shown your gratitude by mending your

27) most: very
28) If: Even if
29) file: 줄칼
30) self-possession: 자제력, 침착함.

way of life. If you have come here to thank me, it was not necessary. Still, however you have found me out, there must be something good in the feeling that has brought you here, and I will not repulse you; but surely you must understand that—I—'

My attention was so attracted by the singularity of his fixed look at me, that the words died away on my tongue.

'You was a saying,' he observed, when we had confronted one another in silence, 'that surely I must understand. What, surely must I understand?'

'That I cannot wish to renew that chance intercourse with you of long ago, under these different circumstances. I am glad to believe you have repented and recovered yourself. I am glad to tell you so. I am glad that, thinking I deserve to be thanked, you have come to thank me. But our ways are different ways, none the less. You are wet, and you look weary. Will you drink something before you go?'

[⋯] Up to this time I had remained standing, not to disguise that I wished him gone. But I was softened by the softened aspect of the man, and felt a touch of reproach. 'I hope,' said I, hurriedly putting something into a glass for myself, and drawing a chair to the table, 'that you will not think I spoke harshly to you just now. I had no intention of doing it, and I am sorry for it if I did. I wish you well, and happy!'

As I put my glass to my lips, he glanced with surprise at the end of his neckerchief, dropping from his mouth when he opened it, and stretched out his hand. I gave him mine, and then he drank, and drew his sleeve across his eyes and forehead.

'How are you living?' I asked him.

'I've been a sheep-farmer, stock-breeder, other trades besides, away in the new world,' said he: 'many a thousand mile of stormy water off from this.'

'I hope you have done well?'

'I've done wonderfully well. There's others went out alonger[31] me as has done well too, but no man has done nigh as well as me. I'm famous for it.'

'I am glad to hear it.'

'I hope to hear you say so, my dear boy.'

Without stopping to try to understand those words or the tone in which they were spoken, I turned off to a point that had just come into my mind.

[…] 'May I make so bold,' he said then, with a smile that was like a frown, and with a frown that was like a smile, 'as ask you how you have done well, since you and me was out on them lone shivering marshes?'

'How?'

'Ah!'

He emptied his glass, got up, and stood at the side of the fire, with his heavy brown hand on the mantelshelf.[32] He put a foot up to the bars, to dry and warm it, and the wet boot began to steam; but, he neither looked at it, nor at the fire, but steadily looked at me. It was only now that I began to tremble.

When my lips had parted, and had shaped some words that were without sound, I forced myself to tell him (though I could not do it distinctly), that I had been chosen to succeed to some property.

'Might a mere warmint[33] ask what property?' said he.

I faltered, 'I don't know.'

---

31) alonger: with
32) mantelshelf: 벽난로선반
33) warmint: vermin

'Might a mere warmint ask whose property?' said he.

I faltered again, 'I don't know.'

'Could I make a guess, I wonder,' said the Convict, 'at your income since you come of age![34] As to the first figure now. Five?'

With my heart beating like a heavy hammer of disordered action, I rose out of my chair, and stood with my hand upon the back of it, looking wildly at him.

'Concerning a guardian,' he went on. 'There ought to have been some guardian, or such-like, whiles you was a minor. Some lawyer, maybe. As to the first letter of that lawyer's name now. Would it be J?'

All the truth of my position came flashing on me; and its disappointments, dangers, disgraces, consequences of all kinds, rushed in in such a multitude that I was borne down by them and had to struggle for every breath I drew.

'Put it,' he resumed, 'as the employer of that lawyer whose name begun with a J, and might be Jaggers—put it as he had come over sea to Portsmouth, and had landed there, and had wanted to come on to you. "However, you have found me out," you says just now. Well! However, did I find you out? Why, I wrote from Portsmouth to a person in London, for particulars of your address. That person's name? Why, Wemmick.'

I could not have spoken one word, though it had been to save my life. I stood, with a hand on the chair-back and a hand on my breast, where I seemed to be suffocating—I stood so, looking wildly at him, until I grasped at the chair, when the room began to surge and turn. He caught me, drew me to the sofa, put me up against the cushions, and bent on one knee before me: bringing the face that I now well remembered, and that I

34) come of age: 성년이 되다.

shuddered at, very near to mine.

'Yes, Pip, dear boy, I've made a gentleman on you! It's me wot[35] has done it! I swore that time, sure as ever I earned a guinea, that guinea should go to you. I swore arterwards, sure as ever I spec'lated and got rich, you should get rich. I lived rough, that you should live smooth; I worked hard, that you should be above work. What odds, dear boy? Do I tell it, fur you to feel a obligation? Not a bit. I tell it, fur you to know as that there hunted dunghill dog wot you kep life in,[36] got his head so high that he could make a gentleman—and, Pip, you're him!'

The abhorrence in which I held the man, the dread I had of him, the repugnance with which I shrank from him, could not have been exceeded if he had been some terrible beast.

'Look'ee here, Pip. I'm your second father. You're my son—more to me nor any son. I've put away[37] money, only for you to spend. When I was a hired-out shepherd in a solitary hut, not seeing no faces but faces of sheep till I half forgot wot men's and women's faces wos like, I see yourn. I drops my knife many a time in that hut when I was a eating my dinner or my supper, and I says, "Here's the boy again, a looking at me whiles I eats and drinks!" I see you there a many times, as plain as ever I see you on them misty marshes. "Lord strike me dead!" I says each time—and I goes out in the air to say it under the open heavens—"but wot, if I gets liberty and money, I'll make that boy a gentleman!" And I done it. Why, look at you, dear boy! Look at these here lodgings o'yourn, fit for a lord!

---

35) wot: what. 문법적으로는 who가 올바른 표현임.
36) wot you kep life in: 네가 목숨을 유지해 준
37) put away: 돈을 모으다.

A lord? Ah! You shall show money with lords for wagers, and beat' em!'

In his heat and triumph, and in his knowledge that I had been nearly fainting, he did not remark on my reception of all this. It was the one grain of relief I had.

'Look'ee here!' he went on, taking my watch out of my pocket, and turning towards him a ring on my finger, while I recoiled from his touch as if he had been a snake, 'a gold' un and a beauty: that's a gentleman's, I hope! A diamond all set round with rubies; that's a gentleman's, I hope! Look at your linen; fine and beautiful! Look at your clothes; better ain't to be got! And your books too,' turning his eyes round the room, 'mounting up, on their shelves, by hundreds! And you read 'em; don't you? I see you'd been a reading of 'em when I come in. Ha, ha, ha! You shall read 'em to me, dear boy! And if they're in foreign languages wot I don't understand, I shall be just as proud as if I did.'

Again he took both my hands and put them to his lips, while my blood ran cold within me. [⋯]

5. 줄거리 이해하기

1. 쌔티스 하우스 방문을 계기로 하여 핍은 자신의 외모와 신분에 대해 어떠한 의식을 갖게 되는가?
2. 조우가 런던으로 찾아오겠다는 소식을 전했을 때 핍의 감정은?
3. 런던으로 와서 오랜만에 핍을 만난 조우는 어떤 태도를 취하는가?
4. 어릴 때 도움을 주었던 죄수가 다시 찾아왔을 때, 그리고 그 죄수

가 바로 자신의 "숨은 은인"임을 알게 되었을 때 핍은 어떠한 반응을 보이는가?

5. 찾아온 죄수가 자신에게 "막대한 유산"을 약속했던 사람임을 핍이 눈치 채게 되는 대목은?

6. 토론 주제

1. 주인공 핍은 계산적이고 무미건조한 시골생활에서 그 인간적 따스함과 존엄성 때문에 단연 돋보이는 대장장이 조우의 세계와 쌔티스 하우스 방문을 계기로 접하게 된 에스텔라의 세계 사이에서 동요하고 갈등한다. 각각의 세계가 지닌 장단점은 무엇이며 그것이 주인공에게는 각기 어떻게 받아들여지는가? 서술자는 자신이 쌔티스 하우스를 방문했던 날에 대해 "그 날은 내 인생에 커다란 변화를 안겨주었기 때문에 기억할 만한 날이었다"라고 서술하는데, 어떤 의미에서 그러한가?

2. 이 작품은 성장소설답게 주인공 내면의 풍경을 세밀하게 제시하고 그가 겪는 운명의 변화에 주목하면서도 핍의 죄의식이나 수치심, 그리고 신분상승을 이루겠다는 야망 자체가 사회에 의해 심어지고 '강제'된 것임을 명백히 하고 있다. 다시 말해 주인공 핍이 경험하는 기대, 갈등, 좌절이 지닌 사회적 함의를 통해 빅토리아 시대의 사회적 이상이나 지배 이데올로기가 개개인의 삶에 미치는 영향을 천착하고 있다고 할 수 있는데, 이를 '신사'의 문제를 중심으로 생각해 보시오.

3. 현재 우리가 읽고 있는 이 작품의 결말은 디킨즈가 처음 썼던 결말과는 다른 내용이다. 처음의 결말은 과부가 됐다가 재혼한 에스텔라가 조우와 비디의 아이를 핍의 아이로 오해한 채 런던에서 핍을 잠깐 만났다가 곧바로 헤어지는 것으로 설정되었다. 디킨즈는 불워 리튼(Bulwer Lytton)의 충고를 받아들여 이 결말을 현재의 결말로, 즉 핍과 에스텔라가 런던이 아닌 쌔티스 하우스의 정원 자리에서 만나는 것으로, 그리고 둘의 결합을 암시하는 듯한 서술로 끝을 맺도록 바꾸었다. 각각의 결말은 작품 전체의 내용과 어떻게 연결되는 것인가? 그리고 개작의 결과가 전달하는 작가의 메씨지는 무엇인가?

4. 변호사 재거스 밑에서 일하는 웨믹은 공과 사가 철저히 분리된 이중적 삶을 살아간다. 즉 사무실에서의 웨믹은 일체의 인간적 고려를 배제한 채 기계적이고 계산적인 삶을 살아가지만 가정에서의 웨믹은 인간미가 넘치는 따스한 인물로 부각된다. 공적인 웨믹과 사적인 웨믹으로 분리되는 웨믹의 이중성을 어떻게 이해할 것이며 또한 어떻게 평가할 것인가?

5. 이 작품은 "속물의 인생여정"이라고 할 수 있을 만큼 주인공 핍의 속물적 면모, 즉 배신과 사치와 방탕으로 얼룩진 그의 인생을 보여준다. 그런데도 독자는 대체적으로 핍에 대해서 반감이 아니라 공감을 유지한다. 그 이유는 무엇인가? 이 문제를 성인이 된 서술자가 27년 이상의 기간 동안—서술자는 최소한 34세가 넘은 성인이고 처음의 핍은 7세의 소년이다—자신이 어떻게 성장해왔는지를, 변명이나 과장 없이 담담하게 때로는 유머러스하고 재미있게 회상하는 어조 상의 특징과 관련지어 설명해 본다면?

7. 작품 해설

디킨즈는 무엇보다도 엄청난 대중적 인기를 누린 작가이다. 당대에 그는 위로는 빅토리아여왕부터 아래로는 하층민에 이르기까지 폭넓은 독자층을 가진 작가였으며 오늘날에도 수많은 언어로 번역되고 많은 매체로 각색되어서 전 세계인의 사랑을 받고 있다. 『막대한 유산』도 대중성에서 디킨즈의 다른 작품에 결코 뒤지지 않는다. 이는 직전까지 심각한 판매부수의 하락에 시달리던 『일 년 내내』(*All the Year Round*)라는 주간잡지의 판매고가 이 작품의 연재를 계기로 급증했다는 사실에서 단적으로 확인되는 사항이다. 그러나 디킨즈의 대중성이 그를 통속적인 이류작가로 만드는 것은 아니다. 그의 대중성은 진지한 예술성과 양립하는 것인데, 이는 『막대한 유산』의 경우 개인에 대한 깊은 이해와 부도덕한 사회에 대한 철저한 비판의식에서 잘 드러난다.

이 작품은 순진한 시골 소년이 속물로 타락했다가 "마음이 신사인 진짜 신사"로 거듭나는 과정에 대한 이야기라고 할 수 있다. 시골생활의 정수를 보여주는 대장장이 조우는 따스하지만 문맹이며 익히 알고 있는 시골을 벗어나 도회지라도 오게 되면 도대체 어찌할 바를 모르는 위인이다. 이에 반해 에스텔라로 집약되는 상류사회는 시골생활이 채워주지 못하는 핍의 갈증을 채워줄 수 있는 것으로 여겨진다. 에스텔라를 통해 자신의 신분과 외모에 대해 자의식을 지니게 된 핍은 교육을 받아 신사로 신분상승하기를 꿈꾼다. 그러나 런던에서 핍이 막상 받는 신사교육은 식탁예절, 억양, 의복에 대한 것이며 돈에 구애받지 않고 무위도식하는 것이 신사의 본분에 어울리는 처세라는 가르침이다. 철저한 속물이 된 핍은 다양한 유형의 속물 신사들과 교제하며 방탕한 생활을 거듭한 끝에 점차 타락해간다. 그러나 신사에 대한 핍의 꿈은 그의 개인적인 욕망에서 비롯하는 것이 아니다. 신사의 이상은 이 시대가 개개인에게 본받기를 강조하는 일종의 모범형이며 사회가 제시한 행복에의 처방전인 것이다. 이러한 점을 종합하여 볼 때, 우리는 사회의 지배적 가치관에 충실한 핍이 점차 타락한다는 사실로부터 사회 자체에 문제가 있는 게 아니냐는 작가의 문제의식을 읽을 수 있다. 사회에 대한 작가의 비판의식은 범죄자 매그위치의 운명에 대한 제시에서도 확인된다. 즉 매그위치를 범죄자로 만든 것도 영국사회이고, 그를 식민지로 유배한 채 편안한 삶을 즐기고 있는데 귀찮게 다시 나타나자 사형에 처해서 문제를 해결하려 하는 것도 영국사회라는 것이다. 디킨즈는 매그위치의 불행한 삶을 통해 겉으로는 풍요와 번영을 구가하는 빅토리아조의 영국사회가 실은 극히 모순적이며 차별적인 사회에 지나지 않는다는 사실을 폭로한다. 웨믹의 사적인 삶은, 이처럼 부도덕한 사회에서 성채 같은 가정으로 도피하여 자신을 지키려는 몸부림이지만, 기성사회의 존재를 전제할 뿐 아니라, 그의 공적인 자아가 사회의 모순을 유지하고 강화하는 데 기여한다는 점에서 바람직한 대안이라고 보기는 어렵다.

속물적인 삶에 탐닉하던 핍의 런던생활은 자신에게 유산을 물려준 은인의 정체가 밝혀지면서 파국에 이른다. 하지만 이 파국은 역설적이게도 핍이 진정한 신사로 거듭나는 단초로 작용한다. 진정한 신사로 거듭난 핍은 조우와 비디의 시골생활이 지닌 장점은 그것대로 유지하면서도 새 시대의 활력과 매력은 또 그것대로 지니고 있는 인물로, 즉 두 세계의 한계를 벗어나서 '균형'을 잡고 있는 인물로 제시된다. 작품의 결말이 보여주는 화해와 행복에의 암시는 이러한 핍에게 주어지는 보상일 것이다. 그러나 개인의 성숙보다 사회에 대한 비판을 강조하고는 하는 독자에게는 개작 이전의 결말이 더 그럴 법한 것으로 여겨질 수도 있겠다.

결말부를 제외한 『막대한 유산』의 대부분은 "속물의 인생여정"을 제시하고 있다고 할 수 있다. 그런데도 독자는 핍에 대해 비판과 경멸보다는 공감을 우선하게 된다. 핍이 독자의 공감을 확보하는 이유는 여러 가지가 있겠지만 무엇보다도 과거의 자신에 대해 비판적 거리를 유지하고 있는 서술자 핍의 독특한 존재에서 비롯한다. 즉 과거 자신이 보여주었거나 저질렀던 잘못에 대해 감상적으로 변명하거나 얼버무리지 않으면서 담담하게 서술해나가는 그의 존재는, 온갖 인생역정을 겪으면서 인간적으로 성숙하고 변모한 서술자의 존재를 확인시켜 주는데, 이러한 면모가 독자의 공감을 확보하는 일차적인 이유인 것이다.